Theorie

Herausgegeben von
Jürgen Habermas, Dieter Henrich und Jacob Taubes
Redaktion Karl Markus Michel

Charles Taylor, Fellow im All Souls College (Oxford) 1956-61 und seit 1962 Professor für politische Wissenschaften und Philosophie an der Universität McGill zu Montreal und der Université de Montréal, gilt heute ohne Zweifel als einer der hervorragendsten Sozialphilosophen und Theoretiker der Gesellschaftswissenschaften im angelsächsischen Sprachraum. Sein 1963 erschienenes Hauptwerk *Explanation of Behavior* ist ein durch Merleau-Pontys *Phänomenologie der Wahrnehmung* motiviertes Meisterstück der Behaviorismuskritik, das sogar bei den Betroffenen in analytischen Kreisen große Beachtung fand.

Die hier zusammengestellten Aufsätze sind eindringliche Plädoyers gegen das den herrschenden positivistischen Bornierungen zugrunde liegende Vergessen oder Verdrängen der Reflexion, das die Wissenschaften vom Menschen auf das Messen von Daten reduziert, ihnen den *Sinn* austreibt. Die Alternativmodelle, die Taylor vorträgt, sind nicht zufällig der abendländischen philosophischen und wissenschaftlichen Tradition von Aristoteles bis hin zu Piaget, Habermas, Ricœur verpflichtet. Das Leitmotiv, das sich durch alle sechs Aufsätze hindurchzieht, ist die These, daß die Wissenschaften vom Menschen nicht »wertfrei« sein können, weil menschliches Verhalten und Handeln, das sie erklären wollen, Bedeutungen hat: sie sind »moralische Wissenschaften« im Sinne des 18. Jahrhunderts – oder aber sie sind »sinn«los wie die auf reinen Physikalismus eingeschworene experimentelle Psychologie bzw. »bewußt«los wie die angeblich »neutrale« politische Wissenschaft, deren theoretische Befunde aber gar nicht neutral sein können, weil in den erklärenden Bezugsrahmen immer schon (implizit) Vorstellungen über menschliche Bedürfnisse, Wünsche, Ziele etc. enthalten sind. Daß dieser Einspruch gegen eine aus den USA nach Europa gekommene Forschungsrichtung ihrerseits aus Amerika kommt, könnte ihm hier besonderes Gewicht geben.

Charles Taylor

Erklärung und Interpretation in den Wissenschaften vom Menschen

Aufsätze

Vorwort von Garbis Kortian

Suhrkamp Verlag

Aus dem Amerikanischen von Nils Thomas Lindquist
Die sechs Aufsätze wurden vom Autor für diese deutsche Ausgabe
zusammengestellt.

Erste Auflage 1975
© dieser Ausgabe: Suhrkamp Verlag Frankfurt am Main 1975
Alle Rechte vorbehalten
Satz, in Linotype Garamond, und Druck bei: Allgäuer Zeitungsverlag
GmbH, Kempten. Printed in Germany

Inhalt

Vorwort

Der für die deutsche wissenschaftliche Öffentlichkeit fast unbekannte Autor der vorliegenden Abhandlungen gilt heute ohne Zweifel als einer der hervorragendsten Sozialphilosophen und Theoretiker der Gesellschaftswissenschaften im angelsächsischen Sprachraum. Fellow im All Souls College (Oxford) 1956-61 und seit 1962 Professor für politische Wissenschaften und Philosophie an der Universität McGill zu Montreal und der Université de Montréal, gehört Charles Taylor eindeutig zu jenen Gelehrten der angelsächsischen Tradition, die im letzten Jahrzehnt das Niveau der *political theory* und der Grundlagenprobleme der Geisteswissenschaften entscheidend geprägt haben. Mit einem philosophischen background, der vorwiegend auf die analytische Tradition Oxfords zurückgeht, der sich aber darüber hinaus durch eine erstaunliche Durchdringung und Aneignung sowohl der Hauptströmungen der zeitgenössischen Phänomenologie in Frankreich (M. Merleau-Ponty, P. Ricœur) wie auch der Tradition des deutschen Idealismus, insbesondere Hegels[1], und der Gegenwartsphilosophie auszeichnet, bringt Taylor in seinen Schriften eine theoretische Position zur Geltung, die eine äußerst fruchtbare Auseinandersetzung zwischen *continental* und *analytical philosophy* in sich schließt; man könnte sie – mit einiger Vorsicht – als eine aus immanenter Kritik am sozialwissenschaftlichen Behaviorismus und an gewissen epistemologischen Prämissen der analytischen Wissenschaftstheorie resultierende Hermeneutik bezeichnen. Dies gilt bereits ansatzweise für sein 1963 erschienenes Hauptwerk *Explanation of Behavior* – ein durch Merleau-Pontys *Phänomenologie der Wahrnehmung* stark motiviertes Meisterstück der Behaviorismuskritik, das sogar bei den Betroffenen in analytischen Kreisen große Achtung, Bewunderung und teil-

---

1 Taylor ist der Autor einer umfangreichen Abhandlung über Hegel, die in den nächsten Wochen in der Cambridge University Press erscheint.

weise Beifall fand. Was die späteren Abhandlungen betrifft – eine Auswahl wird hier vorgelegt –, so ist es unleugbar, daß sie hermeneutisch-dialektische Motive im weitesten Sinne und in vielen Punkten Konvergenzen mit der Logik der Sozialforschung der kritischen Theorie, insbesondere mit den methodologischen Stellungnahmen Habermas' zur Positivismusdebatte des letzten Jahrzehnts, zur Geltung kommen lassen.

Sich auf Hegel berufend, hat Habermas vor einigen Jahren sein Buch *Erkenntnis und Interesse* mit der These eingeleitet: Daß wir Reflexion verleugnen, *ist* der Positivismus.[2] Nicht weniger an Hegel geschult, ohne aber notwendig auf den Anspruch einzugehen, in systematischer Absicht Positivismus zu rekonstruieren, um die »vergessene Erfahrung der Reflexion« nachzuholen, bewegt sich Taylor in den vorliegenden Abhandlungen durch und durch im Motivationshorizont der in dieser These implizierten Ansicht. Vom Alleinvertretungsanspruch der seit dem Wiener Kreis proklamierten Einheitswissenschaft herausgefordert – die in verschiedenen Varianten der analytischen Wissenschaftstheorie, im gesellschaftlichen Behaviorismus, im Funktionalismus, in der Systemtheorie usw. eine dominierende Rolle spielt –, geht es Taylor vornehmlich um eine Kritik ihrer objektivistischen Vernunft im Sinne einer Eingrenzung ihres Kompetenzbereichs und damit um eine selbstreflexiv-metakritische Problematisierung ihres epistemologischen Selbstverständnisses. Dies erfolgt nicht unbedingt durch eine abstrakte Gegenüberstellung epistemologisch-methodologischer Divergenzen des sich auf die Sinnesdaten der Empirie berufenden, kausal-analytischen Erklärens einerseits und des intuitiv- oder spekulativ-hermeneutischen Verstehens andererseits – eine Gegenüberstellung, die seit dem Historismus und Neukantianismus bis zur Gegenwart noch immer den Methodenstreit in den Geisteswissenschaften der deutschen Tradition beherrscht, wobei für beide Positionen Argumente und Gegenargumente sattsam dargelegt zu sein scheinen. Vielmehr setzt Taylor bei einer der theoretischen Gegenposition immanenten

2 Jürgen Habermas, *Erkenntnis und Interesse,* Frankfurt 1973, S. 9.

Aporetik an, wobei die Selbstbewegung der Reflexion – in einem entlasteten und entlastenden Oxfordstil ausgeführt – um eine Adäquation zwischen der begrifflichen Struktur und dem zu untersuchenden Gegenstand bemüht ist. Dabei verkennt er weder die empirisch-analytische Forschung als solche noch lehnt er ihre theoretische Relevanz ab; vielmehr dient die Kritik an dem methodologischen Imperialismus der Einheitswissenschaft, an den sie beherrschenden epistemologischen Ansätzen und an der diese in Kraft setzenden Logik dem Hinweis auf die Eigentümlichkeit des sozial- oder geisteswissenschaftlichen Gegenstandes und damit deren Anerkennung durch die Theorie. In dieser Forderung nach Angemessenheit der theoretischen Begriffe an den Gegenstand und nach Anerkennung seiner Eigentümlichkeit – insofern dieser die menschliche Handlung betrifft oder insofern er der durch diese hervorgebrachten sozio-kulturellen Lebenswelt zugehört – kommt Taylors hermeneutische Wendung zum Ausdruck.

Besteht die Forderung zu Recht, daß Wissenschaft exakt, objektiv und wertneutral verfahren soll, so mag sie dieses Ideal mit Erfolg in der theoretisch-technischen Verfügung über die Natur erfüllen; die skrupellose Übertragung dieses Ideals aber, das sich vom klassischen Wissenschaftsmodell ableitet, auf alle Gebiete des menschlichen Geistes kann nur um den Preis der Verzerrung des zu erklärenden Gegenstandes erfolgen. Hermeneutik, Interpretation oder Verstehen mögen diesem Ideal nicht entsprechen, aber die damit in Kauf genommene Unexaktheit rechtfertigt sich durch das angemessene Verständnis des Gegenstandes, demgegenüber unsere theoretische Einstellung nicht mit derselben Indifferenz und Wertneutralität verfahren darf wie gegenüber einem Objekt der Natur.

Dennoch wird immer wieder, z. B. in der von der Wissenschaftstheorie des logischen Empirismus inspirierten *political theory* der angelsächsischen Tradition, der seit Max Weber proklamierte Wertneutralitätsanspruch erhoben. Davon ausgehend wird sogar vom Ende der politischen Philosophie gesprochen, insofern diese, wegen ihrer sozusagen metaphysischen

Voraussetzungen in normativer Befangenheit stehend, durch die progressive Entwicklung der empirisch-positiven Wissenschaften und ihre Wirksamkeit bereits im Verschwinden begriffen sei. Taylor zeigt in seiner Auseinandersetzung mit einigen einflußreichen Vertretern der zeitgenössischen *political theory,* speziell mit S. M. Lipset, G. Almond, H. Lasswell, wie problematisch es sich mit der Applikation des Postulats der Wertfreiheit verhält, und daß damit folglich eine »Konvergenz zwischen Wissenschaft und normativer Theorie auf dem Felde der Politik« notwendig anzuerkennen ist. Besteht die Forderung theoretisch darin: Tatsachen von Werten, Fakten von Normen zu trennen und den Übergang von den ersteren zu den letzteren sorgfältig zu vermeiden, so erweist sich diese bei näherer Betrachtung als höchst fragwürdig. In einer Hinsicht ist es zwar richtig, politische Wissenschaft als theoretisch neutrales Unternehmen anzusehen, nämlich soweit es sich dabei um einige ihrer Einzelbefunde handelt; sobald sie aber nicht einfach einer bloßen Faktensammlung bzw. der Feststellung bestimmter empirischer Merkmale in einer Anzahl von Korrelationen verhaftet bleibt, sondern darüber hinausgehend die politischen Phänomene zu erklären versuchen will, ist sie gezwungen, mit »begrifflichen Strukturen« oder gewissen »theoretischen Bezugsrahmen« zu operieren, welche sich zu den Tatsachen nicht gleichgültig neutral verhalten, sondern verschiedene Ansichten, Deutungen, Interpretationen des betreffenden Phänomens einschließen.

Diesen »Bezugsrahmen«, die den Status theoretischer Ansätze haben und die je nach der Theorie miteinander konkurrierend und einander ausschließend funktionieren, sind die wichtigen Entdeckungen in der politischen Wissenschaft zu verdanken. Wenn dies eins der Hauptanliegen einer politischen Wissenschaft ist, die sich wertneutral gebärdet, so war das nicht weniger das Anliegen der traditionellen politischen Philosophie, die vom Scientismus der modernen Politikwissenschaft als normative Theorie herabgesetzt wird. Wird der politischen Philosophie vorgeworfen, daß die theoretischen Bezugsrahmen, von denen sie Gebrauch macht, im Dienste der normativen Voreingenommenheiten stehen, und daher gefordert, daß die politische Wissenschaft sich von ihr trennen soll, um sich unbefangen zu entwickeln, so gilt diese Normativität nicht weniger für die politische Wissenschaft selbst. Nur der Mangel an Selbstreflexion gestattet, diesen Sachverhalt nicht zu durchschauen. Denn die Verbindung zwischen Tatsachen und Werten ist oft in der begrifflichen Struktur der politikwissenschaftlichen Theorie eingebaut: die Übernahme eines erklärenden Bezugsrahmens bringt notwendigerweise die Übernahme eines in ihm enthaltenen »Wertgefälles« mit sich; »ein gegebener erklärender Bezugsrahmen in der politischen Wissenschaft unterstützt zumeist einen mit ihm verbundenen Wertstandpunkt und birgt seine eigenen Normen zur Bewertung von politischen Formen und Maßnahmen« (S. 49). Die unterstellte Trennung zwischen Tatsachenanalyse und Wertung versagt daher systematisch.

Noch grundsätzlicher kommt Taylors dialektisch-hermeneutische Wendung in seinem Aufsatz *Interpretation und die Wissenschaften vom Menschen* zum Ausdruck. Die metakritische Problematisierung der epistemologischen Ansätze des logischen Empirismus auf ihr Selbstverständnis und Selbstmißverständnis hin und seiner behavioristischen Varianten in den Geisteswissenschaften tritt hier eindeutig zutage. In direkter Bezugnahme auf die philosophischen Hauptprobleme der Hermeneutik der Gegenwart wird hier empirisch illustrativ und sehr originell das Problem der Interpretation thematisch behandelt und auf ihre Unentbehrlichkeit für die Wissenschaften vom Menschen hingewiesen. Auf der Basis der sowohl vom deutschen Idealismus (Hegel) wie auch von der Phänomenologie (Husserl, Heidegger, Merleau-Ponty) inspirierten philosophischen Anthropologie wird das Problem des hermeneutischen Zirkels aufgegriffen und für die Grundlegung der Geisteswissenschaften fruchtbar gemacht. Ohne sich dabei unbedingt auf die in Heideggers Fundamentalontologie entworfene Hermeneutik und auf den diese fundierenden Begriff des Verstehens »als Seinsweise des Daseins« explizit berufen zu müssen oder gar auf ihre Thematisierung in Gadamers philosophischer Hermeneutik, liefert Taylor eine anthropologisch aufgefaßte Variante derselben, die den Einfluß dieser Tradition nicht zu leugnen braucht. Danach bestimmt ein auf Handlung, Sprache, Sinn und Verstehen angewiesenes Wesen – Mensch – die Eigentümlichkeit des geisteswissenschaftlichen Gegenstandes, zu dem ein Zugang nur interpretativ-hermeneutisch erfolgen kann. Dies bereitet den Boden für Taylors Hauptargumentation gegen die sich auf die *data bruta* der Empirie berufende Epistemologie, die von ihrem Selbstverständnis ausgehend für diese wesentliche Dimension kein Verständnis aufbringt.

Das ist der Tenor, der die Metakritik an dieser Epistemologie durch alle übrigen Abhandlungen hindurch bestimmt. Dabei handelt es sich weder um die Verkennung dieser Epistemologie noch überhaupt um einen Auflösungsversuch der epistemologischen Fragestellung als solcher, ein Auflösungsversuch, wie er in der Einleitung von Hegels *Phänomenologie des Geistes* zugunsten eines überschwenglichen absoluten Wissens in bezug auf Kant unternommen wird und sich dann in Heideggers Fundamentalontologie wie auch in Gadamers *Wahrheit und Methode* in bezug auf den Neukantianismus wiederholt; vielmehr handelt es sich um einen Versuch, positivistische Engstirnigkeit zu vermeiden, die – sich auf Wissenschaft berufend und im Namen der Wissenschaft – Dummheit zu propagieren sich nicht scheut. Wenn der Versuch unternommen wird, z. B. gegenüber den Post-Wittgensteinianern, traditionelle Begriffe heranzuziehen wie Teleologie und Intentionalität, um menschliches Handeln zu erklären, bzw. wenn Psychoanalyse oder genetische Psychologie gegenüber den behavioristischen Tendenzen als hermeneutisch angesprochen werden, so handelt es sich dabei um eine für die Humanwissenschaften berechtigte Überschreitung der Grenzen einer bestimmten Epistemologie und ihrer Forschungslogik. Dabei ist die Berufung auf Hermeneutik weder eine solche auf ihre Tradition bis zur Gegenwart in ihrer orthodoxen Gestalt, noch stellt sie eine in obskuren intellektuellen Ausschweifungen sich selbst verbal ernährende theoretische Mediokrität dar, die allzuleicht Anlaß zu positivistischer Kritik bieten kann. Vielmehr geht es Taylor um die Elastizität des methodischen Verfahrens, das das eigene Gewicht des zu erklärenden und zu verstehenden Gegenstandes (ein Text oder Textanalogon, eine Institution, ein gesellschaftlich-politisches Phänomen, eine menschliche Handlung) adäquat zur Sprache bringt. Dafür ist ein vorgängiges Verständnis als Voraussetzung für das theoretische Verfahren unerläßlich, denn der zu erklärende Gegenstand gehört einer spezifischen soziokulturellen Lebenswelt zu, die ein transsubjektives Bezugssystem von gemeinsamen Bedeutungen ausmacht, welches ein für den Gegenstand konstitutives Selbstverständnis darstellt. Dies ist ein Sachverhalt, für den eine empirische, sich auf *data bruta*, Wahrnehmung und Beobachtung beziehende Theorie blind ist. Darin liegt der Sinn des sogenannten hermeneutischen Zirkels; seiner Notwendigkeit ist durch kein epistemologisches Modell zu entgehen.

Schließlich könnte man sagen, daß die Bemühung um die Rehabilitation eines Vernunftbegriffes als Erbe der deutschen klassischen Philosophie (ohne eine emphatische Berufung auf ihn) der tiefe Hintergrund und zugleich die Motivation dieser Abhandlungen ist. Denn die sich in unserer wissenschaftlich-technischen Welt durchsetzende Allmacht eines positivistisch halbierten Vernunftbegriffs in seiner logisch-empirisch desinfizierten Form bewirkt fast unvermeidlich eine irrationale Reaktion.

Heidelberg, Juli 1975   Garbis Kortian

Neutralität in der politischen Wissenschaft

I.

1. Vor ein paar Jahren hörte man häufig die Meinung, die politische Philosophie sei tot, sie sei dem Wachstum der Wissenschaft, dem Vordringen des Positivismus, dem Ende der Ideologie oder irgendeiner Kombination dieser Kräfte zum Opfer gefallen – jedenfalls sei sie, aus welchem Grund auch immer, tot.

Es ist nicht meine Absicht, das Feuer dieser alten Streitfrage erneut anzufachen. Ich benutze sie lediglich als Ausgangspunkt für Überlegungen zum Verhältnis zwischen politischer Wissenschaft und politischer Philosophie. Denn hinter der Auffassung, die politische Philosophie sei tot, hinter jeder Auffassung, die meint, sie *könne* überhaupt sterben, steht der Glaube, ihr Schicksal ließe sich von dem der politischen Wissenschaft trennen; denn niemand würde behaupten, daß die Wissenschaft von der Politik tot sei, wenn man auch gegen diese oder jene Art, sie zu betreiben, Einwände erheben mag. Sie bleibt dennoch ein stets mögliches, ja sogar wichtiges Unternehmen.

Es wurde auch die Meinung vertreten, die politische Wissenschaft sei herangereift, indem sie sich endlich vom Inkubus der politischen Philosophie befreit habe. Nunmehr werde ihr Horizont nicht mehr eingeengt und ihre Arbeit nicht mehr mit Vorurteilen befrachtet durch irgendeinen wertenden Standpunkt, dessen Gewicht von Anfang an das ganze Unternehmen beeinträchtige. Man glaubte, die politische Wissenschaft habe sich von der Philosophie befreit, indem sie wertfrei geworden sei und wissenschaftliche Methoden eingeführt habe. Diese beiden Schritte, so meinte man, seien eng miteinander verbunden; tatsächlich ist der erstere im letzteren enthalten. Denn wissenschaftliche Methode ist, wo nichts anderes, ein leidenschaftsloses Studium der Fakten, so wie sie sind, ohne metaphysische Voraussetzungen und ohne wertende Vorurteile.

Wie Vernon van Dyck sagt:

»Wissenschaft und *wissenschaftlich* sind also Wörter, die sich nur auf eine Art des Wissens beziehen, d. h. auf die Kenntnis dessen, was beobachtbar ist, und nicht auf irgendwelche Kenntnisse anderer Art, die existieren mögen. Sie beziehen sich nicht auf die angebliche Kenntnis des Normativen – die Kenntnis dessen, was sein sollte. Wissenschaft befaßt sich mit dem, was war, ist oder sein wird, ohne Rücksicht auf das, was in der jeweiligen Situation ›sein sollte‹.« (*Political Science*, S. 192)

Jene, die glauben konnten, die politische Philosophie sei tot, waren daher dieselben, die eine Auffassung von der Sozialwissenschaft als einer *wertfreien*[1] vertraten; die politische Wissenschaft müsse, genau wie die Naturwissenschaft, leidenschaftslos die Fakten untersuchen. Dieser Standpunkt erhielt Unterstützung durch die Auffassungen des logischen Empirismus, der, für eine philosophische Richtung, einen außerordentlich breiten Einfluß auf die Wissenschaft im allgemeinen und auf die Wissenschaft vom Menschen im besonderen hatte. Durch seine Lehren ermutigt, neigten manche orthodoxen Politikwissenschaftler zu der Behauptung, das Geschäft der normativen Theorie – Empfehlungen zu geben und verschiedene Richtungen des Handelns gegeneinander abzuwägen – könne gänzlich vom Studium der Fakten, von dem theoretischen Versuch, sie zu erklären, getrennt werden.

Viele hatten natürlich Zweifel; und diese Zweifel scheinen heute unter den Politikwissenschaftlern zuzunehmen. Aber sie betreffen nicht die These von der logischen Trennung zwischen Faktum und Werturteil. Eher kreisen sie um die Möglichkeit, die eigenen Wertungen beiseite zu lassen, wenn man sich an das Studium der Politik begibt. Die Beziehung zwischen Tatsachenstudium und normativen Überzeugungen wird daher in der gleichen, traditionell positivistischen Weise gesehen: nämlich daß ein Einfluß, wenn überhaupt, vom Wert auf das Faktum, nicht aber vom Faktum auf den Wert ausgeht. Daher, so glaubt man, seien wissenschaftliche Befunde neutral: das heißt,

1 deutsch i. Orig. (d. Ü.).

die Fakten, wie wir sie entdecken, tragen nicht dazu bei, irgendwelche Wertungen aufzustellen oder zu stützen; wir können nicht vom Faktum zum Wert fortschreiten. Häufig wird jedoch eingeräumt, daß unsere Wertungen unsere Befunde beeinflussen können. Dies läßt sich als nachteiliges Hindernis auffassen, etwa wenn wir an unsere Arbeit mit Vorurteilen herangehen, welche die Wahrheit verzerren, oder als etwas Beruhigendes und Unvermeidliches, etwa wenn unsere Wertungen uns bei der Wahl des Forschungsgebietes leiten, auf dem wir uns betätigen wollen. Oder es läßt sich als ein Faktor auffassen, dessen nachteilige Folgen ausgeglichen werden können, indem wir uns seiner klar bewußt sind: Daher empfehlen heute viele Theoretiker, man solle zu Beginn einer Abhandlung den eigenen Wertstandpunkt ausführlich darlegen, um die Wachsamkeit des Lesers (und vielleicht auch des Autors) zu schärfen.

Nach wie vor sind daher Wertauffassungen für eine neue Generation von vorsichtigeren Theoretikern ebensowenig durch wissenschaftliche Tatsachen begründet, wie sie es für die Denker in der Blütezeit der »Wertfreiheit« waren. Sie tauchen sozusagen von außerhalb des Faktenstudiums auf; sie ergeben sich aus grundsätzlichen Entscheidungen, die von den Fakten unabhängig sind. David Easton, der zu zeigen versucht, daß

»wir – ganz gleich welche Anstrengungen wir unternehmen – bei der Forschungsarbeit unsere Wertungen nicht wie einen Mantel ablegen können« (*The Political System*, S. 225),

stellt daher gleichwohl fest, daß er von vornherein die »Arbeitshypothese« akzeptiert, die »heute allgemein in der Sozialwissenschaft zugrunde gelegt« wird, und die

»besagt, daß die Wertungen schließlich auf emotionale Reaktionen zurückgeführt werden können, die durch die gesamte Lebenserfahrung des Individuums konditioniert sind« (S. 221).

Es geht also gar nicht darum, Wertungen durch wissenschaftliche Befunde zu begründen. Emotionale Reaktionen lassen sich durch die Lebenserfahrung erklären, nicht aber durch gesellschaftliche Fakten rechtfertigen oder als zutreffend nachweisen:

»Der moralische Aspekt einer Behauptung . . . drückt nur die emotionale Reaktion eines Individuums auf einen Zustand realer oder angenommener Fakten aus . . . Obgleich wir sagen können, daß der Aspekt einer auf ein Faktum bezogenen Behauptung richtig oder falsch sein kann, ist es sinnlos, den Wertaspekt einer Behauptung auf diese Weise zu charakterisieren.« (Loc. cit.)

Die Bedeutung dieser Worte ist klar. Denn wenn es möglich wäre, Wertungen durch wissenschaftliche Befunde abzusichern oder zu bezweifeln, dann könnten sie nicht einfach als emotionale Reaktionen charakterisiert werden, und wir könnten nicht einfach sagen, daß es *sinnlos* sei (wenngleich es irreführend sein mag), sie als richtig oder falsch zu bezeichnen.

Als begründete Schlußfolgerung über fundamentale politische Werte kann die politische Philosophie daher völlig von der politischen Wissenschaft getrennt werden, selbst nach der abgeschwächten positivistischen Auffassung, die heute unter Politikwissenschaftlern an Boden gewinnt. Die »Werte« steuern sozusagen den Prozeß der wissenschaftlichen Entdeckung, doch weder gewinnen noch verlieren sie dadurch an Plausibilität. Obgleich daher die Werte irgendwie nicht aus der politischen Wissenschaft auszuscheiden sind, ließen sich begründete Schlußfolgerungen über sie leicht absondern (wenngleich die Theoretiker darüber streiten, ob dies ratsam sei oder nicht: vgl. Easton, op. cit.). Tatsächlich ist schwer zu erkennen, woraus eine solche begründete Schlußfolgerung bestehen könnte. Gewiß werden die Befunde der Wissenschaft für unsere Werte insofern relevant sein, als sie uns sagen, wie wir die Ziele, die wir uns setzen, erreichen können. Wir können die politische Wissenschaft in Form einer »Verfahrens-Wissenschaft« wie Ingenieurstechnik oder Medizin aufbauen, welche uns zeigen würde, wie unsere Ziele zu erreichen sind. Aber die Ziele und Werte kommen immer noch von woanders her; sie beruhen auf Entscheidungen, deren Grund unbekannt bleibt.

Mit der vorliegenden Abhandlung möchte ich ebendiese Auffassung vom Verhältnis zwischen faktischen Befunden in der Politik und Wertstandpunkten und damit die unterstellte Beziehung zwischen politischer Wissenschaft und politischer Philosophie zur Diskussion stellen. Vor allem beabsichtige ich, jene Auffassung in Frage zu stellen, die meint, die Befunde der politischen Wissenschaft ließen uns sozusagen völlig unbefangen, sie würden nicht irgendwie dazu beitragen, gewisse Werte abzusichern und andere zu bezweifeln. Sollte diese Auffassung sich als irrig erweisen, dann werden wir eine Konvergenz zwischen Wissenschaft und normativer Theorie auf dem Feld der Politik wohl anerkennen müssen.

Wenn Philosophen diese Frage diskutieren, dann verlassen sie in der Regel den Bereich der Wissenschaften vom Menschen und werfen sich auf das Studium des »Guten«, des Ratsamen, der Gefühlsbedeutung usw. Ich schlage vor, hier einen anderen Weg zu verfolgen und die Frage zuerst im Zusammenhang jener Disziplinen zu diskutieren, in deren Rahmen ich sie aufgeworfen habe: nämlich der politischen Philosophie und der politischen Wissenschaft. Wenn wir erst einige Einsicht in die Beziehungen zwischen den beiden – sozusagen hier auf Erden – haben, dann werden wir feststellen, ob diese auch im »Himmel« der Philosophie gelten können.

2. Die These, die politische Wissenschaft sei wertneutral, ist höchst plausibel, wenn wir einige ihrer Einzelbefunde betrachten. Daß die französischen Arbeiter dazu tendieren, kommunistisch zu wählen, mag bedauerlich oder erfreulich sein, aber die Tatsache selbst veranlaßt uns nicht, eines dieser Urteile zu akzeptieren. Sie steht als neutrales Faktum zwischen ihnen.

Wäre dies alles, was über die politische Wissenschaft zu sagen ist, dann würde die Diskussion hier enden. Aber genau wie jede andere Wissenschaft kann sie sich nicht durch die zufällige Sammlung von Fakten fortentwickeln. Man glaubte einst, die Wissenschaft befasse sich nur mit der Korrelation beobachtbarer Phänomene – wobei man annahm, die betreffenden Beobachtungsobjekte lägen unproblematisch vor unserem Auge. Aber dieser Standpunkt, Ableger eines recht primitiven Empirismus, wird heute beinahe von jedermann zurückgewiesen, sogar von denen, die in der Tradition des Empirismus stehen.

Denn die Zahl der Merkmale, die bestimmte Phänomene aufweisen können und die daher in Korrelationen auftreten können, ist unendlich; und dies, weil es für die Phänomene selbst eine unendliche Vielzahl von möglichen Klassifikationen gibt. Jedes physische Objekt kann nach Form, Farbe, Größe, Funktion, ästhetischen Eigenschaften, Beziehung zu irgendeinem Prozeß usw. klassifiziert werden; wenn wir es mit so komplexen Realitäten wie der politischen Gesellschaft zu tun haben, dann liegt der Fall nicht anders. Aber unter diesen Merkmalen wird nur eine beschränkte Anzahl Korrelationen von einiger Aussagekraft erbringen.

Auch sind diese nicht notwendig die auffälligsten. Die entscheidenden Merkmale, Gesetze oder Korrelationen, welche die Phänomene des fraglichen Bereichs erklären oder erklären helfen, sind in einem gegebenen Stadium der betreffenden Wissenschaft vielleicht erst vage erkennbar, wenn nicht gänzlich unbekannt. Das begriffliche Instrumentarium, das notwendig ist, um sie herauszuarbeiten, ist womöglich noch nicht entwickelt. Man sagt z. B., daß der moderne physikalische Begriff der Masse in der Antike unbekannt war und erst durch die Forschungen des späteren Mittelalters allmählich und mühsam entwickkelt wurde. Und doch ist er in der modernen Naturwissenschaft eine entscheidende Variable. Manche eindringlichere Merkmale mögen irrelevant sein; d. h. sie sind vielleicht nicht so beschaffen, daß sie in Funktionen zusammengefaßt werden können, welche die Phänomene erklären. Einleuchtende Unterscheidungen mögen bedeutungslos sein oder eine völlig andere Bedeutung haben als diejenige, die ihnen zugeschrieben wird, wie etwa die Unterscheidung zwischen den aristotelischen »leichten« und »schweren« Körpern.

Wenn wir daher über gewisse unmittelbare, untergeordnete Korrelationen hinausgehen wollen, deren Bedeutung für den politischen Prozeß ziemlich evident ist, wie in dem oben erwähnten Fall; wenn wir erklären wollen, warum die französischen Arbeiter kommunistisch wählen, oder warum in den USA in den späten 40er Jahren der McCarthyismus entstand, oder warum der Grad der Stimmenthaltungen von Wahl zu Wahl schwankt, oder warum neue Regimes in Afrika anfällig für eine militärische Machtübernahme sind – dann sind die Merkmale, mit deren Hilfe wir diese Befunde erklären können, nicht unmittelbar evident. Nicht nur gibt es in bezug auf sie erhebliche Meinungsverschiedenheiten, sondern wir können nicht einmal sicher sein, daß wir bereits das begriffliche Instrumentarium haben, um sie herauszuarbeiten. Wir können leicht behaupten, daß gewisse auffällige Merkmale, die z. B. die institutionelle Struktur betreffen, nicht relevant sind, während andere, weniger auffällige, etwa die in gewissen Gesellschaftsschichten vorherrschende Charakterstruktur, die wahre Erklärung liefern können. Wir mögen uns z. B. weigern, den McCarthyismus aus dem Kampf zwischen der Exekutive und der Legislative zu erklären, und es vorziehen, die Entwicklung einer bestimmten Persönlichkeitsstruktur bei gewissen Teilen der amerikanischen Bevölkerung zu untersuchen, oder aber wir können diese Erklärungen beide zurückweisen und dafür die Rolle einer neureichen, aber vom Establishment der Ostküste ausgeschlossenen neuen Statusgruppe innerhalb der amerikanischen Gesellschaft untersuchen. Oder wir können auch diese Erklärung ablehnen und im McCarthyismus eine Folge der veränderten Stellung der Vereinigten Staaten in der Welt erkennen.

Die Aufgabe der Theorie in der politischen Wissenschaft, eine Aufgabe, die nicht vernachlässigt werden darf, wenn wir überhaupt Erklärungen gewinnen wollen, die diesen Namen verdienen, besteht darin festzustellen, welcher Art die Merkmale sind, nach denen wir im Hinblick auf solche Erklärungen suchen müssen. In welcher der oben genannten Dimensionen sollen wir eine Erklärung für den McCarthyismus finden? Oder besser gesagt, wie sollen wir, da alle diese Dimensionen offenbar relevant sind, sie zueinander in Beziehung setzen, um die politischen Phänomene zu erklären? Die Aufgabe der Theorie ist es, die relevanten Merkmale in den verschiedenen Dimensionen und ihr Verhältnis zueinander zu skizzieren, damit wir eine Vorstellung davon gewinnen, was die Ursache wessen sein kann, wie der Charakter den politischen Prozeß beeinflußt, wie die Sozialstruktur den Charakter beeinflußt, wie die ökonomischen Verhältnisse die Sozialstruktur beeinflussen, wie der politische Prozeß die ökonomischen Verhältnisse beeinflußt, oder *vice versa*; wie ideologische Spaltungen Parteisysteme beeinflussen, wie die Geschichte die ideologischen Spaltungen beeinflußt, wie die Kultur die Geschichte beeinflußt, wie Parteisysteme die Kultur beeinflussen, oder *vice versa*. Bevor wir nicht wenigstens Versuche in dieser Richtung unternommen haben, haben wir keine Vorstellung davon, wo wir unsere Erklärungen suchen sollen. Wir wissen nicht, welche Fakten wir sammeln müssen.

Es ist daher nicht überraschend, daß gerade die politische Wissenschaft ein Feld ist, auf dem eine große und wachsende Anzahl von »theoretischen Bezugsrahmen« miteinander wetteifern, um diese Fragen zu beantworten. Neben der marxistischen Methode und der mit dem Namen Bentleys verbundenen Theorie der Interessengruppen erlebten wir in jüngster Zeit den Aufstieg der »strukturell-funktionalen« Methode unter dem Einfluß der Systemtheorie; es gab Ansätze, die versuchten, die psychologische Dimension mit dem politischen Verhalten in Beziehung zu setzen (z. B. Lasswell), verschiedene Anwendungen soziologischer Begriffe und Methoden (z. B. Lipset und Almond), Anwendungen der Spieltheorie (z. B. Downs und Riker) und so fort.

Diese verschiedenen Ansätze konkurrieren häufig miteinander, denn sie bieten verschiedene Interpretationen der für die Erklärung wesentlichen Merkmale und der obwaltenden Kausalbeziehungen. Ähnlich wie ihre Gegenstücke in anderen Wissenschaften, können wir sie als »begriffliche Strukturen« oder »theoretische Bezugsrahmen« bezeichnen, denn sie erheben den Anspruch, jenen Bereich abzustecken, in dem die wissenschaftliche Forschung fruchtbar sein kann. Ein Bezugsrahmen bietet uns nicht gleichzeitig alle relevanten Variablen und alle richtigen Gesetze, aber er sagt uns, was erklärt werden soll, und gibt ungefähr an, durch welche Faktoren dies geschehen soll. Wenn wir z. B. das Trägheitsprinzip akzeptieren, dann liegen bestimmte Arten der Wahrnehmung von Körpern und daher gewisse Fragen außerhalb des Möglichen. Sich mit ihnen zu beschäftigen ist fruchtlos, wie etwa die Suche der vorgalileischen Physik nach der Kraft, welche die Kanonenkugel in der Luft hält. Ähnlich kann ein orthodox marxistischer Ansatz nicht zulassen, den McCarthyismus durch die frühkindliche Erziehung und die daraus resultierende Persönlichkeitsstruktur zu erklären.

Aber wir können es auch so auffassen, daß der theoretische Bezugsrahmen die wesentlichen Dimensionen bestimmt, in denen die Phänomene variieren können. Denn er legt die wesentlichen funktionalen Beziehungen fest, durch welche jene sich erklären lassen, während er gleichzeitig andere funktionale Beziehungen, die zu anderen, konkurrierenden Bezugsrahmen gehören, ausschließt. Aber der jeweils gegebene Zyklus von funktionalen Beziehungen definiert gewisse Dimensionen, in denen die Phänomene variieren können; ein gegebener Bezugsrahmen bejaht daher gewisse Dimensionen der Variation und leugnet andere. So werden für einen Marxisten die kapitalistischen Gesellschaften sich nicht danach unterscheiden, wer die Macht ausübt, ganz gleich welche Verfassung gilt und welche Partei regiert; angebliche Variationen in diesen Dimensionen, die für sehr viele Theorien bedeutsam sind, sind für ihn Trug; die entscheidende Dimension ist diejenige, welche die Klassenstruktur betrifft.

In den exakteren Naturwissenschaften können theoretische Entdeckungen in die Form von Gesetzen gekleidet und als Prinzipien bezeichnet werden, wie z. B. das Prinzip der Trägheit oder der geradlinigen Ausbreitung des Lichts. Aber in weniger exakten Wissenschaften, etwa der von der Politik, bestehen sie manchmal nur in einer in die wesentlichen Begriffe gekleideten allgemeinen Beschreibung der Phänomene. Oder sie mögen in einer Reihe von Unterscheidungen enthalten sein, die eine bestimmte Theorie betreffen (z. B. Aristoteles' Klassifikation der politischen Typen), oder in einer Erzählung über die Entstehung der Phänomene (z. B. der Mythos vom Gesellschaftsvertrag), oder in einer allgemeinen Feststellung von Kausalbeziehungen (z. B. Marx' Vorwort zu den *Grundrissen der Kritik der politischen Ökonomie*).

Doch wie immer die theoretischen Entdeckungen formuliert werden, sie lassen sich als Beschreibung der für den Bereich der betreffenden Phänomene wichtigen Dimensionen der Variation auffassen.

3. Wie wir sahen, sind theoretische Entdeckungen dieser Art eines der Hauptanliegen der modernen politischen Wissenschaft. Aber sie sind auch seit jeher Anliegen dessen, was wir als politische Philosophie bezeichnen, d. h. der normativen politischen Theorie. Warum, das ist unschwer zu erkennen. Den normativen Theoretikern der Tradition ging es ebenfalls um die Beschreibung wesentlicher Dimensionen der Variation – selbstverständlich suchten sie nach jenen Dimensionen, welche eher für die Beurteilung des Wertes von Politik und politischen Maßnahmen bedeutsam waren als für deren Erklärung. Aber die beiden Formen der Forschung waren tatsächlich eng miteinander verknüpft, so daß die Beschäftigung mit der ersteren auch zur Beschäftigung mit der letzteren führte.

Aristoteles z. B. gebührt das Verdienst einer Revision von Platons dreifacher Klassifikation der politischen Gesellschaft, welche ihren erklärenden Wert vermehrte. An die Stelle des Zahlenkriteriums setzte er ein Klassenkriterium, welches eine aufschlußreichere Klassifikation der Unterschiede bietet und es ermöglicht, mehr zu erklären: es verdeutlichte, worin der Unterschied zwischen Demokratie und Oligarchie besteht; es eröffnete den ganzen Bereich von Erklärungen, die auf der Schichtenzusammensetzung beruhen, einschließlich jener, durch die Aristoteles in die Geschichte des politischen Denkens einging: nämlich der ausgleichenden Rolle der Mittelschicht.

Doch diese Revision stand durchaus im Zusammenhang mit

Unterschieden in der normativen Theorie der beiden Denker. Platon wollte eine von Klassenkämpfen freie Gesellschaft erreichen, entweder in der perfekten Harmonie der *Republik* oder in dem Ein-Klassen-Staat der *Gesetze*. Aristoteles ist in einem Kapitel seiner *Politeia* nicht weit davon entfernt, dem Traum vom Idealstaat nachzuhängen, aber zwischen diesem und der in seinem übrigen Werk vertretenen politischen Theorie bestehen wenig Zusammenhänge. Letztere gründet fest auf der Einsicht, daß Klassenunterschiede, und daher Interessengegensätze und Spannungen, fortbestehen werden. Im Lichte dieser Theorie ist Platons in der *Republik* entwickelte Idee einer Überwindung der Klassenspannungen durch Disziplin, Erziehung, eine überlegene Verfassung usw. ein Wolkenkuckucksheim (und nach Aristoteles' Meinung nicht einmal ein sehr komfortables, wie er im zweiten Buch darstellt, jedoch aus anderen Gründen).

Aristoteles' Verständnis der politischen Wissenschaft ist unvereinbar mit Platons normativer Theorie, zumindest was die *Republik* betrifft, und daher verfolgt die *Politeia* eine ganz andere Richtung (selbstverständlich auch aus anderen Gründen). Der Unterschied in diesem Punkt läßt sich vielleicht folgendermaßen ausdrücken: Platon wie Aristoteles maßen der sozialen Harmonie entscheidende Bedeutung als einem Wert bei. Aber Platon meinte, diese Harmonie sei durch die Beendigung jeglichen Klassenkonflikts zu erreichen; Aristoteles glaubte, sie werde sich aus der Domestizierung dieses Konflikts ergeben. Doch entscheidend für diese Auseinandersetzung ist die Frage der kausalen Relevanz der Klassenspannung: ist sie ein zu beseitigender Makel der sozialen Harmonie, in dem Sinn, wie es z. B., so könnte man sagen, die gewalttätigen Formen dieses Konflikts sind? Oder ist sie nicht zu beseitigen und stets vorhanden, wobei nur ihre Formen variieren? Im ersteren Fall wird eine der entscheidenden, durch unsere erklärende Theorie aufgestellten Dimensionen der Variation das Vorhandensein oder Fehlen von Klassenkonflikten betreffen. Im letzteren Fall wird diese Dimension nicht einmal als in den Tatsachen begründet anerkannt. Ist dies der Fall, dann bricht die normative Theorie zusammen, oder besser, sie wechselt aus dem Bereich der politischen Philosophie in das Reich der Utopie über. Denn dann könnten wir nicht einmal ansatzweise die Vorstellung einer Gesellschaft ohne Klassenkonflikte entwickeln. Außerdem würde der Versuch, sich ihr anzunähern, alle gefährlichen Konsequenzen zeitigen, die mit weitreichenden, auf illusorischen Hoffnungen fußenden politischen Veränderungen verbunden sind.

So enthält Platons Theorie der *Republik,* faßt man sie auf als die These, daß eine gewisse Dimension der Variation von normativer Bedeutung sei, Behauptungen hinsichtlich der Dimensionen der Variation, welche für die Erklärung relevant sind, denn sie ist nur mit jenen Bezugsrahmen vereinbar, welche die Realität der normativ wesentlichen Dimension konzedieren. Sie ist unvereinbar mit jeglicher Auffassung von Politik als den gegeneinander gerichteten Bestrebungen verschiedener Klassen, Interessengruppen oder Individuen.

Selbstverständlich gilt dies für jede normative Theorie, nämlich daß sie mit gewissen erklärenden Theorien zusammenhängt und mit anderen unvereinbar ist. Aristoteles' Dimension, wonach verschiedene Verfassungen als Ausdruck und Form verschiedener Lebensweisen aufzufassen seien, verschwindet in der atomistischen Konzeption Hobbes'. Rousseaus entscheidende Dimension des *Sozialvertrags,* die einen scharfen Bruch zwischen der Volkssouveränität und abhängigen Staaten der einen oder anderen Form annahm, konnte die Validierung der Theorien von Mosca, Michels oder Pareto nicht überleben. Die traditionelle politische Philosophie war daher gezwungen, sich jener theoretischen Funktion zu widmen, die, wie wir sahen, für die moderne politische Wissenschaft wesentlich ist; und je entwickelter und umfassender die normative Theorie war, desto vollständiger und klarer definiert war der sie begleitende begriffliche Rahmen. Dies ist der Grund, warum die politische Wissenschaft noch immer etwas aus den Werken von Aristoteles, Hobbes, Hegel, Marx usw. lernen kann. In der Tradition ist die eine Form der wissenschaftlichen Untersuchung eigentlich untrennbar von der anderen.

II.

1. Dieses Ergebnis überrascht uns nicht. Jedermann erkennt an, daß die politischen Philosophen der Tradition sich mit der Entwicklung der politischen Wissenschaft, zumindest in embryonaler Form, befaßten. Aber dies, so könnte man sagen, ist gerade die Schwierigkeit; deshalb dauerte es so lange, bis die politische Wissenschaft flügge wurde. Ihr Bezugsrahmen wurde immer im Interesse irgendeiner normativen Theorie abgesteckt. Um sich fortzuentwickeln, muß die Wissenschaft von allen Interessenstandpunkten frei und wertneutral sein. Wenn also die normative Theorie die politische Wissenschaft voraussetzt und ohne sie nicht fortschreiten kann, so gilt dies umgekehrt nicht; die politische Wissenschaft kann und soll von der älteren Disziplin getrennt werden. Wir wollen nunmehr einige moderne Versuche, eine Wissenschaft der Politik zu entwickeln, untersuchen, um festzustellen, ob dies zutrifft.
Beginnen wir mit S. M. Lipsets *Political Man*. In diesem Werk entwirft Lipset die Bedingungen der modernen Demokratie. Er meint, daß Gesellschaften in zwei Dimensionen – Konflikt und Konsens – existieren. Beide sind gleich notwendig für die Demokratie. Sie sind nicht bloße Gegensätze, wie eine vereinfachende Auffassung annehmen könnte. Konflikt wird hier nicht als ein einfacher Interessengegensatz oder als das Vorhandensein objektiver Ausbeutungsbeziehungen aufgefaßt, sondern als stetiger Versuch, diese durch den Kampf um Macht und um die Politik zu überwinden.

»So überraschend es klingen mag, eine stabile Demokratie erfordert die Manifestation von Konflikt und Spaltung, damit es einen Kampf um Herrschaftspositionen, Herausforderungen der an der Macht befindlichen Parteien und einen Wechsel der regierenden Parteien geben kann; aber ohne Konsensus – ein politisches System, welches das

friedliche ›Spiel‹ der Macht, die Befolgung der von den ›Innenste-
henden‹ (*ins*) getroffenen Entscheidungen durch die ›Außenste-
henden‹ (*outs*) und die Anerkennung der Rechte der ›Außenste-
henden‹ durch die ›Innenstehenden‹ gestattet – kann es keine
Demokratie geben. Die Untersuchung der Bedingungen, welche die
Demokratie fördern, muß sich daher auf die Ursachen sowohl der
Spaltung als auch des Konsensus konzentrieren.« (*Political Man*,
S. 21)

Und weiter:

»Die Spaltung – wo sie legitim ist – trägt zur Integration von Gesellschaften und Organisationen bei.« (*Loc. cit.*)

Das Fehlen solcher Konflikte, etwa wenn eine bestimmte Gruppe die Macht übernommen hat oder wenn ein allmächtiger Staat
in der Lage ist, für Einstimmigkeit zu sorgen, oder zumindest
Meinungsvielfalt am Ausdruck zu hindern, ist ein Zeichen dafür, daß die Gesellschaft nicht frei ist. Tocqueville befürchtete
(*Political Man*, S. 27), daß die Macht des Staates Apathie er-
zeugen und damit sogar den Konsensus abschaffen würde.

»Die Demokratie in einer komplexen Gesellschaft kann als ein politisches System definiert werden, welches reguläre, verfassungsmäßige
Gelegenheiten zum Auswechseln der Regierungsbeamten sowie einen
sozialen Mechanismus gewährleistet, der es dem größtmöglichen Teil
der Bevölkerung erlaubt, wichtige Entscheidungen durch die Wahl
unter Anwärtern auf politische Ämter zu beeinflussen.« (*Op. cit.*
S. 45)

Eine solche Gesellschaft erfordert die Organisation von Grup-
peninteressen zum Kampf für die eigenen Ziele – vorausgesetzt, daß dies in friedlicher Weise geschieht, innerhalb der
Spielregeln, und daß der Schiedsspruch in Form von Wahlen
nach allgemeinem Wahlrecht akzeptiert wird. Wenn Gruppen
nicht organisiert sind, dann sind sie nicht wirklich beteiligt, ihre
Interessen werden vernachlässigt, und sie haben keinen Anteil
an der Macht; sie werden dem System entfremdet.
Nun kann man aber sagen, daß diese Auffassung mit der Rousseauschen Auffassung konfligiert, welche die Organisierung
von »Fraktionen« mißbilligt und meint, der Konsensus gehe

von isolierten Individuen aus. Sie läuft auch der modern konservativen Auffassung zuwider, daß die Organisierung der Menschen aufgrund von Klassen die Gesellschaft überflüssigerweise spalte. Gegenüber Rousseau meint Lipset, daß das Fehlen einer engen Übereinstimmung aller bezüglich des allgemeinen Willens nicht ein Zeichen dafür sei, daß etwas nicht stimme. Es gibt unüberwindliche, fundamentale Interessengegensätze; diese müssen angepaßt werden. Wenn wir je eine Art konfliktlosen Zustand erreichen, so kann dies nur geschehen, weil eine der Parteien irgendwie unterdrückt und am Wettbewerb gehindert wird. Für Lipset ist das Fehlen von Konflikt ein sicheres Zeichen dafür, daß irgendwelche Gruppen von den öffentlichen Angelegenheiten ausgeschlossen sind.

Dieser Unterschied ist eine enge Parallele zu dem oben erwähnten zwischen Platon und Aristoteles. Tatsächlich weist Lipset mehrmals auf die Ähnlichkeit zwischen seinem Standpunkt und dem von Aristoteles hin. Und offenkundig handelt es sich um einen Unterschied derselben Art, einen, bei dem eine normative Theorie in Frage gestellt wird, weil die Realität ihrer entscheidenden Variationsdimension bedroht ist. Eine ähnliche Aussage bezüglich des Unterschieds finden wir bei Konservativen, die unterschiedliche Standpunkte innerhalb des Staates zugestehen, Klassen-Parteien aber leugnen. Hierbei wird angenommen, daß der Gegensatz unbegründet sei, daß die wirklichen Unterschiede anderswo lägen, entweder in engeren oder breiteren Interessen, daß diese durch Klassentrennungen vernebelt und daß die rationale Anpassung erschwert würden. Mehr noch, der Staat könne zerstört werden, wenn diese Trennungen hochgespielt werden. Die Konservativen haben zu Klassen in der Politik häufig dieselbe Einstellung wie die Liberalen zu Rassen in der Politik. Auch diesen Standpunkt bestreitet Lipsets Auffassung, denn er meint, daß Klassenunterschiede im Mittelpunkt der Politik stehen und nicht beseitigt werden können, es sei denn durch eine Verringerung der Zahl der Mitspieler. Sie sind daher das eigentliche Material der demokratischen Politik, vorausgesetzt, daß sie sich gemäßigt und friedlich ausdrücken. Der

Kampf zwischen reich und arm ist unausrottbar. Er kann lediglich verschiedene Formen annehmen.

Versuche, diesen Bereich zu sprengen, sind daher irrational und dysfunktional. Irrational, weil auf falsche Prämissen gegründet; und dysfunktional, weil das Ziel der Konfliktlosigkeit oder des Fehlens von Klassenspannungen nur auf Kosten jener Merkmale des Systems erreicht werden kann, welche die meisten als wertvoll anerkennen; nämlich durch die Unterdrückung eines Teils der Bevölkerung oder durch dessen Apathie und Mangel an Organisation. Dies ist selbstverständlich das übliche Geschick von Theorien, die von falschen politischen Tatsachen ausgehen; wie oben festgestellt, sind sie nicht nur falsch, sondern positiv gefährlich.

Wir sehen also, daß Lipsets Theorie recht weitreichende Konsequenzen für die Wert-Diskussion hat, selbst wenn wir uns auf jene Alternativen beschränken, die sie negiert oder in Frage stellt. Eine Untersuchung einiger der Faktoren, welche nach dieser Theorie die Demokratie stärken, verlängert noch die Liste der zurückgewiesenen Alternativen. Lipset meint, daß eine wirtschaftliche Entwicklung zur gesunden Demokratie führt, indem sie, *inter alia*, Unterschiede des Wohlstands und Lebensstandards ausgleicht, eine große Mittelschicht schafft und den »Gegendruck« *(cross-pressures)* vermehrt, der dazu beiträgt, den Klassenkonflikt zu beschwichtigen. Denn eine Gesellschaft kann nicht richtig als Demokratie funktionieren, wenn es nicht, zusammen mit der Artikulation von Klassenunterschieden, einen gewissen Konsens gibt, der diese ausgleicht. Nun sind solche Beispiele von Lipsets »Gegendruck« – er geht typischerweise etwa von der Religionszugehörigkeit aus, welche die Klassenschranken überschreitet – für einen strengen Marxisten »Opiate«. Denn sie sind Integratoren, welche das System daran hindern, aus den sozialen Nähten zu platzen, und damit den Ausbruch des Klassenkampfes verhindern. Aber wir haben es hier nicht lediglich mit zwei Werturteilen über die gleichen, in derselben Art verstandenen Fakten zu tun. Der wesentliche Unterschied ist, daß für Lipset ein Stadium jenseits des Klassenkampfes nicht existiert und nicht existieren kann; die Beseitigung des Konflikts durch Einstimmigkeit ist unmöglich; er meint: »Reiche wird es immer geben.« Aber in diesem Fall hören die integrierenden Faktoren auf, »Opiate« zu sein, falsches Bewußtsein zu nähren und das große revolutionäre Potential zu verbergen. Es gibt dann nichts zu verbergen. Lipsets Auffassung negiert daher ganz direkt den revolutionären Marxismus – wie sie auch die oben erwähnten Auffassungen negiert –, indem sie die Realität der wesentlichen Dimensionen der Variation leugnet.

Aber wenn wir dieses letzte Beispiel etwas eingehender untersuchen, dann erkennen wir noch weiterreichende Konsequenzen der Lipsetschen Auffassung. Denn wenn wir den Übergang zur klassenlosen Gesellschaft ausschließen, bleibt uns nur die Wahl zwischen verschiedenen Arten des Klassenkonflikts: einer gewaltsamen, welche die Gesellschaft so spaltet, daß sie nur unter irgendeiner Form der Tyrannei überleben kann, oder einer solchen, die zu friedlichen Einigungen führen kann. Diese Entscheidung, so formuliert, stellt sich uns praktisch von selbst. Wir mögen einwenden, daß damit nicht der Bereich aller Möglichkeiten erfaßt ist, denn es gibt auch Fälle, in denen der Klassenkonflikt latent ist, bedingt durch das relative Fehlen einer Partei. Doch dies ist die Folge von Unterentwicklung, eines Mangels an Ausbildung oder Wissen oder an Initiative auf Seiten der Unterprivilegierten. Darüber hinaus führt dies unweigerlich zu einer Verschlechterung von deren Position im Verhältnis zu den Privilegierten. In der Darstellung seiner politischen Stellung, welche die Einleitung zur Anchor-Ausgabe von *Political Man* bildet, sagt Lipset:

»Mit Marx glaube ich, daß alle privilegierten Klassen ihre Vorteile gegen den Wunsch der Unterprivilegierten, diese zu verringern, aufrechtzuerhalten und zu *erweitern* bestrebt sind.« (Anchor-Edition, S. XXII, Hervorhebung im Original)

Für Lipset läßt sich also die bedeutsame Dimension der Variation für politische Gesellschaften sozusagen als L-förmig auffassen. Am einen Ende liegen Gesellschaften, in denen die Spal-

tungen zwar artikuliert aber so tief sind, daß sie nicht ohne
Gewalt, Unterdrückung der Freiheit und despotische Herrschaft in Schach gehalten werden können; am anderen Ende
liegen Gesellschaften, die zwar friedlich aber oligarchisch sind
und in denen es folglich darum geht, das Wohl einer herrschenden Minorität zu sichern. Am Schnittpunkt der Linien sind jene
Gesellschaften, deren Unterschiede zwar artikuliert sind, die
aber in der Lage sind, sich friedlich über sie zu einigen und die
daher durch ein hohes Maß an individueller Freiheit und politischer Organisation gekennzeichnet sind.
Angesichts dieser Alternativen kann man schwerlich für etwas
anderes optieren als für den Schnittpunkt. Täte man dies nicht,
dann würde man entweder Gewalt, Despotie und Unterdrük-
kung gegenüber Frieden, Herrschaft durch Übereinkunft und
Freiheit bevorzugen, oder einer Gesellschaft, in der es um den
Vorteil einer Minderheit geht, den Vorzug vor einer Gesellschaft geben, in der es um den Vorteil aller geht, einer Gesellschaft, welche ausbeutet und/oder manipuliert, vor einer Gesellschaft, die dahin tendiert, das gemeinsame Wohl, wie die
Mehrheit es definiert, zu sichern. Nur am Schnittpunkt haben
wir eine Gesellschaft, in der es wirklich um das Wohl Aller
geht, denn am einen Ende herrscht die auf eine unorganisierte
Masse gegründete Oligarchie, am anderen die Despotie.
Lipset verdeutlicht selbst diese Entscheidung.

»Es ist eine Grundprämisse dieses Buches, daß die Demokratie nicht
nur oder gar primär ein Mittel ist, durch welches verschiedene Gruppen ihre Ziele erreichen und eine gute Gesellschaft anstreben können;
sie ist die gute Gesellschaft selbst in Praxis. Nur das Gib-und-Nimm
der inneren Kämpfe einer freien Gesellschaft bietet einige Garantie
dafür, daß die Produkte dieser Gesellschaft sich nicht in den Händen
einiger weniger Machthaber ansammeln werden und daß die Menschen sich ohne Angst vor Verfolgung entwickeln und ihre Kinder
erziehen können.« (S. 403)

Dies ist eine prägnante Feststellung des im *Political Man* enthaltenen Wertstandpunkts, wird aber zu Unrecht als eine »Prämisse« charakterisiert. Die Verwendung dieses Ausdrucks zeigt

den Einfluß der Theorie der Wert-Neutralität, aber er ist fehl am Platz. Es wäre weniger irreführend, »Ergebnis« zu sagen, denn diese Wertung ergibt sich aus der in dem Buch enthaltenen Analyse. Sobald wir Lipsets Analyse bezüglich der fundamentalen Rolle der Klasse in der Politik akzeptieren, nämlich daß sie stets wirksam sei, selbst wenn die Spaltung nicht offen zutage liege, und daß sie nie durch Einstimmigkeit überwunden werden könne, bleibt uns nichts anderes übrig, als Demokratie so zu akzeptieren, wie er sie definiert, als eine Gesellschaft, in der die meisten Menschen »Machende« sind, ihr Schicksal in die eigene Hand nehmen und Mitsprache bei dessen Bestimmung haben und das Maß, in dem ihnen Unrecht geschieht oder ihre Interessen durch andere ungünstig gehandhabt werden, zumindest herabsetzen können – also als die gute Gesellschaft.

2. Doch wir sind nunmehr weit über die lediglich negativen Konsequenzen, die oben für den Marxismus, den Konservativismus oder Rousseaus allgemeinen Willen festgestellt wurden, hinausgegangen. Wir behaupten, daß die wesentlichen Dimensionen der Variation in Lipsets Theorie nicht nur die in anderen normativen Theorien wesentlichen Dimensionen negieren, sondern eine eigene unterstützen, welche der Theorie selbst implizit ist. Aber diese Schlußfolgerung, sollte sie zutreffen, widerspricht der angeblichen Neutralität des wissenschaftlichen Faktums. Wir wollen sie daher etwas eingehender untersuchen.
Oben stellten wir fest, daß angesichts der Wahl zwischen einem auf Gewalt und Unterdrückung beruhenden Regime und einem solchen, das auf Übereinstimmung beruht, zwischen Regimes, welche den Interessen mehr oder minder aller dienen, und Regimes, welche den Interessen nur einer Minderheit dienen, die Entscheidung eindeutig ist. Ist diese Feststellung nur ein rhetorischer Schnörkel, der auf die von den Lesern allgemein geteilten Werte anspielt? Oder ist der Sachverhalt verbindlicher? Vorausgesetzt, daß wir die entlang jener Dimension charakterisierten Regimes als »besser« und »schlechter« bezeichnen – kön-

nen wir uns dann eine Umkehrung dessen vorstellen, was oben als das einzig mögliche Urteil erschien? Kann man sagen: ja, ein Regime, das auf einer Minderheitenherrschaft mit gewaltsamer Unterdrückung der Mehrheit beruht, ist besser als eines, das auf allgemeinem Konsensus beruht, wo alle eine Chance haben, daß ihre Interessen wahrgenommen werden? Dies ist gewiß kein in sich selbst logisch absurder Standpunkt. Wenn aber jemand den Bezugsrahmen von Lipset akzeptierte und daraus ein solches Urteil ableitete, dann würden wir sicher von ihm erwarten, daß er fortfahre und einige andere Überlegungen erwähne, die ihn zu diesem erstaunlichen Schluß führten. Wir dürften von ihm erwarten, daß er sagt, nur Minderheiten seien kreativ, Gewalt sei notwendig, um die Menschen an der Stagnation zu hindern, oder dergleichen. Aber angenommen, er sagte nichts dieser Art? Angenommen, er behauptete lediglich, Gewalt sei besser als ihr Gegenteil, nicht *qua* Stimulus der Kreativität oder wesentliches Element des Prozesses, sondern einfach *qua* Gewalt; es sei besser, daß nur dem Interesse der Minderheit gedient werde, nicht weil die Minderheit kreativer sei, sondern einfach weil sie eine Minderheit sei? Ein solcher Standpunkt wäre unvorstellbar. Wir könnten uns vorstellen, daß der Mann sich zur Forderung einer solchen Gesellschaft hergäbe, aber der Gebrauch der Wörter »gut« oder »besser« wäre hier völlig fehl am Platz, denn es gäbe keinen ersichtlichen Grund, sie zu verwenden. Offen bliebe die Frage, ob der Mann diese Ausdrücke überhaupt verstanden hat, ob er nicht z. B. »gut« mit »etwas, was mir einen Kitzel gibt«, oder »ästhetisch« mit »gefällig« verwechselt hätte.

Man könnte einwenden, dies sei kein faires Beispiel. Angenommen, unser unorthodoxer Denker führte andere Gründe für seine Bevorzugung von Gewalt und Minderheitenherrschaft an. Dann würden wir ihm doch gewiß gestatten, von unserer Meinung abzuweichen? Ja, aber dann ist es sehr zweifelhaft, ob er noch Lipsets Bezugsrahmen akzeptieren könnte. Angenommen z. B., jemand glaubte (wie Hegel bezüglich des Krieges), Gewalt sei von Zeit zu Zeit moralisch notwendig für das Wohlergehen des Staates. Dies bliebe nicht ohne Folgen für seine Vorstellung von politischer Wissenschaft; der Bereich des möglichen Regimes würde sich nun von dem von Lipset angegebenen unterscheiden; denn friedliche demokratische Regimes würden demnach an einer Stagnation leiden, die sie weniger lebensfähig machen würde; tatsächlich wären sie nicht fähig, sich zu behaupten und daher wäre das Spektrum der möglichen Regimes ein anderes als jenes, das Lipset uns vorführt; das lebensfähigste Regime wäre dasjenige, dem es gelänge, die Gewalt zu rationieren und sie auf einer ununterbrochenen Ebene zu halten, ohne in Stagnation und Auflösung zu verfallen.

Aber warum müßte ein solcher Wechsel der Werte mit einem Wechsel des erklärenden Bezugsrahmens einhergehen? Wir setzen anscheinend voraus, daß die Übel des inneren Friedens so geartet sein müssen, daß sie politische Folgen haben, die Lebensfähigkeit der politischen Gesellschaft untergraben. Ist diese Annahme gerechtfertigt? Normalerweise würden wir natürlich von jemandem, der eine solche Theorie vertritt, erwarten, daß er innere Gewalt für gut halte, weil sie zur Dynamik, zur Kreativität der Menschen, zum Fortschritt der Gesellschaft oder zu etwas dergleichen beitrage, dessen Mangel friedliche Gesellschaften weniger lebensfähig mache. Aber angenommen, er entschiede sich für irgendwelche anderen Vorteile der Gewalt, welche nicht mit dem Überleben oder der Gesundheit der politischen Gesellschaft zu tun hätten? Nehmen wir an, er meinte, Gewalt sei gut für die Kunst, nur Gesellschaften mit innerer Gewalt könnten große Literatur, Musik und Malerei hervorbringen. Also z. B. der Standpunkt von Harry Lime im *Dritten Mann*.

Dieser Fall wäre sicherlich möglich. Aber betrachten wir ihn doch etwas näher. Unser hypothetischer Kontrahent hat den Boden von Politik überhaupt verlassen und trifft sein Urteil anhand sachfremder (hier ästhetischer) Gründe. Er kann nicht leugnen, daß, sieht man von diesen Gründen ab, die normale Rangordnung gültig ist. Er meint praktisch, obgleich es besser sei, von ästhetischen Erwägungen abzusehen, damit die Gesellschaft friedlich sei, müsse man sich doch im Interesse der Kunst darüber hinwegsetzen.

Dieser Unterschied ist bedeutsam; wir müssen zwischen zwei Arten von Einwänden gegen eine gegebene Wertung unterscheiden. Es ist möglich, daß die Wertung akzeptiert wird, daß wir uns aber bei unserer tatsächlichen Entscheidung über ihr Gebot hinwegsetzen, sozusagen aufgrund wichtigerer Wertungen. So mögen wir meinen, die Redefreiheit sei immer gut, während wir zögernd einräumen, daß sie im Notstandsfall wegen der hier durch sie bedingten großen Risiken beschnitten werden müsse. In diesem Fall schränken wir ein Gut bewußt ein. Die andere Art von Einwand ist so geartet, daß sie die Wertung selbst untergräbt, das mutmaßliche Gut seines Status zu entkleiden sucht. So etwa verfährt Lipset mit den geistigen Gefolgsleuten Rousseaus, wenn er nachweist, daß ihre Harmonie nur die Ruhe einer Minderheitenherrschaft sein kann.[2] Im einen Fall konzedieren wir, daß die fragliche Sache wirklich die Eigenschaften hat, die ihre Befürworter ihr zuschreiben (z. B. daß die Redefreiheit zur Gerechtigkeit, zum Fortschritt, zur menschlichen Entfaltung usw. beiträgt), aber wir fügen hinzu, daß sie auch andere Eigenschaften hat (z. B. daß sie potentiell Störung verursacht), die uns zwingen, zeitweilig oder permanent gegen sie einzuschreiten. Im anderen Fall bestreiten wir dem fraglichen Zustand gerade jene Eigenschaften, aufgrund derer er als gut beurteilt wird (z. B. daß die Gesetzgebung einer bruchlosen Gesellschaft vom freien, bewußten Willen aller ihrer Bürger ausgeht). Wir könnten sagen, daß der eine Einwand sich über etwas hinwegsetzt, während der andere etwas in Frage stellt.

Wir behaupten nun aber, daß ein Einwand, der die Werte, die sich offenbar aus einem bestimmten Bezugsrahmen ergeben, in Frage stellt, diesen Bezugsrahmen verändern muß; daß der Bezugsrahmen in diesem Sinn unauflöslich mit einem bestimm-

---

2 Selbstverständlich kann Rousseaus allgemeiner Wille in der hypothetischen Welt, die er für ihn entwirft, ein Wert bleiben, aber dies gehört in den Bereich der Utopie, nicht der politischen Philosophie.

ten Zyklus von Werten verbunden ist; und daß wir, wenn wir die Wertungen revidieren können, ohne den Bezugsrahmen anzutasten, uns über etwas hinwegsetzen.

Kehren wir zu obigem Beispiel zurück. Um die Entscheidung gegen Gewalt in Frage zu stellen, müßten wir zeigen, daß diese nicht die ihr unterstellten Eigenschaften hat. Nun hat Gewalt aber offensichtlich die Eigenschaft, zu töten und zu verstümmeln, was uns veranlassen muß, sie – man sollte meinen: unwiderruflich – auf die Liste der unerwünschten Dinge zu setzen; über ein Urteil gegen die Gewalt könnten wir uns also nur hinwegsetzen. Doch hier haben wir es nicht mit einem Urteil über Gewalt *per se* zu tun, sondern eher mit einem, das sich auf die Alternative Frieden/Gewalt bezieht; und dieses Urteil beruht auf der Begründung, daß Gewalt Eigenschaften hat, welche der Friede nicht hat, daß die Übel, die der Gewalt offenbar zuzuschreiben sind, durch Frieden effektiv zu vermeiden sind. Aber wenn wir zeigen können, daß Friede zur Stagnation und damit zum Zusammenbruch (und daher schließlich zu Chaos oder Gewalt) oder fremder Eroberung führt, dann verringert sich die Kluft zwischen beiden. Hingegen stehen wir nun vor einer neuen Alternative, nämlich der zwischen mehr oder weniger kontrollierter Gewalt und der destruktiven, unkontrollierten Gewalt, die mit dem inneren Zusammenbruch oder der fremden Eroberung verbunden ist. Das Sichhinwegsetzen über die eine Wertung hat die Alternative zerstört, auf der das ursprüngliche Urteil beruhte, und damit die vorher bevorzugte Alternative ihrer charakteristischen Eigenschaft, deretwegen sie hoch bewertet wurde, beraubt.

Aber jedes Sichhinwegsetzen dieser Art muß den erklärenden Bezugsrahmen verändern, dessen wesentlicher Bestandteil die ursprüngliche Alternative war. Wenn wir nicht eine friedliche Politik durchsetzen können, dann ist die Skala der Möglichkeiten eine ganz andere, und Lipset zieht sich den Vorwurf zu, eine ganze Gruppe von Faktoren, die der Skala Spannung/Stagnation angehören, vernachlässigt zu haben.

Um auf das andere Beispiel einzugehen, wollen wir unseren

Kontrahenten für eine Minderheitenherrschaft eintreten lassen. Lassen wir ihn behaupten, nur die Minderheit sei kreativ, wenn ihr nicht der Vorzug eingeräumt werde, dann werde sie nicht produzieren und jedermann werde darunter leiden. Damit wäre der angenommene Unterschied zwischen der Herrschaft für die Minderheit und derjenigen für alle, nämlich daß der einfache Mann von letzterer etwas erhält, was er von ersterer nicht erhält, beseitigt; eher ist das Umgekehrte der Fall. Die Wertung wird in Frage gestellt. Aber auch der politische Bezugsrahmen wird verändert, denn nun haben wir eine elitäre These über den Vorrang der Minderheitenherrschaft; es ist eine andere Variable ins Spiel gekommen, die in dem vorherigen Bezugsrahmen nicht vorhanden war und die ihn überschneidet, insofern der vorherige Bezugsrahmen die Möglichkeit guter, progressiver und Allen dienender Gesellschaften enthielt.

Nehmen wir jedoch an, Gewalt oder die Herrschaft einer Elite sei gut für die Malerei, dann weisen wir unseren Bezugsrahmen pauschal zurück; denn die Tatsache bleibt bestehen, daß es besser wäre, wenn es keine Gewalt gäbe, und jeder seinen gerechten Anteil hätte, aber ach . . .

So birgt der Bezugsrahmen einen gewissen Wertstandpunkt, allerdings einen, über den man sich hinwegsetzen kann. Im allgemeinen geschieht dies auf folgende Weise: Der Bezugsrahmen bietet uns sozusagen die Geographie des Bereichs der fraglichen Phänomene, er sagt uns, in welcher Weise sie variieren können, welches die hauptsächlichen Dimensionen der Variation sind. Da wir es aber mit Dingen zu tun haben, welche für die Menschen von großer Bedeutung sind, wird eine gegebene Landkarte sozusagen ihr eigenes Wertgefälle aufweisen. Dies heißt gewissermaßen, daß eine gegebene Dimension der Variation normalerweise von sich aus bestimmen wird, wie wir über Gut und Böse urteilen sollen, und zwar wegen ihres Verhältnisses zu den offensichtlichen menschlichen Wünschen und Bedürfnissen.

Dies mag nun als ein etwas beunruhigendes Ergebnis erscheinen, denn bekanntlich gibt es große Meinungsverschiedenheiten darüber, was menschliche Bedürfnisse, Wünsche und Ziele sind. Nicht daß es keinen breiten Bereich der Übereinstimmung über grundlegende Dinge wie das Leben selbst gäbe; doch diese hört eindeutig auf, wenn man versucht, die Liste zu verlängern. So kann es große Meinungsverschiedenheit über das vorgebliche menschliche Bedürfnis nach Selbstverwirklichung oder nach autonomer Entwicklung geben – zwei Aspekte, die beide in den Diskussionen und Konflikten um die politische Theorie eine wichtige Rolle spielen können und spielen.

Heißt dies nun, daß wir unser voriges Ergebnis zurückweisen und uns einen Stand der Dinge vorstellen können, wo wir den erklärenden Bezugsrahmen einer bestimmten Theorie akzeptieren und gleichwohl die Werturteile, die er enthält, zurückweisen können, weil wir eine andere Auffassung über das Schema der menschlichen Bedürfnisse hegen?[3] Oder anders ausgedrückt: heißt dies, daß der Schritt zwischen dem Akzeptieren eines erklärenden Bezugsrahmens und dem Akzeptieren einer bestimmten Auffassung vom politisch Guten durch eine Prämisse bezüglich der menschlichen Bedürfnisse vermittelt wird, die weit genug verbreitet ist, um unbemerkt zu bleiben, die aber gleichwohl in Frage gestellt werden kann, wodurch die Verbindung aufgebrochen wird?

Die Antwort lautet: Nein. Denn die Verbindung zwischen einem gegebenen erklärenden Bezugsrahmen und einer bestimmten Auffassung vom Schema der Bedürfnisse, Wünsche und Zwecke, welche das Eingreifen der Werttheorie vermittelt, ist nicht zufällig. Verträte man eine ganz andere Auffassung von menschlichem Bedürfnis, dann würde man den Bezugsrahmen aufgeben. So gelten, um ein anderes Beispiel Lip-

---

3 Damit kann entweder ein Infragestellen von oder ein Sichhinwegsetzen über Werturteile verbunden sein. Denn wir können etwas, einen Zustand oder ein Ergebnis, die Eigenschaft, aufgrund derer dieses oder jenes als gut beurteilt wird, nicht nur damit leugnen, daß wir ihm eine Eigenschaft absprechen, durch welche es gewisse menschliche Bedürfnisse, Wünsche oder Ziele befriedigt, sondern auch dadurch, daß wir die Existenz dieser Bedürfnisse, Wünsche oder Ziele leugnen. Und wir können uns über das Urteil, daß dieses oder jenes gut ist, hinwegsetzen, indem wir andere Bedürfnisse, Wünsche oder Ziele anführen, welche es frustriert.

sets anzuführen, stabile Demokratien als besser denn stabile Oligarchien, da letztere nur dort existieren können, wo die Mehrheit so ungebildet und traditionsgebunden oder beschränkt ist, daß sie noch nicht gelernt hat, ihre Rechte zu fordern. Aber angenommen, wir versuchten dieses Urteil umzustürzen, indem wir einwenden, die Unterentwicklung sei gut für die Menschen, sie seien glücklicher, wenn sie durch unzweifelhafte Normen geleitet würden, sich nicht selber Gedanken machen müßten usw.? Damit würde man das Werturteil umkehren. Aber gleichzeitig würde man den Bezugsrahmen wechseln. Denn wir führen hier einen Begriff der Anomie ein, und wir können nicht annehmen, daß dieser Faktor existieren könnte, ohne irgendwelche bedeutsame Folgen für das Funktionieren der politischen Gesellschaft zu haben. Sollte die Folge von Entwicklung, Erziehung und Bruch mit der Tradition die Anomie sein, dann würde sie die Stabilität von Gesellschaften beeinträchtigen, welche eine solche Entwicklung fördern. Sie wären ständig der Gefahr ausgesetzt, in Frage gestellt zu werden, da ihre Bürger, die unter der Anomie leiden, nach einem Hafen der Sicherheit streben würden. Sollte die Demokratie die Menschen unglücklich machen, dann wäre sie zweifellos nicht so gut, wie ihre Befürworter sie hinstellen, aber auch nicht so lebensfähig.

Die oben dargestellte Auffassung, wir könnten den erklärenden Bezugsrahmen akzeptieren, aber die Wertfolgerung zurückweisen, indem wir ein anderes Schema der Bedürfnisse postulieren, läßt sich nicht aufrechterhalten. Denn ein gegebener Bezugsrahmen ist mit einem gegebenen Schema der menschlichen Bedürfnisse, Wünsche und Zwecke verbunden, so daß, wenn das Schema sich in einer bedeutsamen Hinsicht als irrig herausstellt, der Bezugsrahmen selbst nicht beibehalten werden kann. Und dies aus dem ganz offensichtlichen Grund, daß menschliche Bedürfnisse, Wünsche und Zwecke bedeutsame Folgen für die Art und Weise haben, wie Menschen handeln, und daß man daher ein nicht gar zu ungenaues Schema verwenden muß, wenn man den Bezugsrahmen jeglicher Wissenschaft vom menschlichen Verhalten aufstellen will – die Wissenschaft von der Politik nicht ausgenommen. So geht in eine bestimmte politische Theorie eine Vorstellung von den menschlichen Bedürfnissen ein, und diese darf nicht als etwas Fremdes aufgefaßt werden, das wir dem Bezugsrahmen später hinzufügen, um einen Zyklus von Werturteilen zu erhalten.

Dies besagt nicht, daß es nicht Bedürfnisse oder Zwecke gäbe, die wir jenen, die in jedem Bezugsrahmen enthalten sind, hinzufügen könnten, und die den Bezugsrahmen nicht verändern würden, da ihre Auswirkung auf die politischen Ereignisse marginal wäre. Doch das gäbe uns höchstens einen Grund, uns über sie hinwegzusetzen, nicht, sie in Frage zu stellen. Um die Wertung in Frage zu stellen, müßten wir zeigen, daß das angebliche Bedürfnis, das sie erfüllt, kein Bedürfnis ist, oder daß das, was als Befriedigung eines Bedürfnisses oder eines Wunsches oder eines menschlichen Zwecks erscheint, keine solche, sondern tatsächlich das Gegenteil ist. Nun könnte sogar ein Sichhinwegsetzen über solche Wertungen den Bezugsrahmen zerstören, wenn ein neues Bedürfnis hinzuträte, welches motivational wichtig genug wäre, um ein ganz anderes Verhalten vorzuschreiben. Ein Infragestellen, welches impliziert, daß man das Schema der Bedürfnisse falsch festgelegt hat, täte dies gewiß nicht.

3. Aus dem obigen Beispiel ergibt sich offenbar, daß die Übernahme eines erklärenden Bezugsrahmens die Übernahme des in ihm enthaltenen »Wertgefälles« mit sich bringt, obgleich Erwägungen außerpolitischer Art sich über die Wertungen hinwegsetzen können. Aber man könnte einwenden, daß die Untersuchung eines einzigen Beispiels keine genügend breite Grundlage für eine so weitreichende Schlußfolgerung bietet. Aufgrund von Lipsets Nähe zur Tradition der politischen Philosophie, besonders seiner Verehrung für Aristoteles, könnte man dieses Beispiel sogar für besonders unangebracht halten.

Wenn wir jedoch bereit sind, die Reihe der Beispiele zu erweitern, dann sehen wir sofort, daß Lipsets Theorie keine Ausnahme bildet. Es gibt z. B. eine ganze Reihe von Theorien, bei denen die Verbindung zwischen faktischer Basis und Wertung sozusagen in die begriffliche Struktur eingebaut ist. Dies gilt für viele Theorien, welche den Begriff der Funktion verwenden. Eine Funktion erfüllen heißt, einem Erfordernis irgendwelcher Art genügen, und wenn dieser Ausdruck in der Sozialtheorie verwendet wird, dann steht das betreffende Erfordernis im allgemeinen mit menschlichen Bedürfnissen, Wünschen und Zwecken in Verbindung. Das betreffende Erfordernis oder Ziel kann die Aufrechterhaltung des politischen Systems sein, das als für den Menschen wesentlich angesehen wird, oder aber die Sicherung der Vorteile, welche politische Systeme für den Menschen erreichen können – Stabilität, Sicherheit, Friede, Erfüllung irgendwelcher Wünsche usw. Da die Politik weitgehend aus zweckgerichteter menschlicher Aktivität besteht, ist eine Charakterisierung politischer Gesellschaften durch Funktionen recht plausibel. Aber insofern wir Gesellschaften durch ihre verschiedenartige und in verschiedenem Maß erfolgende Erfüllung desselben Zyklus von Funktionen charakterisieren, ist die für die Zwecke der Erklärung wesentliche Dimension der Variation auch eine normativ bedeutsame. Gesellschaften, welche die Funktionen vollständiger erfüllen, sind *pro tanto* besser.

Betrachten wir z. B. die »strukturell-funktionale« Theorie Gabriel Almonds, wie sie in seinem Buch *Politics of the Developing Areas* dargestellt ist. Zu den von Almond aufgezählten Funktionen, die alle Regierungsformen erfüllen müssen, gehört jene der »Artikulation von Interessen«. Sie ist ein wesentlicher Bestandteil des Prozesses, durch welchen Forderungen, Interessen und Ansprüche der Mitglieder einer Gesellschaft an die Regierung herangetragen werden und zu gewissen Ergebnissen führen. Almond erkennt vier Haupttypen von Strukturen, die bei der Artikulation von Interessen beteiligt sind.[4] Über drei davon (institutionelle, nicht-korporative und anomische Interessengruppen) stellt er fest, daß deren überwiegende Bedeutung bei der Artikulation von Interessen zumeist eine schlechte »Grenzziehung« zwischen Gesellschaft und Regierungsform

4 *Politics of the Developing Areas,* S. 33.

anzeigt. Nur die vierte (korporative Interessengruppen) kann die Hauptlast der Artikulation von Interessen in einer Weise tragen, daß ein reibungslos funktionierendes System aufrechterhalten wird –

»kraft der regulierenden Rolle, die korporative Interessengruppen spielen, indem sie primäre Ansprüche oder artikulierte Interessen, die an anderer Stelle der Gesellschaft oder des politischen Systems auftreten, verarbeiten und sie in ordentlicher Weise und gesammelter Form weiterleiten durch das Parteisystem, die Legislative und die Bürokratie«. (Ibid., S. 35–36)

Es handelt sich hier um die Vorstellung eines Flusses von primären Forderungen, die durch das System verarbeitet werden müssen, bevor eine Befriedigung erfolgen kann. Wenn die Verarbeitung unzulänglich ist, dann wird die Befriedigung geringer sein, das System wird an Frustration, Unsicherheit und in der Folge an Instabilität zunehmen. In diesem Kontext ist die Grenzziehung zwischen Gesellschaft und Regierungsform entscheidend für Klarheit und Effizienz. Über die Funktionen der Artikulation und Sammlung von Interessen sagt Almond:

»Um einen maximalen Input-Fluß primärer Interessen von Seiten der Gesellschaft zu erreichen, ist also ein niedriger Grad der Verarbeitung in einer gemeinsamen Sprache der Ansprüche erforderlich, welche durch die korporativen Interessengruppen geleistet wird. Um diese Interessen zu assimilieren und in eine relativ geringe Zahl von politischen und personalen Alternativen zu transformieren, ist ein mittleres Maß der Verarbeitung notwendig. Wenn diese beiden Funktionen zu einem wesentlichen Teil erfüllt sind, bevor die verantwortlichen Regierungsstrukturen erreicht werden, dann werden die Output-Funktionen des Erlassens von Gesetzesverordnungen ermöglicht, und die politischen und Regierungsprozesse werden berechenbar und verantwortlich. Die Outputs können von den Inputs abhängig und durch sie kontrolliert sein, und damit wird der Kreislauf aufgrund einer guten Grenzziehung oder Arbeitsteilung relativ frei.« (Ibid., S. 39)

Indem Almond also verschiedene Institutionen je nach der Art charakterisiert, wie sie Interessen artikulieren oder sammeln, bewertet er sie. Denn offensichtlich verdient eine Gesellschaft mit den obigen Merkmalen den Vorzug vor einer solchen, der diese fehlen, wo es also einen weniger freien Kreislauf gibt, wo die »Outputs« weniger den »Inputs« entsprechen (dem, was die Menschen wollen, beanspruchen oder fordern), wo die Regierung weniger verantwortlich ist, usw. Die Charakterisierung des Systems durch die Funktion enthält Kriterien der »Eufunktion« und »Dysfunktion«, wie die manchmal verwendeten Bezeichnungen lauten. Die Dimension der Variation erlaubt nur eine Antwort auf die Frage: Was ist besser?, denn sie steht in einer klaren Beziehung zu den Wünschen und Bedürfnissen der Menschen.

Zu dieser Art Theorien gehören nicht nur jene, die explizit den Terminus »Funktion« gebrauchen, sondern auch andere Derivate der Systemtheorie sowie theoretische Bezugsrahmen, welche auf der Analogie zum Organismus aufbauen. Dazu gehört z. B. auch, wie man annehmen darf, David Easton (vgl. *A Framework for Political Analysis,* sowie *A Systems Analysis of Political Life*) und Karl Deutsch (*The Nerves of Government*). Denn die Anforderungen, nach denen wir die Funktionserfüllung verschiedener politischer Systeme beurteilen, sind in der Theorie explizit enthalten. Aber wie steht es mit Theorien, die explizit behaupten, die Fakten von den Wertungen zu trennen, die »Bedingungen festzustellen«, ohne irgendwelche »Bevorzugungen zu rechtfertigen«? Wie steht es etwa mit »Verhaltens«-Theorien wie der von Harold Lasswell?

4. Harold Lasswell bekennt sich eindeutig zur Neutralität wissenschaftlicher Befunde. Er tritt offen für bestimmte Werte ein, besonders für jene der demokratischen Gesellschaft, wie er sie definiert: eine Gesellschaft, in der »die Menschenwürde in der Theorie wie im Faktum verwirklicht ist«.[5] Er glaubt, daß wissenschaftliche Befunde zur Verwirklichung dieser Ziele eingesetzt werden können. Eine Wissenschaft, die sich daran orientiert, bezeichnet er als »Wissenschaft vom politischen Handeln«.

5 »The Democratic Character«, in *Political Writings,* S. 437.

Aber dies beeinflußt für ihn nicht die Neutralität der Ergebnisse: Eine Wissenschaft vom politischen Handeln bestimmt lediglich eine gewisse Gruppierung und Auswahl der Befunde, mit deren Hilfe wir das Ziel, das wir uns gesteckt haben, besser einkreisen können. Daraus folgt, daß es, wenn es eine Wissenschaft vom politischen Handeln der Demokratie gibt, »auch eine Wissenschaft vom politischen Handeln der Tyrannei geben kann«.[6]

In Lasswells »konfigurative Analyse« gehen also sowohl Faktum als auch Wertung ein; aber sie bleiben gänzlich voneinander trennbar. Der folgende Abschnitt aus der Einleitung zu *Power and Society* stellt dies unzweifelhaft klar:

»Die vorliegende Konzeption entspricht . . . der philosophischen Tradition, in der Politik und Ethik immer eng miteinander verbunden waren. Aber sie weicht von der Tradition ab, indem sie dem Vorhandensein zweier besonderer Komponenten in der politischen Theorie voll Rechnung trägt – den empirischen Behauptungen der politischen Wissenschaft und den Werturteilen der politischen Doktrin. In der vorliegenden Arbeit werden nur Feststellungen ersterer Art formuliert.« (S. XIII)

Doch die unterstellte Trennung zwischen faktischer Analyse und Wertung wird durch den Text selbst Lügen gestraft. In den Abschnitten, die von verschiedenen Regierungstypen handeln[7], führt der Autor eine Reihe von Variationsdimensionen der politischen Gesellschaft ein. Die Politik variiert 1) hinsichtlich der Machtverteilung (zwischen Autokratie, Oligarchie, Republik), 2) hinsichtlich des Umfangs der Macht (die Gesellschaft unterliegt entweder einer Reglementierung oder einer Liberalisierung), 3) hinsichtlich der Konzentration oder Streuung der Macht (etwa in Fragen bezüglich der Gewaltentrennung oder des Föderalismus), 4) hinsichtlich des Maßes, in dem die Herrschaft egalitär ist (das Maß der Gleichheit des Machtpotentials), 5) des Maßes, in dem sie liberal oder autoritär ist, 6) des Maßes, in dem sie unparteilich ist, und 7) des Maßes,

6 Ibid., S. 471 Fn.
7 *Power and Society,* Kap. 9, Abschnitte 3 und 4.

in dem sie legal oder tyrannisch ist. Demokratie wird als eine liberale, legale und unparteiliche Herrschaft definiert.

Kein Wunder, wenn man feststellt, daß einem die Demokratie immer sympathischer wird, je weiter man in diesem Katalog von Definitionen voranschreitet. Denn sie lassen uns kaum die Wahl. Die Dimension (5) bestimmt eindeutig unsere Vorliebe. Freiheit wird nicht nur als das Fehlen von Zwang, sondern als genuine Selbstverantwortung definiert. »Eine Herrschaft ist liberal, sofern Initiative, Individualität und Wahlfreiheit weit verbreitet sind. Sie ist autoritär, wenn Gehorsam, Konformität und Zwang charakteristisch für sie sind.«[8] Unter Berufung auf Spinoza bekennen sich Lasswell und Kaplan zu einem Begriff der Freiheit als der Fähigkeit, »nach freier Vernunft zu leben«. »Nach dieser Auffassung gibt es nur in dem Staat Freiheit, wo jeder Einzelne genügend Selbstachtung hat, um die anderen zu achten.«[9]

Es steht also fest, daß die Freiheit ihrem Gegenteil vorzuziehen ist. Viele Denker der orthodoxen Schule würden diesem Urteil zwar zustimmen, es aber lediglich auf die sorglose Wortwahl des Autors, auf ein zeitweiliges Nachlassen jener stetigen Wachsamkeit zurückführen, die gegen das Einschleichen wertender Vorurteile geboten ist. Es muß deshalb darauf hingewiesen werden, daß die nachdrückliche Wertung hier mehr als eine Frage der Wortwahl ist. Sie liegt in der Form der Alternative, die uns vorgelegt wird: auf der einen Seite kann der Mensch von anderen manipuliert werden, Gesetzen und Normen gehorchen, die von anderen festgelegt werden und die er nicht zu beurteilen vermag; auf der anderen Seite ist er soweit entwickelt, daß er für sich selbst urteilen, seine Vernunft gebrauchen und sich an seine eigenen Normen halten kann; er wird sich selbst mehr respektieren und besser in der Lage sein, andere zu respektieren. Wenn wir wirklich vor dieser Alternative stehen, wie könnten wir anders, als die Freiheit für besser zu halten (ganz gleich, ob wir glauben, daß es Erwägungen gibt, die es

8 *Power and Society,* S. 228.
9 Ibid., S. 229.

rechtfertigen, sich über diese Wertung hinwegzusetzen, oder nicht)?

Auch die Dimension (6) legt unsere Entscheidung fest. »Unparteilichkeit«, so heißt es, »entspricht in mancher Hinsicht den Begriffen der ›Gerechtigkeit‹ in der klassischen Tradition«[10], und eine unparteiische Herrschaft wird als »Gemeinwesen« (*Commonwealth*) bezeichnet, das »unparteiisch den Wert aller Mitglieder der Gesellschaft, nicht den irgendeiner beschränkten Klasse mehrt«.[11] Geht es aber einfach um die Entscheidung zwischen einem Regime, das für das gemeinsame Wohl arbeitet, und einem Regime, das für das Wohl irgendeiner kleineren Gruppe arbeitet, dann besteht kein Zweifel – vorausgesetzt, daß keine Erwägungen vorliegen, die berechtigen, sich über diese Wertung hinwegzusetzen –, welches das bessere ist.

Ähnlich ist auch die Dimension (7) wertbestimmt. »Legal« wird »tyrannisch« entgegengesetzt und als ein Stand der Dinge definiert, wo »Entscheidungen in Übereinstimmung mit spezifischen Regeln ... und nicht willkürlich getroffen werden«[12], oder wo eine »Entscheidung durch ihre Bewertung nach ... Bedingungen, die von den Herrschern wie von den Beherrschten erfüllt werden müssen, eingeschränkt ist«. Da die Alternative hierzu die *willkürliche* Entscheidung ist, die durch keinerlei angemessenes Verfahren überprüfbar ist, gibt es keine Frage, was vorzuziehen sei. Hätten wir (wie Platon es tat) eine Rechtfertigung der gesetzlosen Herrschaft geben wollen, dann hätten wir niemals das Adjektiv »willkürlich« gebraucht, um die Alternative zu »legal« zu beschreiben.

Was die übrigen Dimensionen betrifft, so setzen die Autoren sie mit diesen drei zentralen Dimensionen in Verbindung, so daß sie ebenfalls nicht als neutral aufgefaßt werden können, obgleich ihre wertende Bedeutung sekundär ist. So ist Freiwilligkeit der Freiheit zuträglicher als Reglementierung, und die Streuung der Macht kann als Voraussetzung der Legalität an-

10 Ibid., S. 231.
11 Loc. cit.
12 *Power and Society*, S. 232.

gesehen werden. Kurz, wir gelangen zu einer rückhaltlosen Rechtfertigung der Demokratie, und dies in einem Buch, das Neutralität für sich beansprucht. »Dieses Werk«, so wird uns in der Einleitung gesagt, »entwickelt keine politischen Doktrinen darüber, wie der Staat oder die Gesellschaft beschaffen sein sollten«.[13] Selbst in der Exposition des Abschnitts über Demokratie gibt es rituelle Beschwörungen: z. B. wo der Ausdruck »Gerechtigkeit« genannt wird, steht in Klammern: »Dieser Ausdruck ist jedoch in rein deskriptivem, nicht-normativem Sinn zu verstehen«[14]; und am Ende des Kapitels: »diese Formulierungen sind durchaus deskriptiv und nicht normativ zweideutig«.[15]

Aber neutral sind sie nicht, wie wir sahen: wir können nicht diese Deskriptionen akzeptieren, ohne daß wir zustimmen, die Demokratie sei eine bessere Regierungsform als ihr Gegenteil (eine »tyrannische«, »ausbeuterische«, »autoritäre« Herrschaft: man wähle nach Belieben). Nur die Aufrechterhaltung des Autoritätsmythos kann den Autoren diese Wahrheit verbergen.

Selbstverständlich geben diese Ausführungen Lasswells Gesamtwerk nicht zureichend wieder. Tatsächlich besteht eine der Schwierigkeiten bei der Erörterung seines Standpunktes darin, daß er eine verwirrende Vielfalt von erklärenden Begriffsrahmen verwendet. Dies zeigt sich schon bei einer Durchsicht von *Power and Society* allein, ganz abgesehen von seinen zahlreichen anderen Werken. Diese mögen in irgendeinem einheitlichen System zusammenhängen, aber sollte dies der Fall sein, so ist es alles andere als ersichtlich. Die Verbindung zwischen Faktenanalyse und Wertung erscheint in jedem seiner verschiedenen Ansätze wieder. Es ist hier nicht der Platz, auf sie alle einzugehen; ein weiteres Beispiel soll genügen.

In den späteren, psychiatrisch orientierten Werken, wie etwa *Power and Personality* oder »The Democratic Character«[16],

---

13 Ibid., S. XI.
14 Ibid., S. 231.
15 Ibid., S. 239.
16 *Political Writings.*

heißt das der Wissenschaft vom politischen Handeln gesteckte Ziel explizit Demokratie. Aber das Implikat, daß es sich um ein Ziel handelt, das unabhängig davon gewählt wird, was bezüglich der Politik als wahr gilt, wird überall Lügen gestraft. Denn die Alternative zu einer Gesellschaft, wo die Menschen über ein dem demokratischen Charakter entsprechendes »Ich-System« verfügen, ist eine Gesellschaft, in der zahlreiche, häufig gefährliche Pathologien wuchern. Das Problem der Demokratie besteht unter anderem darin, ein Ich-System zu schaffen, das »nicht ein-wertig, sondern mehr-wertig orientiert ist und auf Gemeinsamkeit statt auf Monopolisierung und Horten angelegt ist.«[17] Dies mag einem gewisse Schwierigkeiten bereiten: vielleicht sind Leute, die *ein* Ziel anstreben, ein Gewinn für die Gesellschaft. Aber wenn man die Alternative zur mehr-wertigen Orientierung sieht, wie Lasswell sie im »Democratic Character«[18] darstellt, dann versteht man, warum er diese Auffassung vertritt. Er skizziert uns eine Reihe von Persönlichkeitsmerkmalen, die er an einer Stelle offen als »Charakterdeformationen« bezeichnet.[19] Wo er über den *homo politicus* spricht, der sich auf das Streben nach Macht konzentriert, bemerkt er:

»Der Psychiater fühlt sich an die Untersuchung leidenschaftlicher Sucher nach Macht auf dem Feld der Politik erinnert, denn der Arzt erkennt den extremen Egozentrismus und die verschlagene Rücksichtslosigkeit einiger paranoider Patienten wieder, mit denen er es in seiner Praxis zu tun hat.« (S. 498)

Es geht hier nicht darum, daß Lasswell illegitim Wertungen einführt, indem er eine subtil gewählte Sprache oder unnötig pejorative Ausdrücke gebraucht. Vielleicht nähern sich Politiker jenen unausgeglichenen Persönlichkeiten, die sich mit allen Mitteln schadlos zu halten suchen. Es geht darum, daß, falls dies zutrifft, daraus einige wichtige Urteile über die politische Psychiatrie folgen. Und diese stützen sich gewissermaßen nicht

17 Ibid., S. 497-98.
18 Ibid., S. 497-502.
19 Ibid., S. 500.

auf irgendein unabhängiges Werturteil, sondern ergeben sich aus den Fakten selbst. Es *könnte* eine Wissenschaft vom politischen Handeln der Tyrannei geben, aber dann könnte es auch eine Medizin geben, die darauf abzielt, Krankheit zu produzieren (etwa wenn Nationen sich der Erforschung der bakteriologischen Kriegführung widmen). Aber wir könnten nicht behaupten, daß letztere erstrebenswerter sei als erstere, wenn wir nicht in der Lage sind, einige sehr schlagkräftige Gründe ins Treffen zu führen, die berechtigen, sich über gewisse Werte hinwegzusetzen (was die Befürworter der bakteriologischen Kriegführung – erfolglos – versuchen). Die Wissenschaft von der Gesundheit bedarf jedoch keiner solchen besonderen Rechtfertigung.

III.

1. Die These, die wir hier vertraten, wie plausibel sie auch im Kontext einer Diskussion über verschiedene Theorien der politischen Wissenschaft erscheinen mag, ist für eine wichtige moderne Schule der Philosophie inakzeptabel. Während der ganzen voranstehenden Analyse werden Philosophen ein unangenehmes Gefühl gehabt haben. Denn diese Schlußfolgerungen richten sich gegen die festverwurzelte Doktrin, nach der Wertfragen unabhängig von faktischen Fragen sind; nämlich die Auffassung, die besagt, daß es uns freisteht, vorrangig vor irgendwelchen Fakten eine unendliche Zahl von Wertstandpunkten zu beziehen. Gemäß der hier vertretenen Auffassung dagegen unterstützt ein gegebener erklärender Bezugsrahmen in der politischen Wissenschaft zumeist einen mit ihm verbundenen Wertstandpunkt und birgt seine eigenen Normen zur Bewertung von politischen Formen und Maßnahmen.
Gewiß war es diese philosophische Überzeugung, die aufgrund ihres ungeheuren Einflusses bei Wissenschaftlern im allgemeinen und Politikwissenschaftlern im besonderen den Neutralitätskult in der politischen Wissenschaft sowie die Auffassung

gefördert hat, daß wahre Wissenschaft keine Richtlinien bezüglich richtig und falsch biete.

Es ist daher an der Zeit, sich mit dieser philosophischen Auffassung auseinanderzusetzen.

Zur Verwendung des Attributs »gut« sind zwei Anmerkungen zu machen, die von der normalen »nicht-naturalistischen« Auffassung übersehen oder negiert werden: (1) die Verwendung des Attributs »gut« kann eine Empfehlung enthalten oder nicht, aber sie ist stets mit dem Anspruch verbunden, daß es Gründe gibt, das, wofür immer es verwandt wird, zu empfehlen; (2) sagt man von irgendetwas, daß es menschliche Bedürfnisse, Wünsche oder Zwecke erfüllt, so stellt dies stets einen *prima facie*-Grund dar, es als »gut« zu bezeichnen, d. h. diesen Ausdruck zu verwenden, vorausgesetzt, daß keine Erwägungen vorliegen, die berechtigen, sich über diese Wertung hinwegzusetzen.[20]

Nun leugnet aber die nicht-naturalistische Auffassung, wie sie z. B. Hare oder Stevenson vertreten, diese beiden Thesen. Deren Ausgangspunkt ist die Einkleidung moralischer Schlußfolgerungen in die Form der Deduktion – alle Argumente gegen den sogenannten »naturalistischen Trugschluß« bezogen sich auf die Validität des deduktiven Schlusses. Der normale Mensch glaubt vielleicht, er schreite von einer faktischen Erwägung über irgendetwas zu dem Urteil, daß etwas gut oder schlecht ist, fort, aber tatsächlich kann man nicht eine Feststellung hinsichtlich des Gut- oder Schlechtseins von irgendetwas aus einer Feststellung ableiten, die diesem Etwas irgendeine deskriptive Eigenschaft zuschreibt. Die Schlußfolgerung des normalen Menschen ist daher wirklich ein Enthymem; er setzt eine wichtige Prämisse voraus: wenn er von »X macht die Menschen glücklich« zu »X ist gut« fortschreitet, dann arbeitet er mit der heim-

---

20 Wir könnten hier auch von »Interessen« sprechen, aber man darf davon ausgehen, daß diese bereits in »Wünschen« und »Bedürfnissen« enthalten sind. Ein Interesse kann von einem Wunsch abweichen, aber es läßt sich nur durch Begriffe wie »Befriedigung«, »Glück«, »Unglück« usw. explizieren, wobei die Kriterien für deren Verwendung sich schließlich in dem finden, was wir wollen.

lichen Prämisse: »was die Menschen glücklich macht, ist gut«, denn nur indem man dies hinzufügt, kann man durch eine valide Schlußfolgerung dieses Ergebnis ableiten.

Anders ausgedrückt: der normale Mensch glaubt, »X macht die Menschen glücklich« sei der Grund für sein günstiges Urteil. Aber nach der nicht-naturalistischen Auffassung ist es nur deshalb ein Grund, weil er die heimliche Hauptprämisse akzeptiert. Denn logisch könnte man diese Prämisse zurückweisen und dann würde sich keineswegs dieser Schluß ergeben. Daher hängt der Umstand, daß etwas ein Grund ist, um X als gut zu beurteilen, davon ab, welche Werte der urteilende Mensch vertritt. Selbstverständlich lassen sich Gründe finden, um diese Werte zu vertreten. Das heißt Fakten, aus denen wir die Hauptprämisse ableiten könnten, aber nur indem wir eine höhere Hauptprämisse einführen, die uns erlaubt, unsere erste Hauptprämisse als eine valide Schlußfolgerung abzuleiten. Schließlich müssen wir uns gewissermaßen jenseits aller Begründungen entschließen, welches unsere Wertungen sind. Denn auf jeder Stufe, auf der wir eine Begründung einführen, haben wir bereits notwendig irgendeine Wertung (gekleidet in eine Hauptprämisse) akzeptiert, kraft derer diese Begründung valide ist. Aber dann bestehen unsere letzten Hauptprämissen ohne jede Begründung; sie sind das Ergebnis reiner Entscheidung.

Die obige These (1) wird also vom nicht-naturalistischen Standpunkt unmittelbar geleugnet. Denn in den höchsten Hauptprämissen wird das Attribut »gut« verwendet, um eine Empfehlung auszusprechen, ohne daß Gründe für diese Empfehlung vorgebracht würden. Und These (2) wird ebenfalls zurückgewiesen, denn nichts kann beanspruchen, stets einen Grund abzugeben, etwas als gut zu bezeichnen. Ob es das tut oder nicht, beruht auf den Entscheidungen, die ein Mensch hinsichtlich seiner Wertungen getroffen hat, und es ist nicht logisch ausgeschlossen, daß er entscheidet, menschliche Bedürfnisse, Wünsche und Zwecke als irrelevant für Urteile hinsichtlich gut oder böse anzusehen. Ein Grund ist stets ein Grund-für-jemanden und diesen Status hat er wegen der Werte, die dieser Jemand akzeptiert.

Es geht also in erster Linie um die Frage, ob das Attribut »gut« dort verwendet werden kann, wo keine – evidenten oder für seine Verwendung heranziehbaren – Gründe vorliegen.[21] Betrachten wir den folgenden Fall[22]: Da sind zwei Segregationisten, welche die Rassenmischung mißbilligen. Der eine behauptet, die Vermischung der Rassen würde zu allgemeinem Unglück, zum Niedergang der intellektuellen Fähigkeiten und moralischen Normen der Rasse, zur Beseitigung einer kreativen Spannung usw. führen. Der andere jedoch weigert sich, einer dieser Überzeugungen zuzustimmen: die Rasse würde nicht verfallen, die Menschen würden vielleicht sogar glücklicher; jedenfalls würden sie ebenso intelligent, moralisch usw. bleiben. Aber Rassenmischung, so beharrt er, sei schlecht. Aufgefordert, irgendwelche Ersatzgründe für sein Urteil zu nennen, antwortet er einfach: »Ich habe keine Gründe; jeder ist berechtigt, hat sogar die Pflicht, irgendeine höhere Hauptprämisse zu akzeptieren und aufzuhören, irgendwo nach Gründen zu suchen. Ich habe beschlossen, hier aufzuhören, statt auf so modernen Gemeinplätzen wie dem menschlichen Glück, der moralischen Verfassung usw. nach Gründen zu suchen.« Oder er sähe uns verwundert an und sagte: »Gründe? Warum fragen Sie nach Gründen? Rassenmischung ist einfach schlecht.«

Niemand wird wohl bezweifeln, daß der erste Segregationist das Urteil fällte: »Rassenmischung ist schlecht.« Aber im Fall des zweiten ergibt sich eine Schwierigkeit. Diese erkennen wir, sobald wir die Frage stellen: Wie können wir wissen, ob der Mann wirklich ein Urteil über die Schlechtigkeit der Rassenmischung trifft und nicht z. B. einer stark empfundenen Abnei-

21 Die Anregung zu folgenden Überlegungen verdanke ich den Ausführungen von Mss. P. Foot, z. B. ihrem Aufsatz »When is a principle a moral principle?« im *Supplementary Volume* der *Aristotelian Society*, 1954, und ihrer Arbeit »Moral Arguments« in *Mind*, 1958, obgleich ich nicht sicher bin, ob sie mit den Schlußfolgerungen, die ich daraus ziehe, einverstanden sein wird.
22 in veränderter Form übernommen aus Hare, *Freedom and Reason*.

gung oder einer neurotischen Phobie gegen sexuelle Beziehungen zwischen Menschen verschiedener Rassen Ausdruck gibt? Zum Wesen von Begriffen wie »gut« und »schlecht«, wie wir sie in Urteilen verwenden, gehört es, daß es einen solchen Unterschied zwischen diesen Urteilen und dem Ausdruck von Grauen, Vergnügen, Vorliebe, Abneigung usw. gibt. Es ist wichtig, daß wir z. B. einen Sprecher korrigieren können, indem wir sagen: »Was Sie sagen wollen, wäre besser ausgedrückt mit ›Mir graut vor Rassenmischung‹ oder ›Bei Rassenmischung dreht sich mir der Magen um‹.« Aber es ist ein wesentlicher Bestandteil der Grammatik von »gut« und »schlecht«, daß sie mehr behaupten, als durch den Ausdruck von Vergnügen, Grauen usw. behauptet wird. Denn wir entwerten jemandes Urteil, daß X gut ist, wenn wir sagen: »Sie wollen also sagen, daß Sie X *mögen*.« Darauf könnte der Mann energisch antworten: »Ich mag X nicht mehr als Sie, aber ich erkenne, daß es gut ist.«
Es muß daher Kriterien der Unterscheidung zwischen diesen beiden Fällen geben, wenn »gut« und »schlecht« die Grammatik haben sollen, die sie haben. Aber wenn wir zugeben, daß unser zweiter Segregationist das Urteil »Rassenmischung ist schlecht« trifft, dann läßt sich kein solcher Unterschied machen. Ein Urteil, daß ich etwas mag, bedarf keiner Gründe. Das heißt, das Fehlen von Gründen stellt nicht die Behauptung »ich mag X« in Frage (wenngleich andere Dinge, z. B. mein Verhalten, es in Frage stellen können). Aber wenn wir keine Gründe dafür anführen (und zudem Gründe ganz bestimmter Art, wie wir unten sehen werden), dann können wir nicht zeigen, daß unsere Behauptung, X sei gut, mehr besagt als »Ich mag X«. Gegen den Vorwurf, er sage nichts anderes, als daß er X mag, kann jemand sich nur verteidigen, indem er Gründe angibt. Wenn keine Gründe vorliegen, dann wird das Urteil ununterscheidbar vom Gefühlsausdruck; was besagt, daß es sich nicht mehr um Urteile von gut oder schlecht handelt, denn diese Unterscheidung ist, wie wir sagen, für sie wesentlich.
Jene, die an die Dichotomie zwischen Faktum und Wert glauben, haben natürlich versucht, diese Schlußfolgerung zu ver-

meiden; sie versuchen, zwischen den beiden Fällen zu unterscheiden, indem sie sich auf den Gebrauch stützen, der von Urteilen wie »gut« oder »schlecht« bei Empfehlungen, Vorschriften, Beifallsäußerungen usf. gemacht wird. Gleichgültig welche Gründe ein Mensch, wenn überhaupt, hat, könnten wir daher aus der Tatsache, daß er den fraglichen Gegenstand empfiehlt, vorschreibt, sich ihm widmet oder dergleichen, schließen, daß er ein Urteil über gut oder schlecht trifft. Aber dies heißt, von falschen Voraussetzungen ausgehen, denn wir können die Rückfrage stellen: Was heißt empfehlen, vorschreiben, sich widmen, Beifall ausdrücken oder dergleichen? Was sagt uns, ob ein Mensch eines dieser Dinge tut oder einfach nur seinen Gefühlen Ausdruck gibt?

Nehmen wir an, wir könnten dies daraus erkennen, was dieser Mensch als Konsequenz seines Standpunkts akzeptiert – ob er akzeptiert, daß er danach streben sollte, die fragliche Sache zu verwirklichen –, dann erhebt sich das Problem von neuem: Wie unterscheiden wir zwischen seiner Bereitschaft, das Ziel zu verfolgen, und seinem lediglich verbalen Eintreten für dieses Ziel? Vermutlich würden unsere beiden Segregationisten darin übereinstimmen, daß sie Rassenmischung bekämpfen sollten, aber damit blieben wir ebenso im unklaren über den Standpunkt des zweiten. Können wir vielleicht danach gehen, ob sie bereit sind, ihrer Vorschrift universelle Geltung zu verleihen? Aber wiederum haben wir hier keinen Prüfstein, denn beide Segregationisten würden beipflichten, daß jedermann nach Rassenreinheit streben solle; doch die Frage, ob dies in den beiden Fällen eine verschiedene Bedeutung hätte, bliebe offen. Vielleicht meint der zweite lediglich, daß er inter-rassische Beziehungen nicht leiden kann, ganz gleich ob er selbst oder jemand anderes daran beteiligt ist. Ähnlich könnte ein Zwangscharakter seine Hände peinlich sauber halten und vor der Unsauberkeit anderer Abscheu empfinden, sie sogar beschwören, seinem Beispiel zu folgen; aber gleichwohl würden wir verlangen, seinen Fall von demjenigen zu unterscheiden, wo jemand das Urteil gefällt hat, daß Sauberkeit gut sei.

Können wir auf Verhaltenskriterien zurückgreifen, wobei wir unter »Verhalten« das verstehen, was jemand tut, im Gegensatz zu dem, was er über das, was er tut, denkt? Aber es gibt keinen Grund, warum ein Mensch mit einer neurotischen Phobie gegen X nicht all das tun sollte, was derjenige, der X als schlecht beurteilt, tut; d. h. selber X vermeiden, andere daran hindern, es zu tun, usw.

Der nicht-naturalistische Standpunkt bietet uns also keine Kriterien über das hinaus, was der Betreffende zu sagen bereit ist. Aber dann haben wir keine Möglichkeit zu erkennen, ob die Worte richtig verwendet wurden oder nicht, was besagt, daß sie keinen Sinn hätten. Wenn wir versuchen, den Unterschied durch das zu bestimmen, was aus dem Urteil folgt, dann gelangen wir zu nichts anderem als der Einsicht, daß dieselbe Frage, die sich aus den Aussagen »X ist schlecht« gegenüber »Mir graut vor X« ergab, auch anläßlich der Komplexe »X ist schlecht, ich/du sollte/solltest X nicht tun« gegenüber »Mir graut vor X, bitte tu X nicht/ich will X nicht tun«, erhoben werden kann. Wir schließen lediglich aus dem, was der Mensch auf die erste Frage sagt, auf das, was er auf die zweite sagt. Die Unterscheidung kann nur dann richtig getroffen werden, wenn wir die Gründe des Urteils untersuchen, und deshalb ist ein Urteil ohne Gründe unzulässig, denn es läßt sich nicht von einem Gefühlsausdruck unterscheiden.[23]

---

23 Gewiß können wir das Verhalten heranziehen, um zu beurteilen, welche der beiden Deutungen wir den Worten eines Menschen geben sollen, aber die beiden unterscheiden sich nicht durch Verhaltenskriterien allein, sondern auch durch das, was der Mensch denkt und fühlt. Es ist natürlich möglich, selbst die aufrichtige Überzeugung eines Menschen, daß er über gut oder schlecht urteilt, zu bezweifeln und dieses Urteil mit der Begründung zu entwerten, daß man es für weitgehend durch irrationale Vorurteile oder uneingestandene Ambitionen und Ängste bedingt hält. So mögen wir unseren ersten Segregationisten als nicht sehr verschieden vom zweiten auffassen. Denn einiges spricht dafür, daß segregationistische Ideen in ihren psychologischen Wurzeln zumindest teilweise mit neurotischen Phobien verbunden sind. Aber gerade deshalb halten viele die Urteile von Segregationisten für Selbsttäuschung und unbewußte Heuchelei. »In Wirklichkeit« sind sie einfach der Ausdruck von Abscheu. Aber dies betrifft die Logik von »gut«, wie wir sie skizziert haben. Denn daraus folgt, daß, wenn die rationale Grundlage bloße

2. Diese Analyse mag für die Aussage »Rassenmischung ist schlecht« plausibel sein, aber wie steht es mit dem Satz »Alles, was zum menschlichen Glück führt, ist gut«? Was können wir sagen, wenn wir nach Gründen für diese Behauptung gefragt werden? Die Antwort lautet: wir können nichts sagen, aber wir brauchen auch nichts zu sagen. Denn daß etwas zum menschlichen Glück führt, ist bereits ein zureichender Grund, um es als gut zu beurteilen – d. h. zureichend, sofern keine dies aufhebenden Erwägungen vorliegen. Damit kommen wir zu dem zweiten fraglichen Punkt, der Behauptung, daß die Feststellung, etwas erfülle menschliche Bedürfnisse, Wünsche oder Zwecke, stets einen *prima facie*-Grund darstellt, um es »gut« zu nennen.

Denn tatsächlich ist es gar nicht notwendig, Gründe für diese Behauptung anzugeben, wenn wir sie unbesehen als ein Attribut für gut oder schlecht hinnehmen – es müssen schon Gründe bestimmter Art sein. Es müssen Gründe sein, die ersichtlich mit dem zusammenhängen, was Menschen brauchen, wünschen oder anstreben. Dies wird vielleicht klarer, wenn wir ein anderes Beispiel betrachten. Angenommen, jemand sagt: »Es ist gut, mehr Menschen ärztliche Fürsorge zugänglich zu machen«; nun aber angenommen, ein anderer wolle dies leugnen. Selbstverständlich könnten wir uns Gründe dafür vorstellen: die Weltbevölkerung werde zu schnell wachsen, es gebe dringendere Ansprüche an die knappen Mittel, das Ziel könne nur durch eine fragwürdige Sozialpolitik erreicht werden, wie etwa eine sozialisierte Medizin usw. Die Parteinahme für jede dieser Aussagen würde die Gegnerschaft zu obigem Urteil einsichtig, wenn nicht gar akzeptabel machen und verdeutlichen, daß gerade *dieses* Urteil abgelehnt wurde, und nicht etwa eine emotionale Reaktion, der eine andere entgegengesetzt wurde. Wenn jedoch unser Kontrahent nichts sagte und behauptete, nichts zu sagen

Schau ist, auch das Urteil bloße Schau ist. Die Segregationisten ihrerseits gehören selten zum zweiten Typus und erweisen der Logik von »gut« ihre Reverenz, indem sie nach allen möglichen, scheinbar bestechenden Gründen vom korrekten Typus suchen.

zu haben, dann wäre sein Standpunkt uneinsichtig, wie wir feststellten; oder aber wir würden seine Worte als Ausdruck irgendeines Gefühls der Ablehnung, des Grauens oder der Traurigkeit anläßlich dieses Gedankens auffassen.

Aber angenommen, er wäre bereit, Gründe für seinen Standpunkt anzugeben, aber keinen der obengenannten oder dergleichen, und statt dessen z. B. sagen: »Es gäbe dann zu viele Ärzte« oder »Dann würden zu viele Menschen weiß gekleidet sein«? Wir wären dann immer noch unsicher, wie wir seine Ablehnung auffassen sollen, denn nun müßten wir bei seinem Einwand gegen eine Zunahme von Ärzten etwa fragen, ob er ein Urteil bezüglich gut oder schlecht träfe oder lediglich einen gefühlsmäßigen Vorbehalt anmeldete. Und diese Frage würden wir entscheiden, indem wir die von ihm für *diesen* Standpunkt angeführten Gründe untersuchten. Und wenn er behauptete, nichts zu sagen zu haben, dann würde sein Standpunkt genauso uneinsichtig sein, als hätte er sich von Anfang an dafür entschieden, zu schweigen und seine ursprüngliche Aussage im Raum stehen zu lassen. »Was soll das heißen?« würden wir sagen, »Sie sind gegen eine Vermehrung der ärztlichen Dienstleistungen, weil sie die Zahl der Ärzte vermehren würde? Aber drücken Sie damit lediglich die ablehnenden Gefühle aus, die die Ärzte bei Ihnen hervorrufen, oder wollen Sie uns tatsächlich sagen, daß diese Zunahme schlecht ist?« Wenn eine Rechtfertigung von seiner Seite ausbleibt, dann würden wir uns an die erstere Deutung halten.

Es ist klar, daß das Problem ungelöst bliebe, wenn unser Kontrahent seine Gegnerschaft gegen die Ärzte auf die Tatsache gründete, daß sie in der Regel dunkle Anzüge tragen oder sich häufig die Hände waschen. An diesem Punkt würden wir ihn verdächtigen, uns zum besten halten zu wollen. Also hat die Länge oder Ausführlichkeit der Schlußfolgerung nichts mit der Frage zu tun.

Allerdings würde sein Standpunkt einsichtig, und zwar einsichtig als ein Urteil über Gut oder Schlecht, wenn er uns eine Geschichte über den schlechten Einfluß der Ärzte auf die Gesellschaft oder die finsteren Ränke, die sie schmieden, um die übrige Menschheit zu gängeln und auszubeuten, oder dergleichen erzählen würde. Denn dies würde die Zunahme von Ärzten in einsichtiger Weise mit den Interessen, Bedürfnissen oder Zwecken von Menschen in Verbindung bringen. Fehlt eine solche Verbindung, dann tappen wir im Dunkeln und sind versucht, das Schlimmste anzunehmen.

Mit »einsichtig« ist hier gemeint, daß wir das Urteil als eine Anwendung der Attribute »gut« und »schlecht« verstehen können. Heute ist man sich allgemein darüber einig, daß ein Wort seine Bedeutung aus seinem Platz in der Kette des Diskurses bezieht; z. B. können wir seine Bedeutung feststellen, indem wir seine Beziehungen zu anderen Worten klären. Aber dies besagt nicht, daß wir die Bedeutung in einem System von logischen Relationen der Äquivalenz, Folge usw. feststellen können, was einer früheren Variante des Positivismus als der Inhalt des philosophischen Bemühens galt. Denn die Beziehung zu anderen Begriffen kann einen gewissen Kontext durchlaufen. So besteht eine Beziehung zwischen dem Attribut »gut« und der Empfehlung, Beifallsbekundung usw. Aber dies besagt nicht, daß wir z. B. »X ist gut« so auffassen könnten, als *bedeutete* es »ich empfehle X«.[24] Eher können wir sagen, daß das Wort »gut« verwendet werden kann, um eine Empfehlung auszusprechen, daß die Anwendung des Wortes beinhaltet, daß man bereit ist, unter gewissen Umständen eine Empfehlung auszusprechen, denn wäre man dies nicht, dann könnte einem nachgewiesen werden, daß man es nicht in seriöser Weise verwendet hat, usw.[25]

24 Vgl. John Searle: »Meaning and Speach Acts«, *Philosophical Review*, Oktober 1962.
25 Wenn ich sage, »dies ist ein gutes Auto«, und dann kommt mein Freund vorbei und sagt, »hilf mir, ein Auto auszusuchen«, dann müßte ich mir schon auf die Zunge beißen, wenn ich nicht bereit wäre, ihm dieses Auto zu empfehlen, *es sei denn*, ich könnte irgendeinen anderen aufhebenden Faktor einführen, etwa den Preis, die Neigung meines Freundes zu gefährlicher Fahrweise oder dergleichen. Aber diese komplexe Beziehung läßt sich nicht in Form einer Äquivalenz ausdrücken, d. h. aus »dies ist ein gutes Auto« folgt »wenn du ein Auto aussuchst, dann nimm dieses«.

Die Beziehung zwischen dem Attribut »gut« und der Empfehlung, der Beifallsbekundung, der Überredung usw. wurde von den nicht-naturalistischen Theoretikern der Ethik in den Vordergrund gestellt (obgleich nicht immer adäquat verstanden, wegen der engen Beschränkung auf logische Beziehungen), aber das Wort steht aufgrund seiner Prädikate noch in einer Reihe anderer Beziehungen, wie wir zu zeigen versuchten. Diese beiden Aspekte entsprechen zum einen dem, was häufig als die wertende, gefühlsmäßige oder vorschreibende Bedeutung bezeichnet wird (je nach der Theorie), und andererseits der »deskriptiven« Bedeutung. Ein halbes Jahrhundert lang wurde ein gewaltiges Sperrfeuer dialektischer Artillerie gegen den sogenannten »naturalistischen Trugschluß« gerichtet, um das Attribut »gut« von jeglicher festgelegten Rangfolge deskriptiver Bedeutungen zu lösen. Aber diese gewaltige Anstrengung zielte daneben, denn sie beschränkte sich auf das Nichtvorhandensein logischer Beziehungen zwischen deskriptiven Prädikaten und wertenden Begriffen. Aber die Tatsache, daß man keine Äquivalenzen feststellen, keine gültigen deduktiven Schlüsse folgern kann usw., besagt vielleicht nichts über die Beziehungen zwischen einem gegebenen Begriff und anderen.

Wie mit der obengenannten »evaluativen« Bedeutung, so verhält es sich mit der »deskriptiven« Bedeutung: »gut« *bedeutet* nicht, daß etwas »zur Erfüllung menschlicher Wünsche, Bedürfnisse oder Zwecke führt«; aber die Verwendung dieses Wortes ist außerhalb jeglicher Beziehung zu Wünschen, Bedürfnissen und Zwecken uneinsichtig, wie wir oben sahen. Denn wenn wir von dieser Beziehung abstrahieren, dann können wir nicht feststellen, ob jemand das Wort »gut« verwendet, um ein Urteil zu treffen, oder nur um ein Gefühl auszudrücken; und es ist ein wesentlicher Teil der Bedeutung dieses Wortes, daß eine solche Unterscheidung gemacht werden kann. Die »deskriptiven«[26] Aspekte der Bedeutung von »gut« lassen sich eher fol-

26 Die Termini »deskriptive Bedeutung« und »evaluative Bedeutung« können als stark irreführend aufgefaßt werden, wie die Diskussion offenbart. Denn sie implizieren, daß die Bedeutung in dem Wort »enthalten« ist und

gendermaßen aufzeigen: das Wort »gut« wird von einer Rasse von Lebewesen, die so beschaffen sind, daß ihre Bedürfnisse, Wünsche usw. nicht gleichgültig gegenüber den verschiedenen Resultaten des Welt-Prozesses sind, zur Bewertung, Empfehlung, Überredung usw. verwendet. Eine Rasse von inaktiven, gottlosen Engeln, die wirklich desinteressierte Zuschauer wären, hätte keine Verwendung dafür, könnte keinen Gebrauch davon machen, außer im Kontext der Kulturanthropologie, ähnlich wie menschliche Anthropologen das Wort »Mana« gebrauchen. Gerade weil das Wort »gut« so und nicht anders verwendet wird und nur deshalb einen Sinn haben kann, weil es diese Rolle innerhalb des menschlichen Lebens spielt, wird es uneinsichtig, wenn es von dieser Rolle abstrahiert wird. Da der Umstand, daß es Verwendung findet, sich aus der Tatsache ergibt, daß wir nicht indifferent sind, kann seine Verwendung nicht verstanden werden, wenn wir dasjenige, gegen das es nicht indifferent zu sein gilt, nicht erkennen können, wie in den seltsamen »Gründen«, die unser imaginärer Kontrahent oben anführte. Außerdem ist seine Rolle so geartet, daß es aus allgemeinen Gründen prädiziert werden muß, nicht aber bloß aufgrund der Vorlieben und Abneigungen oder Gefühle von Individuen. Dieser Unterschied ist wesentlich, da die betreffende Rasse (unter anderem) sehr viel Mühe aufwendet, um in größeren oder kleineren Gruppen einen Konsensus zu erreichen und zu erhalten, ohne welchen sie nicht überleben würde. Aber wo wir nicht erkennen können, welche Gründe vorliegen mögen, sind wir versucht, die Verwendung des Wortes »gut« weiterhin als einen Ausdruck von lediglich banalerer, individueller Parteilichkeit aufzufassen.

in Sätzen von logischer Äquivalenz »ausgepackt« werden kann. Eher handelt es sich um einen deskriptiven Aspekt und einen evaluativen Aspekt seiner Bedeutung oder Verwendung, die darüber hinaus miteinander verbunden sind, denn wir können nicht feststellen, ob die Verwendung des Terminus mit der Bewertung »gut« einhergeht, sofern wir nicht erkennen können, ob es sich in die Kette der Beziehungen einfügt, welche die deskriptive Dimension seiner Bedeutung bilden.

Wir sehen also, warum z. B. der Satz »Alles, was zum menschlichen Glück führt, ist gut« keiner weiteren Gründe bedarf, die zu seinen Gunsten angeführt werden müßten. Das menschliche Glück, das die Menschen *per definitionem* wünschen, ist ein zureichender Grund. Dies bedeutet nicht, daß jede Erörterung ausgeschlossen wäre. Wir können versuchen zu zeigen, daß die Menschen auf mancherlei Weise degenerieren, wenn sie nur nach Glück streben, und daß gewisse Dinge, welche die Menschen auch unglücklich machen, für ihre Entwicklung notwendig sind. Oder wir können zu zeigen versuchen, daß es ein höheres und ein niedrigeres Glück gibt, daß die meisten Menschen unter diesem Vorwand nur ihr Vergnügen suchen und daß dies sie von genuiner Erfüllung abhält; und so weiter. Aber wenn wir nicht irgendwelche aufhebenden Gesichtspunkte anführen können, dann können wir eine solche These nicht leugnen. Die Tatsache, daß wir stets solche aufhebenden Erwägungen anstellen können, bedeutet, daß wir niemals sagen können: »gut« *bedeutet* »zu menschlichem Glück führend«, wie Moore erkannte. Aber der Umstand, daß etwas zu menschlichem Glück oder ganz allgemein zur Erfüllung menschlicher Bedürfnisse, Wünsche und Zwecke führt, ist ein *prima facie*-Grund, um es gut zu nennen, der so lange gilt, als er nicht widerlegt ist.

Daher kann die Nicht-Neutralität der theoretischen Befunde der politischen Wissenschaft uns nicht überraschen. Indem ein Theoretiker einen bestimmten Bezugsrahmen aufstellt, legt er auch die Skala der möglichen politischen Formen und Maßnahmen fest. Aber ein *politischer* Bezugsrahmen enthält unweigerlich irgendeine, wenn auch implizite, Vorstellung von menschlichen Bedürfnissen, Wünschen und Zwecken. Der Kontext dieser Vorstellung wird das Wertgefälle der Skala bestimmen, falls wir nicht aufhebende Gesichtspunkte einführen können. Falls diese aufhebenden Faktoren motivational so marginal sind, daß sie keine große Bedeutung für das politische Verhalten haben, dann können wir sagen, daß wir uns über die ursprüngliche Wertung lediglich hinwegsetzen. Denn jener Teil der Skala der Möglichkeiten, den wir ursprünglich hoch bewerteten, hat immer noch die Eigenschaft, die wir ihm zuschrieben, und bleibt in einer Hinsicht immer noch wertvoll für uns, selbst wenn wir ihn in einer anderen gering veranschlagen müssen. Beispielsweise werden wir immer noch glauben, daß es gut ist, ein friedliches Gemeinwesen zu haben, auch wenn es zu schlechter Kunst führt. Aber wenn der aufhebende Faktor für das politische Verhalten signifikant ist, dann werden wir Anlaß haben, unseren Bezugsrahmen und damit unsere Ansichten über die Skala der möglichen politischen Formen und Maßnahmen zu revidieren; dies wiederum wird uns zu neuen Wertungen führen. Die Grundlage der alten Wertungen wird in Frage gestellt werden. So werden wir, wenn wir glauben, daß das Fehlen von Gewalt zu Stagnation und fremder Eroberung oder Zusammenbruch führt, die Skala der Möglichkeiten einengen: es geht dann nicht mehr um eine Entscheidung zwischen Frieden und Gewalt, sondern z. B. zwischen kontrollierter Gewalt und noch größerer unkontrollierter Gewalt. Der Frieden figuriert dann nicht mehr in unserem Katalog: er ist kein Gut, das wir erreichen können.

Gewiß revidiert der aufhebende Faktor die Skala unserer Entscheidungen vielleicht nicht so dramatisch. Vielleicht zeigt er lediglich, daß die Werte unserer ursprünglich bevorzugten politischen Verfassung nicht integral erfüllt werden können, oder daß sie von zuvor nicht erwarteter Seite bedroht werden, oder daß sie mit zuvor nicht berücksichtigten Gefahren, Nachteilen oder Unwerten verbunden sind, so daß wir wie in dem oben genannten Fall eine Entscheidung Frieden-*versus*-Gut treffen müssen. Nicht alle Veränderungen des Bezugsrahmens werden die ursprünglichen Werte in Frage stellen. Aber wir erkennen, daß das Gegenteil zutrifft, daß jedes Infragestellen eine Veränderung des Bezugsrahmens bedingt. Denn wenn wir den ursprünglichen Bezugsrahmen beibehalten, dann werden die Werte einer bevorzugten politischen Verfassung als voll verwirklichbare Güter erhalten bleiben, selbst wenn sie mit bestimmten Übeln verbunden sind, die uns eine schwierige Entscheidung aufzwingen, wie etwa diejenige zwischen Frieden und guter Kunst oder zwischen Fortschritt und psychischer Harmonie oder dergleichen.

In diesem Sinn können wir sagen, daß ein gegebener erklärender Bezugsrahmen einen Begriff des Guten und eine Reihe von Wertungen in sich birgt, die nicht aufgegeben werden können – wenngleich wir uns über sie hinwegsetzen können –, solange wir nicht den Bezugsrahmen aufgeben. Da wir die Möglichkeit haben, uns über die Werte hinwegzusetzen, können wir natürlich nur sagen, daß der Bezugsrahmen sie stützt, nicht aber, daß er ihre Validität begründet. Aber dies genügt, um zu zeigen, daß die Neutralität der Befunde der politischen Wissenschaft nicht das ist, wofür sie gehalten wurde. Denn das Aufstellen eines gegebenen Bezugsrahmens beschränkt den Bereich der Wertstandpunkte, die berechtigterweise eingenommen werden können. Im Licht dieses Bezugsrahmens können gewisse Güter ohne weitere Schlußfolgerung akzeptiert werden, während andere nicht übernommen werden können, ohne Gesichtspunkte anzuführen, die dazu berechtigen, sich über die ersteren Wertungen hinwegzusetzen. Man kann sagen, daß der Bezugsrahmen die Beweislast der Schlußfolgerung in bestimmter Weise verteilt. Er ist daher nicht neutral.

Die einzige Möglichkeit, dies bei der Beschäftigung mit politischer Wissenschaft zu vermeiden, bestünde darin, sich an eng umgrenzte Befunde zu halten, welche, gerade weil sie für sich allein mit einer Vielzahl politischer Bezugsrahmen vereinbar sind, in einer Atmosphäre der Wertneutralität bestehen können. Die Tatsache, daß die Katholiken in Detroit meist demokratisch wählen, ist nahezu mit jedem begrifflichen Schema und daher nahezu mit jedem Zyklus politischer Werte vereinbar. Aber in dem Maß, wie die politische Wissenschaft nicht auf Theorie, auf die Suche nach einem Bezugsrahmen verzichten kann, kann sie auch nicht aufhören, eine normative Theorie zu entwickeln.

Auch hat dies nicht notwendig die nachteiligen Folgen, die für gewöhnlich unterstellt werden. Nichts kann uns hindern, die größten Anstrengungen zu unternehmen, um Vorurteile zu vermeiden und Objektivität zu erreichen. Gewiß ist dies schwer, beinahe unmöglich, und gerade deshalb, weil es auch um unsere Werte geht. Aber dies verhindert nicht, sondern trägt dazu bei, daß wir uns dessen bewußt bleiben.

Erklärung des Handelns[1]

Dieser Aufsatz ist ein Versuch der Neuinterpretation einiger Ergebnisse zeitgenössischer Untersuchungen über Handeln und Erklärung von Philosophen, die man pauschal als »Nach-Wittgensteinianer« bezeichnen könnte, z. B. G. E. M. Anscombe, A. Kenny, A. I. Melden. Eines der in diesen Diskussionen immer wiederkehrenden Themen ist das der nicht-kontingenten Verbindung zwischen Wünschen, Absichten usw. und den Handlungen, welche wir durch sie erklären – obgleich nicht alle betreffenden Autoren dies in gleicher Weise auffassen und viele den Terminus »nicht-kontingente Verbindung« nicht akzeptieren würden. Die These, daß es eine nicht-kontingente Beziehung z. B. zwischen Wunsch und Handeln gebe, wird stark bestritten, und ich versuche in diesem Aufsatz zu zeigen, (a) daß unsere Sprache für Faktoren, die wir anführen, wenn wir Handeln, Wünsche, Absichten (Abs. II), Gefühle (Abs. III), Sensationen (Abs. IV) usw. erklären, in erheblichem Maß dispositional ist, d. h. daß sie diese Faktoren so charakterisiert, als disponierten sie uns, in bestimmter Weise zu handeln. Aber ich behaupte (b), daß dies keineswegs beweist, daß diese Faktoren nicht Ursachen der Handlung wären, die sie erklären (Abs. I). Die scheinbare Seltsamkeit von Ursachen, die nicht-kontingent mit ihren Folgen verbunden sind, erklärt sich, wenn wir erkennen, (c) daß die in unsere gewöhnliche Sprache eingebettete Erklärung des Handelns teleologisch ist, d. h. uns letztlich auf die Neigungen des Subjekts verweist, und intentional ist (Abs. V und VI).

1 Ich danke Les Presses de L'Université Laval für die Erlaubnis, Abschnitte aus meiner Arbeit »Relations between Cause and Action« zu übernehmen, die in den *Proceedings of the Seventh Inter-American Congress of Philosophy*, Vol. 1, Quebec 1967, erschienen ist.

I.

Das nach-wittgensteinsche Studium von Handeln, Gefühl und Wille in Begriffen der Alltagssprache erbrachte nicht die Aufklärung, die wir vielleicht erhofften. Zuweilen bewegte die Diskussion sich sogar auf Nebengleisen um offenbar nutzlose Fragen, Fragen ohne jede klare Lösung.

Vielleicht zeigt dies, daß jene Hoffnung falsch war, vielleicht ist von einem solchen Studium sehr wenig zu erwarten; viele heutige Philosophen werden diesen Schluß bejahen. Aber es könnte auch sein, daß die Analyse viel an Wert verloren hat, weil sie in einem zu engen Bereich durchgeführt wurde; daß der für die angelsächsische Philosophie so typische Hang zur feingesponnenen, detaillierten Analyse uns hier einen schlechten Dienst erwies.

Ohne übertriebene Ansprüche an ein Studium dieser Art zu stellen, glaube ich, daß die Untersuchung unserer alltäglichen Begriffe, hier Handeln und Fühlen, etwas Interessantes offenbart; und daher neige ich zu der zweiten obengenannten Erklärung für ihre bislang eher enttäuschenden Ergebnisse. Wenn wir die Erörterungen bis zu ihrer richtigen Schlußfolgerung durchführen, dann entdecken wir, so glaube ich, etwas über unsere unreflektierte Vorstellung vom Handeln und Fühlen und deren Erklärung, die wir gewiß auch auf andere Weise entdecken können, die aber gleichwohl für sich selbst wie auch für die Perspektive, die sie auf die philosophischen Probleme der Wissenschaften vom Menschen eröffnet, erhellend ist.

In diesem Aufsatz werde ich versuchen, zu einigen dieser Schlußfolgerungen und noch ein wenig darüber hinaus zu gelangen. Eingangs möchte ich eines der Nebengleise verfolgen, nämlich die Frage, ob Wünsche oder Absichten als die Ursachen der Handlungen, die sich aus ihnen ergeben, aufgefaßt werden können.

Es wird häufig behauptet, daß die Erklärung des Handelns eines Menschen aus seinen Wünschen oder Absichten nicht dasselbe sei wie deren Erklärung durch ihre Ursachen, daß Wünsche und Absichten, mit anderen Worten, nicht als Ursachen der Handlungen aufgefaßt werden können, die wir durch sie erklären. Diesen Einwand erhebt G. E. M. Anscombe in *Intention*: »Motive (zu denen selbstverständlich unter anderem auch Wünsche und Absichten gehören) können uns Handlungen erklären; aber dies besagt nicht, daß sie Handlungen im Sinne von Verursachung ›determinieren‹.«[2] A. I. Melden wiederum legt in *Free Action*[3] eine Reihe verwandter Argumente vor, um zu zeigen, daß Willensakte (Kap. 5) nicht kausale Vorläufer des Handelns sind, auch nicht Motive (Kap. 8 und 9) oder Wünsche (Kap. 10 und 11). A. Kenny, in seinem Werk *Acion, Emotion and Will*[4] argumentiert in ähnlicher Weise in bezug auf Wünsche und Gefühle.

Nun ist der Inhalt dieser Argumente in gewissem Sinn klar. Alle diese Autoren, nebenbei auch andere, die dieselbe Richtung verfolgen, wollen ein für alle Mal das traditionelle cartesianische oder hergebracht empiristische Bild vom Subjekt und seinem Verhalten zerstören. Nach dieser Auffassung interpretieren wir menschliches Verhalten als kausale Interaktion zwischen Geist und Körper. Eine typische Erklärung dieser Art wäre folgende: Ein Mann sieht ein wünschenswertes Objekt, etwa eine Süßigkeit. Deren Anblick veranlaßt (verursacht) eine seelische Unruhe oder eine innere Spannung; diese Unruhe wiederum veranlaßt Bewegungen wie Handausstrecken, Nehmen, Zum-Munde-Führen und Essen; das Essen beendigt dann die Spannung. Der ganze Vorgang hängt also an drei ursächlichen Bindegliedern, welche die Grenze zwischen Körper und Geist oder Geist und Materie überschreiten, nämlich jenem Bindeglied, welches das Bonbon mit der ursprünglichen Unruhe verbindet, jenem, welches die Unruhe mit dem Handeln verbindet, und schließlich jenem, welches den Konsumtionsakt und die Beruhigung der Unruhe verbindet.

2 G. E. M. Anscombe, *Intention*, Blackwell, Oxford 1963, § 12, S. 19.
3 A. I. Melden, *Free Action,* Routledge & Kegan Paul, London, 1961.
4 Anthony Kenny, *Action, Emotion and Will,* Routledge & Kegan Paul, London, 1965.

Nun hat diese Auffassung heute wenig Freunde. Ihr ausschließliches Vertrauen auf effektive Kausation überlebt in mechanistischen erklärenden Theorien, etwa dem modernen Behaviorismus. Aber letzterer könnte die angeblich nicht beobachtbare geistige Komponente nicht verarbeiten und hat die obige Form der Erklärung in, wie man glaubt, rein verhaltensmäßige Begriffe übersetzt (wie z. B. in der S-R-Verstärkungstheorie). Dagegen wurde sie aus anderer Richtung, von vielen Vertretern der modernen Phänomenologie, als eine falsch mechanistische Auffassung vom menschlichen Leben und Handeln angegriffen und zurückgewiesen. In Wittgensteins philosophischem Leitfaden scheint sie vor allem als Ursache der mißverstandenen Theorie privater Scheindefinitionen und privater Bedeutungen in Ungnade gefallen zu sein.

Um welche Motive es auch gehen mag, es leuchtet ein, daß diese Auffassung mit Stumpf und Stiel ausgerottet würde, wenn man feststellen könnte, daß die Beziehung zwischen Wünschen, Absichten, Motiven und anderen solchen »mentalen Zuständen« einerseits und dem offenen Handeln andererseits keine kausale wäre. Aber was behaupten wir anderes in dieser These als eine Negation des Dualismus? Wie sollten wir unsere alltäglichen Erklärungen des menschlichen Handelns verstehen, wenn wir sie nicht mehr als Interaktionen zwischen Geist und Körper auffassen würden?

Liest man etwa Melden, dann erhält man den starken Eindruck, daß er die Erklärung von Handlungen durch Absichten, Wünsche, Motive usw. insofern für etwas anderes als eine kausale Erklärung hält, als sie nicht darauf eingehe, wie die Handlungen zustande kommen.

»Das Problem der Erklärung des Begriffs ›Wollen‹ ist ein anderes als das der Erklärung, wie es kommt, daß Handlungen entstehen. Unser Ausgangspunkt ist ein Handelnder, der aus Gründen und wegen der Wünsche, die er hat, so handelt, wie er es tut; wir haben nun nicht die Aufgabe, zu erklären, wie diese Handlungen, die ja völlig als Handlungen verstanden werden, entstehen, sondern wie diese selben Handlungen (auch von Seiten der Person, die sie ausführt) vollständiger als die Handlungen verstanden werden können, die sie tatsächlich sind.« (Op. cit., S. 157)

Hier liegt offenbar ein Gegensatz vor zwischen der kausalen Erklärung, die uns sagt, wie die betreffenden *Bewegungen* durch physiologische Ursachen zustande kommen, und der Erklärung von *Handlungen* durch Motive, Absichten usw., die uns etwas ganz anderes sagt. Was sie uns sagt, das erklärt Melden an anderer Stelle folgendermaßen:

»Die durch die Feststellung des Motivs oder der Absicht gegebene Erklärung des Handelns erklärt dieses in zweifacher Weise: erstens bietet es uns ein besseres Verständnis des Handelns selbst, indem es dieses in einen angemessenen Kontext stellt; und zweitens offenbart es etwas über den Handelnden selbst.« (Ibid., S. 102)

Obgleich vielleicht immer noch nicht klar ist, was diese Form der Erklärung offenbart, scheint sie aber in einen Gegensatz zu dem Wissen, wie das betreffende Verhalten entsteht, gebracht zu werden. Zuweilen scheint Melden sogar zu meinen, daß Handlungen überhaupt nicht durch Ursachen erklärt werden können und daß wir daher nie erklären können, wie Verhalten *qua* Handeln entsteht, sondern nur, wie es *qua* Bewegung entsteht.

Vielleicht schwebte Anscombe eine ähnliche Unterscheidung vor, als er sagte, daß Motive Handlungen erklären, nicht aber sie »determinieren«.

Diese Auffassung ist nun ziemlich irrig. Erstens ist sie in ihrer allgemeineren Form, nämlich daß Verhalten *qua* Handeln nicht kausal erklärt werden könne, eindeutig falsch. Denn es trifft sicher zu, daß Handlungen, selbst wo sie durch Motive (oder Wünsche, Intentionen usw.) erklärbar sind, auch durch Ursachen erklärt werden können. Wenn ich dich etwa schlage, dann kann dies sein, weil ich mich über das, was du sagtest, geärgert habe, aber dies ist nicht unvereinbar mit der Tatsache, daß deine Worte mich nur deshalb ärgern, weil ich zuviel getrunken habe. Oder aber, wenn ich beim Schach verliere, dann werde ich wütend auf meinen Gegner; dieser Seelenzustand erklärt dann (durch das Motiv) die unangenehmen Dinge, die ich tue.

In diesen Fällen sind das Trinken und das Verlieren beim Schach Antezedentien im Sinne Humes, d. h. Antezedentien, die anhand der Art, wie sie die Zustände, die sie erklären (meine Reizbarkeit oder Wut), entstehen lassen, separat zu identifizieren sind.[5]

Aber ich glaube, daß die weniger radikale These, nämlich daß die Erklärung durch den Wunsch usw. keine Erklärung dafür sei, wie die Dinge hervorgebracht werden, ebenfalls falsch ist. Anscheinend stellt diese Form der Erklärung eine enge Analogie zur diesbezüglichen kausalen Erklärung dar.

Dies zeigen uns folgende Überlegungen: Erstens, Wünsche und Absichten nehmen bei unseren Versuchen, Verhalten vorherzusagen, und unseren Plänen, Verhalten zu kontrollieren, denselben Platz ein wie Ursachen. Die Tatsache, daß ich weiß, daß X Ministerpräsident werden will, bietet mir nicht nur ein besseres Verständnis seines Verhaltens in Gegenwart und Vergangenheit, sondern gibt mir auch einen Anhaltspunkt, um sein Verhalten in der Zukunft vorherzusagen; ich weiß z. B., daß er unter bestimmten Umständen wahrscheinlich in bestimmter Weise reagieren wird. Ganz ähnlich wird mich, wenn ich weiß, daß er 200 Pfund wiegt, dies befähigen, bestimmte Vorhersagen zu treffen. Ich weiß z. B., daß, wenn er sich auf einen Stuhl stellt, dieser zusammenbrechen wird, genau wie ich weiß, daß, wenn der bisherige Führer zurücktritt, er den Kampf um die Nachfolge aufnehmen wird.

Aber wenn wir die Ursachen wissen, so befähigt uns dies nicht nur, Vorhersagen zu treffen, es befähigt uns auch, den fraglichen Sachverhalt genauer zu kontrollieren. Tatsächlich meint der Begriff einer kausalen Sequenz mehr als derjenige einer konstanten Verbindung zweier Elemente oder einer konstanten zeitlichen Sukzession. Er schafft auch eine Reihe von konjunktivischen und kontrafaktischen Verbindungen: er sagt uns nicht nur, daß in diesem Fall oder in dieser Reihe von Fällen B aus A folgt, sondern auch, daß, wenn A eintritt, B ebenfalls eintritt, oder daß, wenn (in manchen Fällen) A verhindert wird, B

5 Vgl. ibid., S. 184.

ebenfalls verhindert wird. Er beinhaltet daher die Vorstellung, daß man eine Bedingung hervorbringen kann (oder dazu beitragen kann, sie hervorzubringen), indem man die andere hervorbringt.[6] Aufgrund der Humeschen Tradition haben wir dieses zweite Element einige Zeit zu sehr in den Schatten gestellt. Dieses Versäumnis war eine Folge derselben »unverbesserlich kontemplativen Auffassung von Wissen«[7], welche dem alten Dualismus von Geist und Körper zugrunde lag. Eine Rasse von Engeln hätte vielleicht keinen anderen Begriff von Ursache als den der konstanten Konjunktion, aber dies ist nicht unser Fall.

Nun können Wunsch und Absicht, was die Kontrolle betrifft, als kausale Antezedentien benutzt werden. Wenn ich bewirken will, daß A die Handlung X begeht, dann kann ich dies tun, indem ich bewirke, daß A den Wunsch hat, X zu tun. Ich kann ihm eine Summe Geld anbieten. Man könnte jedoch einwenden, ich würde damit nicht bewirken, daß A den Wunsch nach X als solchem verspürt, sondern nur, daß er bereit wäre, dies zu tun, weil er Geld will. Dagegen aber ist zu sagen: erstens, dies ist zumindest ein Fall, wo A zu der Disposition geführt wird, X zu tun (ein weiteres, nicht-kontingent verbundenes Antezedens); und zweitens, wir können manchmal bewirken, daß Menschen Dinge wünschen, indem wir sie ihnen z. B. in leuchtenden Farben schildern oder auf ihre diesbezüglichen Ängste oder Hoffnungen anspielen. Bei der Werbung geht es zumeist um nichts anderes. Beide Fälle sind von jenen zu unterscheiden, wo ich bewirke, daß A X tut, indem ich ihm ein

6 Dies abstrahiert offenbar vom Stande unserer Technologie. Ich behaupte nicht, daß wir tatsächlich immer die Dinge hervorbringen können, deren Ursachen wir finden, indem wir diese Ursachen hervorbringen; sondern nur, daß, wenn A (unter normalen Bedingungen) die Ursache von B ist, wir, wenn wir A hervorbringen können, eo ipso auch B hervorbringen können (normale Bedingungen vorausgesetzt). Diese These ist von der These Collingwoods zu unterscheiden, daß wir jenes Element der Situation, welches wir kontrollieren können, als »Ursache« bezeichnen. (Vgl. die interessante Diskussion bei Hart/Honoré: *Causation in Law*, Clarendon Press, Oxford, 1959, S. 33-34.)
7 Anscombe, op. cit. S. 57.

Gewehr vor die Nase halte oder irgendeine andere starke Abschreckung gebrauche.

Kann ich bewirken, daß A X tut, indem ich bei ihm die Absicht hervorbringe, X zu tun? Dies hängt davon ab, was man unter »Absicht« versteht. Wenn man ihm eine allgemeine Bedeutung gibt, so daß alles, was eine Handlung ist, mit einer entsprechenden Absicht getan wird, dann ergibt sich, daß die einzige (logische) Möglichkeit, A zu veranlassen, X zu tun, darin besteht, A die Absicht haben zu lassen, X zu tun. Dies hilft uns aber nicht weiter. Wenn wir dagegen dem Wort »Absicht« eine engere, normalere Bedeutung verleihen, gemäß welcher wir, grob gesagt, dort von Absicht sprechen können, wo wir feststellen können, daß der Mann »eine Absicht bekundet«, dann ist es sinnvoll zu sagen, daß man A veranlaßt, X zu tun, indem man bei ihm eine entsprechende Absicht bewirkt; z. B. durch Argumente, im Gegensatz zu dem Fall, wo A - durch Hypnose, Suggestion usw. - in eine Situation versetzt wird, wo man ihn veranlassen kann, X spontan zu tun.

X zu wollen und zu beabsichtigen, X zu tun, kann nun diese Vorhersage- und Manipulationsfunktionen ebenso erfüllen wie kausale Antezedentien, und die Berufung auf diese ist genuin informativ. Wenn ich sage »ich wollte«, dann schließt dies eine ganze Reihe anderer Erklärungen aus, z. B. daß ich gezwungen war, etwas zu tun, oder es aufgrund meiner Pflicht oder spontan oder ohne zu wissen, worum es ging, getan habe, usw. »Ich beabsichtigte, etwas zu tun«, schließt ähnlich die Sätze »Ich tat es spontan«, »ich war dazu gezwungen« usw. aus. Wenn wir uns also auf den Wunsch berufen, dann sagen wir nicht einfach, daß die antezedierenden Bedingungen für das bevorstehende Handeln existieren. Wir sagen dies zwar, aber wir sagen noch mehr; nämlich, daß es antezedierende Bedingungen gewisser Art gibt, die von anderen, möglichen, unterschieden werden können. Würden wir nicht mehr sagen, dann würden wir unsere Kenntnis, wie die Handlung vorherzusagen oder zu bewirken sei, nicht erweitern - »das Bewirken der Handlung durch das Bewirken dieses (völlig unbestimmten) Antezedens«

hätte keinen anderen Inhalt als *simpliziter* »die Handlung bewirken«.

Die Erklärung durch Wünsche oder Absichten ist daher informativ, weil sie andere Erklärungen ausschließt; und in dieser Hinsicht verhält es sich mit Wünschen und Absichten genau wie mit Kausalfaktoren. Dies ist um so augenfälliger, als einige der ausgeschlossenen Erklärungen fraglos kausal im Humeschen Sinne sind. Daß der Straßenräuber sagte: »Geld oder Leben!«, ist eine unabhängig von dieser Handlung identifizierbare Erklärung dafür, daß ich ihm meine Brieftasche aushändigte. Aber »ich wollte« schließt diese Art Erklärung aus. Ähnlich schließt »ich beabsichtigte« aus, daß ich meine Handlung erkläre, indem ich z. B. sage, daß die Atmosphäre dieser Begegnung eine spontane Geste meinerseits hervorrief.

In dem allgemeinen Sinn, daß es darum geht, wie Handlungen entstehen, sind Erklärungen durch Wunsch oder Absicht demnach unleugbar kausal. Kann man also die These vertreten, daß sie es nicht seien? Ich glaube wohl, daß aus diesem Denkansatz noch weitere, interessante Ergebnisse folgen; und diese möchte ich nunmehr untersuchen.

II.

Das Argument, daß Wünsche, Absichten usw. nicht Ursachen seien, beruht nach Hume auf jenem notwendigen Merkmal einer kausalen Sequenz, daß die Ursache kontingent mit der Wirkung verbunden sein muß. Das wird häufig durch die Feststellung ausgedrückt, daß die Ursache getrennt von der Wirkung identifizierbar sein muß; dies trifft jedoch nicht den Kern der Sache. Problematisch ist nicht einfach jede Bezugnahme auf die Wirkung bei der Identifikation der Ursache (etwa wenn ich die Resonanz einer Klaviersaite dadurch erkläre, daß sie durch einen ihr gegenüber angeordneten Hammer berührt wird), sondern vielmehr das Herausgreifen der Ursache aufgrund jener Eigenschaft, durch welche sie die Wirkung hervorbringt.

Nun meinen wir aber, daß Wünsche, Absichten usw. als Ante-zedentien der Handlungen, welche wir durch sie erklären, mit diesem Mangel behaftet und daher nicht als Ursachen klassi-fizierbar sind. Nehmen wir, erstens, den Fall, wo wir den Um-stand, daß X getan wird, durch den Wunsch, X zu tun, erklä-ren: Das mutmaßliche Antezedens wird hier nicht nur durch den Hinweis auf die Konsequenz identifiziert, sondern auch dadurch, daß es im allgemeinen die Konsequenz hervorbringt. Selbstverständlich ist die Einschränkung »im allgemeinen« hier wichtig, denn auf einen Wunsch oder eine Absicht bezüglich X braucht X nicht zu folgen. Der Handelnde kann aufgehalten oder gestört werden, sterben, den Mut verlieren oder seine Mei-nung ändern, bevor er die Handlung ausführt. Gleichwohl gilt, daß jemand, der X wünscht oder beabsichtigt, disponiert ist, es zu tun, was bedeutet, daß die Zuschreibung des Wunsches oder der Absicht in Fällen, wo X nicht folgt, einer der obigen, be-sonderen Erklärungen bedarf. Zu behaupten, daß keine solche Erklärung erforderlich sei, hieße den Wunsch oder die Absicht als müßiges Trachten oder als Überlegung umklassifizieren: »wäre es nicht hübsch, X zu tun«; denn was das müßige Trach-ten z. B. vom Wunsch unterscheidet, ist der Umstand, daß der Wunsch, X zu tun, gleich der Disposition ist, X zu tun; daher wird der Wunsch als Antezedens als etwas charakterisiert, was *ceteris paribus* die erwünschte Handlung bewirkt.

Aber dies, so glaubt man, bringt jenen Mangel ins Spiel, der mit Kausalbeziehungen nicht vereinbar ist, denn indem wir den seelischen Zustand herausgreifen, durch den wir die Handlung erklären, charakterisieren wir ihn als einen solchen, der *ceteris paribus* die Eigenschaft hat, die Handlung zu bewirken; und diese nicht-kontingente Verbindung, so glaubt man, schließt daher Wünsche und Bedürfnisse als Ursachen aus. Analoge Überlegungen können offenbar für Willensakte angestellt wer-den, und zumindest auch für einige Bestimmungen des komple-xen Begriffs »Motiv«. Letzteres werde ich unten ausführlicher behandeln, aber zuerst möchte ich einige Einwände gegen das oben Gesagte untersuchen.

Wenn wir etwas durch ein Motiv erklären, dann erklären wir häufig nicht die Handlung X durch den Wunsch oder die Absicht, X zu tun, sondern z. B. durch die Absicht, dort Y zu tun, wo X eine Art und Weise ist, Y unter den betreffenden Umständen zu tun. Aber können wir in diesem Fall behaupten, daß eine nicht-kontingente Verbindung vorliegt? Dies ist einer der Einwände, die Donald Davidson in »Actions, Reasons and Causes« erhebt.[8] Welches ist die logische Beziehung, um bei diesem Beispiel zu bleiben, zwischen »ich betätigte den Schalter« und »ich wollte das Licht anmachen«? Zweifellos trifft auch zu, daß ich das Licht angemacht habe, die beiden Handlungen sind identisch, doch nur in diesem Kontext, nicht aber logisch. Die Antwort könnte lauten, daß in dem Maß, wie diese Identität durch die Umstände bedingt ist, keine Verallgemeinerung angestellt werden kann, welche den Wunsch, das Licht anzumachen, mit der Betätigung des Schalters verbindet. Die Verallgemeinerung gilt nur, wenn man die Bedingung hinzufügt, daß die Betätigung des Schalters (eine Möglichkeit von) Lichtanmachen ist (oder vom Handelnden so aufgefaßt wird).

Warum aber hier eine Verallgemeinerung einführen? Können wir nicht akzeptieren (*pace* Hume), daß wir einzelne kausale Zuschreibungen machen können, die nicht aus einem bekannten Gesetz deduzierbar sind? Selbstverständlich wird niemand leugnen, daß es irgendwo ein Gesetz gibt, aus dem diese kausale Sequenz folgt. Aber ich muß es nicht kennen, um die Zuschreibung zu machen, oder gar um gute Gründe zu haben, die Zuschreibung zu machen. Die weitere Ausführung dieser These, welche der Humeschen Orthodoxie so sehr zuwiderläuft, würde uns zu weit vom Thema abbringen. Wir wollen sie konzedieren (Davidson verwendet sie ebenfalls) und sehen, wohin sie uns führt.

Dann wäre also die Berufung auf den Satz »ich wollte das Licht anmachen« bei der Erklärung von »ich betätigte den

8 Donald Davidson, »Actions, Reasons and Causes«, *Journal of Philosophy*, Vol. 60 (1963).

Schalter« eine solche einzelne kausale Zuschreibung. Aber das Problem ist, daß niemand den geringsten Grund für eine solche Zuschreibung hätte, der nicht die Beziehung zwischen den beiden Sachverhalten sähe. Jemand, der sein Rasenmähen aus seinem Wunsch »Neapel sehen und sterben« erklärte, würde für verrückt gehalten, es sei denn, er erklärte uns eine nicht unmittelbar ersichtliche Verbindung, durch welche diese prosaische Tätigkeit als ein Mittel zu jenem fernen, ausgefallenen Zweck erscheint. Erklärt man die Tatsache, daß jemand X tut, aus seinem Wunsch, Y zu tun, so sagt man im allgemeinen, daß X zu tun eine Möglichkeit war, Y zu tun (oder vom Handelnden als solche gedacht oder beabsichtigt war). Gibt man diese Erklärung, so folgt daraus die Behauptung, daß X zu tun unter den bestehenden Umständen mit Y zu tun oder es zu umschreiben identisch oder ein Schritt in diese Richtung ist. Aber es ist keine kontingente Tatsache, daß der Wunsch, Y zu tun, unter jenen Umständen, unter denen X identisch mit Y ist (oder dafür angesehen wird), oder ein Teil dessen ist, was in seiner Beschreibung enthalten ist, meistens dazu führt, X zu tun. Und folglich ist die Berufung auf den Wunsch, Y zu tun, als Erklärung dafür, daß X getan wird, nicht gleichzusetzen der Berufung auf ein Antezedens, welches mit der Konsequenz kontingent verbunden wäre. Davidson sagt weiterhin, daß selbst der Satz »ich wollte das Licht anmachen« nicht in einer mangelhaften logischen Verbindung zu dem Satz »ich machte das Licht an« steht. Für diese Behauptung gibt es offenbar zwei Gründe. Der erste besagt, daß ich etwas Informatives aussage (oder aussagen kann), wenn ich mein Lichtanmachen in dieser Weise erkläre. Der zweite Grund ist offenbar die Überzeugung, daß wir eine andere Möglichkeit finden können, den Zustand, X zu wünschen, zu identifizieren, welche nicht beinhaltet, daß wir sie als einen Zustand der Disposition, X zu tun, anerkennen. Das erste Argument, nämlich daß wir (manchmal) den Umstand, daß A X tut, informativ erklären können, indem wir sagen, A wollte X tun oder beabsichtigte, X zu tun, erscheint mir als richtig. Dies spricht selbstverständlich gegen die These, daß die Erklärung durch den Wunsch etwas ganz anderes ist als eine kausale Erklärung, und es sagt uns nichts darüber, wie die Handlung zustande kommt. Und dies ist, wie wir sahen, falsch. Aber das zeigt nicht, daß die Verbindung eine kontingente ist. Jedenfalls nicht, solange man glaubt, die kausale Erklärung müsse in kontingenten Beziehungen ausgedrückt werden. Und dies ist es gerade, was sowohl Davidson als auch jene, die leugnen, daß Wünsche Ursachen seien, zu glauben scheinen. Aber sicherlich ist es gerade diese These, die unsere Analyse allmählich widerlegt; und indem sie dies tut, eröffnet sie eine interessante Perspektive auf unsere alltäglichen Erklärungen des Handelns, die ich im folgenden darzustellen versuche. Solange wir Kausalität und Kontingenz in so rigider Weise verbinden, wird die Frage nach der Verursachung des Handelns in einem sterilen Unentschieden ausgehen, wobei sich die unleugbare Kausalkraft der Erklärung durch den Wunsch einerseits und die ebenso unleugbare Nicht-Kontingenz dieser Verbindung andererseits gegenüberstehen. Wirklich interessant dagegen wäre, zu untersuchen, was die Tatsache, daß beide richtig sind, enthüllt.

Aber damit greifen wir der Erörterung voraus. Wir müssen immer noch Davidsons zweiten Einwand gegen die These der Nicht-Kontingenz beantworten. Und dieser beruht auf der Überzeugung, daß wir eine andere Möglichkeit finden können, den Zustand, X zu wünschen, zu identifizieren, welche nicht bedingt, daß wir ihn als einen Zustand der Disposition, X zu tun, anerkennen. Es wäre etwa folgendermaßen zu argumentieren: Der ganze Sachverhalt, daß Wünsche etwas anderes sind als Ursachen, beruht auf dem Vorhandensein unzulässiger logischer Beziehungen zwischen Antezedenz und Konsequenz – einer Art logischem Inzest. Aber mit Sicherheit ist nicht anzunehmen, daß logische Beziehungen *simpliciter* zwischen zwei beliebigen Ereignissen gelten, sondern nur zwischen Ereignissen, die in gewisser Weise charakterisiert sind. *Qua* Bruder ist mein Bruder notwendig männlichen Geschlechts, aber *qua* Mensch ist er dies lediglich kontingent. Nun gibt es sicherlich ein Ereignis oder einen Zustand wie etwa meinen Wunsch, Ministerpräsident zu werden. Dies ist ein Zustand[9], welcher unabhängig von meiner Mitgliedschaft im Parlament, welche diesen erklärt, festgestellt werden kann. *Qua* Wunsch, Ministerpräsident zu sein, weist er nicht die erwünschte, unabhängige Unterscheidbarkeit von den Handlungen auf, zu deren Erklärung er benutzt wird. Stellen wir ihn jedoch durch eine andere richtige Beschreibung dar, so ist dieser Einwand entkräftet – genau wie die Tatsache, daß mein Bruder männlichen Geschlechts ist, nichts über ihn aussagt, während die Tatsache, daß eines meiner Geschwister, dessen Initialen G. B. sind, männlichen Geschlechts ist, etwas über ihn aussagt.

Dieses Argument wäre völlig zwingend, wäre da nicht die Tatsache, daß es keine solche Beschreibung gibt. Das heißt, wir könnten eines Tages eine physiologische Beschreibung in Form von chemischen Vorgängen im Körper und Zuständen im Gehirn finden, welche den Wunsch z. B. nach Erdnüssen regelmäßig begleiten; aber auf der alltäglichen Beobachtungsebene, auf der wir uns alle bewegen, gibt es keine solche Beschreibung. Erregung und Schmerz können einen Wunsch, sogar nach Erdnüssen, begleiten, aber *qua* Erregung und Schmerz unterscheidet sie nichts von Erregung und Schmerz, welche durch irgendeinen anderen Wunsch oder sogar durch ein anderes Gefühl hervorgerufen werden. Dasselbe gilt für die Beobachtung eines Wunsches bei anderen. Wenn jemand Erdnüsse hungrig anschaut,

9 Wenn man einwendet, daß Zustände nicht geeignete Anwärter für kausale Antezedentien, sondern nur Ereignisse sind, dann bietet Davidson (vgl. loc. cit.) eine gute Antwort: Nur eine von zwei Antworten ist möglich: (1) daß dies Unsinn ist, denn wir benützen häufig Zustandsbeschreibungen in kausalen Erklärungen, z. B. die Brücke war baufällig. Es trifft zu, daß wir diese stets mit dem Geschehen irgendwelcher Ereignisse in Verbindung bringen – z. B. das Auto fuhr über die Brücke –, indem wir sie benutzen, um ein Ereignis zu erklären, z. B. den Zusammenbruch der Brücke; aber es ist keineswegs falsch, von ihnen als einem Teil der Ursache oder sogar als »*der* Ursache« zu sprechen, wie dies oft geschieht. Oder (2) daß die Erklärung bezweckt, uns auf den Ausgangspunkt des Zustands zu verweisen, welcher ein Ereignis ist. In beiden Fällen schließt der Umstand, daß wir unseren Wunsch nach X als einen Zustand bezeichnen, diesen nicht *eo ipso* als ein kausales Antezedens aus.

so ist dies sicher ein Zeichen für den Wunsch nach Erdnüssen. Ich kann sogar sagen, daß ich jemandem den Wunsch von den Augen ablese. Aber meine Beschreibung lautet, daß der Blick »hungrig« ist.

Auch erscheint dies nicht als eine bloß kontingente Unzulänglichkeit, welche durch sorgfältigere Untersuchung überwunden werden könnte. Wir können uns nicht einmal vorstellen, wie ein solcher seelischer Zustand aussehen würde, der (a) in einer Beschreibung verwendet werden würde, welche nicht auf Dispositionen Bezug nähme und trotzdem (b) als »Wunsch nach X« bezeichnet würde. Angenommen sogar, ich könnte irgendeine spezifische innere Empfindung entdecken, die sich unabhängig spezifizieren läßt und die stets meinen Wunsch nach Erdnüssen begleitet, so könnte ich diese doch nicht als »meinen Wunsch nach Erdnüssen« bezeichnen; auch könnte ich nicht die Tatsache, daß ich Erdnüsse esse, durch das Eintreten dieser Empfindung erklären, es sei denn, ich bediente mich einer Ellipse, um sie durch meinen Wunsch nach Erdnüssen zu erklären, für den dieses Gefühl ein zuverlässiges Anzeichen wäre. Oder, um ein weniger ausgefallenes Beispiel zu wählen, wir könnten an die trockene Kehle denken, welche den Durst begleitet. Unter keinen Umständen könnte diese mit dem Durst gleichgesetzt werden – auch kann sie nicht als eine nicht-dispositionale Beschreibung (nicht einmal partiell) des Durstes aufgefaßt werden, an dessen Stelle sie in einer Erklärung treten könne. Trinken, weil man eine trockene Kehle hat, ist nicht dasselbe wie trinken, weil man durstig ist.

Jene, die behaupten, daß es eine nicht-dispositionale Beschreibung für Wünsche und Absichten gebe, denken anscheinend an die Analogie zu dispositionalen Eigenschaften, welche unbelebten Objekten zukommen, wofür wahrscheinlich »löslich« das am häufigsten zitierte Beispiel ist. Eine Sache ist löslich, wenn sie sich unter normalen Bedingungen in Wasser auflöst; wenn wir etwas als »löslich« bezeichnen, dann beschreiben wir es durch das, was wahrscheinlich mit ihm geschehen wird. Gleichwohl kann die Erklärung der Auflösung von etwas durch die

Feststellung, daß es löslich ist, informativ und nützlich sein: sie schließt z. B. die Auflösung durch irgendeinen fremden, anomalen chemischen Einfluß aus. Ähnlich kann etwas löslich sein und sich dennoch nicht in Wasser auflösen, wenn die Bedingungen nicht normal sind. In allen diesen Fällen ist die Aussage, daß eine Substanz löslich ist, das gleiche wie die Aussage, daß ein Handelnder einen bestimmten Wunsch hat.

Dennoch können wir die Zuschreibung der Eigenschaft Löslichkeit bei etwas als Erklärung für seine Auflösung absichern, indem wir sie ersetzen durch eine Feststellung in der Form: (1) »Dies (die Substanz, die sich auflöst) hat eine molekulare Zusammensetzung M (welche ihre Auflösung erklärt)«, oder eine Feststellung in der Form: (2) »Dies ist S« (z. B. Salz oder irgendeine als löslich bekannte Substanz). In beiden Fällen haben wir eine Erklärung durch einen nicht-kontingent mit dem folgenden verbundenen Terminus ersetzt, der keine solchen Verbindungen aufweist. Denn in beiden Fällen können wir die relevante Eigenschaft (M haben oder S sein) durch andere Kriterien feststellen als durch das Vorhandensein der Disposition, sich aufzulösen (z. B. daß etwas Salz ist, stellen wir durch seine Farbe, Struktur, Geschmack usw. fest). Da all dies hinter der Zuschreibung »Löslichkeit« steht, zögern wir nicht, eine Erklärung durch Löslichkeit als eine Art Kürzel zu verwenden, welche uns keineswegs zur Annahme nicht-kontingenter Verbindungen zwischen Antezedenz und Konsequenz verpflichtet.

Aber der Fall von Wünschen und Intentionen liegt ganz anders. Es wäre eine Analogie zu (1) vorstellbar, eine Erklärung durch die »Mikrostruktur«, wenn wir über den Wunsch nach X hinaus einen neurologisch-physiologischen Zustand annehmen würden, der ihm aufgrund einer noch nicht vorhandenen Theorie, über die zur Zeit aber viel spekuliert wird, zugrunde läge. Wir wollen diesen Zustand C nennen. Dann könnten wir C an irgendeinem introspektiv evidenten, aber nicht-dispositionalen Anzeichen, etwa einer bestimmten Empfindung S erkennen. Wir könnten dann Erklärungen, welche besagen, daß der Handelnde X tut, weil er den Wunsch hat, X zu tun, durch den

Hinweis auf C ersetzen und zum Beweis dafür S anführen. S und der Wunsch, X zu tun, könnten als Anzeichen für denselben Zustand, nämlich C gelten.

Aber in diesem Falle gäbe es keine Analogie zu (2), denn der »seelische Apparat« enthält keine Entitäten wie etwa Salz, von denen durch einfache Beobachtung festgestellt werden könnte, daß sie eine Reihe von Eigenschaften aufweisen, von denen eine die fragliche dispositionale Eigenschaft ist. Die Inhalte unserer inneren Erfahrung sind keine Dinge oder Zustände dieser Art. Die Überzeugung, daß sie dies seien, ist eine der tief verwurzelten traditionellen Verirrungen, welche der klassische Empirismus uns hinterlassen hat. Gerade gegen diese Konzeption waren die Argumente der Nach-Wittgensteinianer am wirksamsten. Wären Wünsche tatsächlich Dinge in der Seele – oder mit mehrfachen Eigenschaften ausgestattete Zustände der Seele –, dann wäre die Logik unserer Sprache unvorstellbar anders: Zum Beispiel wäre es dann sinnvoll, zu versuchen, experimentell herauszufinden, welchem Wunsch eine bestimmte Unruhe gleich wäre.

Einer der Punkte, in denen die zeitgenössischen Phänomenologen und die angelsächsischen *Mind*-Philosophen übereinstimmen, besteht darin, daß sie diese Auffassung vom seelischen Apparat überzeugend widerlegt haben. Und sobald wir diese Schlußfolgerung akzeptieren, können wir nicht mehr behaupten, daß die nicht-kontingente Verbindung zwischen dem Wunsch und den aus ihm hervorgehenden Handlungen einfach eine Frage der Sprache sei, die wir verwenden; daß wir diese umgehen könnten, indem wir feststellen, was wir in irgendeiner anderen neutralen (nicht-dispositionalen), jedoch psychologischen Sprache als Wünsche bezeichnen. Es ist wohl wahr, daß wir vielleicht eines Tages die verheißene neuro-physiologische Theorie erkennen werden, die es uns ermöglichen wird, den Wunsch durch eine Beschreibung neuro-physiologischer Vorgänge zu ersetzen, für die wir dann auch eine Reihe anderer, nicht-dispositionaler Symptome feststellen würden, ähnlich wie heute ein Schmerz, eine Schwellung, ein heftiges Durstgefühl alles Symptome des gleichen Krankheitszustands sein können. Dies könnte uns zu einer nicht-dispositionalen Symptomatologie *in* der inneren Erfahrung von neuralen Zuständen führen, welche dem Verhalten zugrunde liegen, aber damit hätten wir immer noch nicht eine nicht-dispositionale Sprache *der* inneren Erfahrung, welche vor aller Theorie all denen zur Verfügung stünde, die eine solche Erfahrung hätten – was uns befähigen würde, jene seelischen Zustände, die Wünsche, Absichten usw. sind, neutral zu erfassen. Wenn mir bewußt ist, daß ich etwas wünsche, dann bin ich mir nicht eines inneren Zustands bewußt, welcher anhand einer Anzahl von Eigenschaften einschließlich derer, die mich zu bestimmten Handlungen geneigt machen, erkennbar wäre. Die ursprüngliche und unvermeidliche Sprache des Wunsches ist die der Neigung oder Disposition.

Gewissermaßen haben wir es hier mit einer Schwierigkeit zu tun, welche an diejenige der Sinnesdaten-Theorie erinnert. Diese Perle des traditionellen Empirismus gab uns triftige Gründe an, warum wir in der Lage seien, das, was wir wahrnehmen, in einer Sprache unmittelbarer Bewußtheit zu beschreiben, die aller materiellen Objektbeziehungen entkleidet wäre, denn immerhin, wie anders hätten wir überhaupt von materiellen Objekten Kenntnis? Aber wie sich herausstellte, wurde diese Sprache niemals flügge. Irgendwie konnten wir nur über Erscheinungen sprechen, indem wir aus dem folgerten, was sie zu sein schienen. So auch hier. Sicher ist, so könnten wir behaupten, daß es uns gelingen muß, für jede als »Antezedens von B« beschriebene Wirklichkeit eine andere Beschreibung »A« zu finden, unter der wir sie erkennen können. Daher muß die Dispositionssprache des Wunsches einer anderen neutralen Sprache untergeordnet sein. Nur erweist sich dieser Schluß *a priori*, wie so oft, als falsch. Er stellt uns eine unlösbare Aufgabe.

Was beweist dies also? Daß die motivationalen Faktoren, auf die wir uns berufen, wenn wir Handeln durch Wunsch, Absicht usw. erklären, (a) im eigentlichen Sinn erklären, wie die Handlungen entstehen, und (b) dennoch nur in einer Sprache identifiziert und beschrieben werden können, welche dispositionale Bedeutung hat. Wohin führt dies? In verschiedene Richtungen: Erstens können wir fragen, ob diese mangelnde Eignung, in einer »intrinsischen« Sprache beschrieben zu werden, d. h. in einer Sprache, welche von den Verbindungen zum Verhalten und anderen äußeren Faktoren abstrahiert, für alle psychischen Phänomene zutrifft, durch welche wir das Handeln wie auch den Wunsch und die Absicht erklären, um die unsere obige Diskussion sich vor allem drehte. Zweitens können wir fragen, was dies aussagt über die durch diese Logik unserer Sprache bedingte Form der Erklärung sowie über die Grenzen, welche sie den möglichen Erklärungsweisen des Verhaltens setzt.

III.

Erstens: wie allgemein ist diese Unfähigkeit, Seelenzustände in einer intrinsischen Sprache zu beschreiben? Bisher sprach ich hauptsächlich von Wunsch und Absicht, mit gelegentlicher Bezugnahme auf das Motiv. Letzteres ist recht komplex. Tatsächlich, wenn wir etwas durch das Motiv erklären, geben wir manchmal nur den Zweck oder die Absicht an (»er bekam das Geld nicht«); ein andermal berufen wir uns nur auf eine allgemeine Neigung, ein bestimmtes Ziel anzustreben, wie etwa eine Ambition oder eine Begierde; und manchmal ziehen wir ein Gefühlswort heran, wie »Angst« oder »Ärger«.
Unter diesen dreien bedarf offenbar das Gefühlswort einer eingehenderen Untersuchung, denn bei den anderen beiden Fällen handelt es sich offenkundig um Absichten und/oder Wünsche. Nun enthalten viele Gefühlswörter auch eine dispositionale Bedeutung: denken wir nur wiederum an Angst oder Ärger. Aber was die nach-wittgensteinschen Philosophen am stärksten beschäftigte, das sind die nicht-kontingenten Verbindungen von Gefühlen und Emotionen mit ihren »Objekten«, also das, was sie inspiriert, und nicht das Verhalten, das sie hervorrufen (wenngleich auch dieses diskutiert wurde; vgl. z. B. Kenny, op. cit.).

Nach der traditionellen dualistischen Auffassung war es normal, das Objekt des Gefühls als seine Ursache zu bezeichnen. Wenn ich mich ängstige, daß ein Tiger mich anfällt, dann bin ich *durch* einen Tiger geängstigt, der Tiger ist also die Ursache des Gefühls der Furcht. Auch hier wurden Argumente analog denen, die in bezug auf Wünsche und Absichten aufgeboten wurden, ins Spiel gebracht, um zu zeigen, daß der Begriff »Ursache« unangemessen sei. Denn Furcht z. B. scheint teilweise durch die Umstände definiert zu sein, welche sie hervorrufen. Sie »richtet sich wesentlich«[10] auf Umstände bestimmter Art, beängstigende oder bedrohliche Umstände. Gefühle scheinen also durch die Objekte, auf welche sie gerichtet sind, als diejenigen Gefühle definiert zu sein, die sie sind. Und es erscheint (logisch) unmöglich, sich bewußt zu sein, daß man ein bestimmtes Gefühl hat, ohne sich des Objekts dieses Gefühls bewußt zu sein. Aufgrund dieser nicht-kontingenten Verbindung ergibt sich, daß Objekte ebensowenig die auf sie gerichteten Emotionen verursachen können, wie Wünsche Handlungen verursachen können.

Und doch – wie wir oben über den »Wunsch« ausführten – ist es so, daß der springende Tiger meine Furcht erklärt und daß deine beleidigenden Worte meinen Ärger in dem ganz gewöhnlichen Sinne erklären, daß sie die Entstehung dieser Gefühle begründen; daß Objekte, mit anderen Worten, häufig ganz ähnlich wie Ursachen fungieren. Sind Gefühle also Seelenzustände, die in nicht-intrinsischer Weise durch ihre »Ursachen« oder das, was sie entstehen läßt, definiert sind, so wie Wünsche durch das, was sie entstehen lassen?

Aus einer Reihe von Gründen ist dies zu einfach gedacht. Erstens scheint es Fälle zu geben, wo die Regel »kein Bewußtsein des Gefühls ohne Bewußtsein seines Objekts« nicht gilt. Etwa die Fälle von sogenannter »gegenstandsloser« Furcht, »namenlosem« Schrecken, »sinnloser« Depression. Zweitens gibt es, wie Kenny ausführt, Fälle, in denen das Objekt des Gefühls nicht die Rolle einer Ursache spielt. Wenn ich jemanden liebe, dann

10 Kenny, op. cit. S. 60.

klingt es etwas seltsam, wenn ich den Geliebten als die Ursache dessen bezeichne, was die Liebe entstehen läßt. Aber es gibt noch eindeutigere Fälle. Kenny führt den der Hoffnung an (S. 72), wo die erhoffte Möglichkeit nicht wirklich als das betrachtet werden kann, was das Gefühl entstehen läßt.

Ich glaube, wir können diese Einwände und das, was an der ursprünglichen These gültig ist, begründen, wenn wir Emotionen und Gefühle als Weisen auffassen, uns Dinge, Zustände oder mögliche Zustände, die wir als ihre Gegenstände bezeichnen, bewußt zu machen. Ein Wort ist dabei vielleicht unglücklich gewählt, nämlich »bewußt«; denn wir müssen auch unbewußte Gefühle in Betracht ziehen, Gefühle, die sogar dem Subjekt unbekannt sind. Das entscheidende bei allen solchen unbewußten seelischen Zuständen ist, daß wir ihnen denselben fundamentalen Charakter wie bewußten Zuständen zuschreiben – d. h. wenn wir überhaupt die Sprache des Unbewußten verwenden wollen –, und wir beschreiben sie in der Sprache der Intentionalität. Das heißt, wir beschreiben sie als Gegenstände und Zustände, welche nicht in Wirklichkeit existieren müssen, damit unsere Beschreibungen richtig sind, die aber »für« das betreffende Subjekt Gegenstände und Zustände sein müssen. So kann ein Mann unbewußt auf eine Strafverschonung hoffen und dies erst durch die bittere Enttäuschung erfahren, die er erlebt, wenn sie verwehrt wird. Die Struktur ist dieselbe, gleichgültig ob die Hoffnung bewußt oder unbewußt ist: das Gefühl wird durch den intentionalen Gegenstand spezifiziert, welcher nicht in Wirklichkeit zu existieren braucht, aber für den Hoffenden existieren muß.

Mit dieser Einschränkung spreche ich davon, daß Emotionen und Gefühle Weisen sind, sich ihrer Gegenstände bewußt zu sein. Vielleicht wäre es besser, von intentionalen Zuständen zu sprechen, welche die Gegenstände beinhalten, aber dies klingt noch schwerfälliger und bedarf wahrscheinlich ebensosehr der Erklärung. Aus dieser Auffassung, gleichgültig wie sie formuliert wird, folgt nun, daß uns, sobald ein Gefühl bewußt ist, sein Gegenstand nicht unbekannt sein kann, denn es ist der

Gegenstand, welcher das Gefühl spezifiziert; ersteren zu erkennen, ist daher eine notwendige Voraussetzung, um letzteres zu erkennen.

Nun ist die Frage, wie sich diese Auffassung mit der scheinbaren Tatsache des gegenstandslosen Gefühls verträgt. Um dies zu erklären, müssen wir einen kleinen Umweg machen. Hier ist eine wichtige Unterscheidung zu berücksichtigen, nämlich die Unterscheidung zwischen solchen Gefühlen, die als vernünftig oder unvernünftig, berechtigt oder unberechtigt charakterisiert werden können, und solchen, die diese und verwandte Unterscheidungen ohne besonderen Kontext nicht zulassen. Gefühle fallen in die erstere Kategorie, weil sie sich wesentlich auf einen intentionalen, in gewisser Weise charakterisierten Gegenstand beziehen. Sie können unberechtigt sein, weil der Gegenstand im wirklichen Leben vielleicht nicht den Charakter hat, mit dem die Emotion oder das Gefühl ihn intentional ausstattet. Die Furcht ist unberechtigt, weil an dem Gegenstand, vor dem ich zurückschrecke, nichts Gefährliches oder Bedrohliches ist; meine Eifersucht ist unberechtigt, weil meine Frau tatsächlich nicht mit einem anderen Mann davongelaufen ist; meine Empörung ist unnötig, weil mir nichts Unrechtes angetan wurde, meine Dankbarkeit ist unnötig, weil mir nichts Gutes angetan wurde, und so fort. Andererseits kann ich, obgleich ich unklug lieben kann, nicht unberechtigt oder unbegründet lieben. Tatsächlich kann ich jemanden unter falschen Voraussetzungen lieben, wenn meine Liebe durch Eigenschaften motiviert ist, welche der Geliebte nur scheinbar besitzt; aber dies ist nicht unberechtigte Liebe, weil es keine Eigenschaft gibt, die ein Geliebter charakteristischerweise *qua* Liebesobjekt besitzt, wie etwa der Gegenstand der Angst gefährlich oder bedrohlich ist.

Wenn wir nun Gefühle der ersten Kategorie als »charakterisierende Gefühle« bezeichnen, dann verstehen wir vielleicht das Phänomen des anscheinend gegenstandslosen Gefühls folgendermaßen: charakterisierende Gefühle können ausnahmsweise gegenstandslos sein, weil sie immer noch durch die Charakterisierung identifizierbar sind. So können wir dort einen namenlosen Schrecken empfinden, wo wir nicht mit dem Finger auf etwas zeigen können, was Furcht einflößt; wir können nichts Bestimmtes über den Gegenstand sagen, und doch kann das Gefühl identifiziert werden, weil wir wissen, daß dieses namenlose Etwas eine drohende Gefahr ist; und weil er bedrohlich ist, wissen wir, daß dieser namenlose Gegenstand ein Gegenstand der Furcht oder des Schreckens (und nicht der Hoffnung oder der Vorfreude) ist. Anders ausgedrückt, bei einem charakterisierenden Gefühl könnten wir sagen, daß wir niemals gänzlich ohne Gegenstand sind, denn zumindest wissen wir, daß der Gegenstand, was er auch sei, den Charakter hat, welcher das Gefühl definiert. Aber weil er diesen Charakter hat, braucht er überhaupt keinen anderen zu haben und kann dennoch ein erkennbares Gefühl einflößen, das wir als gegenstandslos bezeichnen.

Aber wie verhält es sich mit sinnloser Depression und, so könnte man hinzufügen, Freude, Traurigkeit, gehobener Stimmung und einer ganzen Reihe anderer Gefühle? Hier haben wir es mit interessanten Zwischen-Fällen zu tun. Diese Gefühle würde ich als charakterisierende bezeichnen, denn sie haben Gegenstände, welche sie eindeutig berechtigen. Nach irgendeinem Unglück ist Traurigkeit oder Depression völlig am Platz, und nach einem großen Sieg Freude. Aber wir sind nicht so schnell mit dem Attribut »unberechtigt« zur Hand, wenn diese Umstände nicht vorliegen; »sinnlos« scheint in diesen Fällen an die Stelle von »unberechtigt« zu treten.

Denn in gewissem Sinn ist sinnlose Depression nicht gegenstandslos. Wenn ich deprimiert bin, sieht alles düster aus; was ich tue, erscheint sinnlos und uninteressant, die Zukunft scheint nur Enttäuschung und Frustration usw. zu versprechen. Was mich verwirrt, das ist, daß ich nicht erkenne, warum dieselben Umstände, die gestern Begeisterung und Lebenslust einflößten, heute Gegenstände der Schwermut sind. Die Gegenstände erscheinen ungeeignet, ich erkenne nicht den »Sinn« meiner Depression. Selbstverständlich kann ich in solchen Fällen nach einer ganz unproblematischen Ursache, etwa Hunger oder Erschöpfung suchen, und diese Erklärung kann häufig gerechtfertigt sein. Oder aber es kann sein, daß ich den wirklichen Sinn, d. h. den adäquaten Gegenstand des Gefühls verdrängt habe. In diesem Fall liegt etwas Ähnliches vor wie der oben erwähnte namenlose Schrecken. Daher ist eine Depression, die sinnlos ist, eine Depression mit einem Gegenstand, aber mit einem inadäquaten Gegenstand – obgleich sie eine völlig verständliche Ursache haben kann. An dem Gegenstand ist nichts, was als adäquater Grund oder »Sinn« ausgemacht werden kann.

Wir könnten daher fragen, warum wir nicht auch die sinnlose Depression als »unbegründet« oder »unberechtigt« bezeichnen. Ich glaube, dies ist durch die Natur der betreffenden Gegenstände bedingt. Anders als Furcht, Eifersucht, Scham, Empörung, ja sogar Ärger, deren charakteristische Gegenstände recht klar umschrieben sind, können Freude, Verzweiflung, Traurigkeit durch eine ungeheure Zahl von Situationen inspiriert werden. Es gibt klare, extreme Fälle von Unglück oder Glück, aber dazwischen kann fast jede Situation des Lebens Gründe für Schwermut oder gehobene Stimmung liefern. Manchmal hängt es davon ab, wie man es betrachtet, ob man die Wolke oder den silbernen Rand sieht. Daher kann man nur schwer von grundloser oder unbegründeter Depression sprechen.

Mit anderen Worten, hier liegt keine wirkliche Parallele zu dem einfachen Irrtum vor, den wir begehen können, wenn wir ärgerlich oder eifersüchtig sind, z. B. wenn ich denke, der andere habe mich beleidigt, während er dies nicht tat, oder wenn ich fälschlich glaube, daß X mir die Zuneigung meiner Freundin entzogen hat. Eher schon läge eine Parallele vor, wenn jemand in dem irrigen Glauben deprimiert wäre, daß er besiegt wurde, wo er tatsächlich siegreich war. Aber dabei handelt es sich nicht um sinnlose Depression. Hier liegt kein einfacher Irrtum vor, weil es in gewissem Sinn immer eine Berechtigung gibt, gerade in der Tatsache, daß man, wenn man deprimiert ist, das Leben als stumpfsinnig und sinnlos ansieht. Nur ist die Berechtigung irgendwie inadäquat begründet, sie erklärt nicht, warum wir deprimiert sind. Wir suchen vergeblich nach dem Sinn. Auch werden wir wahrscheinlich im Fall von Ärger und Furcht Adjektive wie »unnötig« leichter verwenden, weil wir die Handlungen, die daraus folgen, z. B. Schlagen oder Weglaufen, streng beurteilen. Wir sind vielleicht eher bereit, in solchen Fällen von unberechtigter Depression zu sprechen, wo der Betreffende in der Folge etwas Schädliches tut, z. B. die Moral der Organisation schwächen.

Aber wie wir auch über die letztere Hypothesen denken mögen, die sinnlose Depression scheint kein Gegenbeispiel zu der These zu sein, daß Gefühle Weisen sind, sich affektiv dessen bewußt zu sein, was wir ganz allgemein ihre Gegenstände nennen können. Denn der sinnlos deprimierte Mensch ist sich aller möglichen Dinge bewußt, die in einem düsteren Licht wahrgenommen werden. Im allgemeineren Sinn von »Gegenstand«, der eingeführt wurde, um dem Fall der namenlosen Furcht gerecht zu werden, können wir sagen, daß sich eines Gefühls bewußt zu sein heißt, sich seines Gegenstands bewußt zu sein.

Können wir also von einem Gefühl oder einer Emotion als einem affektiven Modus, sich einer bestimmten Art von Gegenstand bewußt zu sein, sprechen? Dies würde der wesentlichen Beziehung der Gefühle zu ihrem Gegenstand Rechnung tragen, ausgedrückt in der zwiefachen These, daß wir ein Gefühl oder eine Emotion nicht ohne einen Gegenstand (zugegebenermaßen im allgemeineren Sinn) haben können und daß wir uns unseres Gefühls nicht bewußt sein können, ohne uns des Gegenstands bewußt zu sein.

Diese These scheint gut auf die charakterisierenden Gefühle anwendbar. In diesem Sinn können wir davon sprechen, daß die Gefühle durch die Art des Gegenstands definiert werden, weil die Gegenstände einen wesentlichen Charakter haben. Aber wie steht es im Fall der Liebe? Es mag Grenzen für das geben, was man lieben kann, etwa lebende Wesen, aber diese sind dieselben wie die Grenzen für das, was man hassen kann. Es ist klar, daß wir bei solchen nicht-charakterisierenden Gefühlen diese nicht durch ihre Gegenstände definieren können;

vielmehr sind sie dadurch definiert, wie wir disponiert sind, uns zu ihren Gegenständen zu verhalten. Aber es ist unmittelbar evident, daß dies auch bei vielen charakterisierenden Gefühlen der Fall ist: z. B. ist Furcht nicht nur durch die Natur ihres Gegenstands, d. h. das Bedrohliche, definiert, sondern auch durch die Disposition, zu fliehen oder den Gegenstand zu meiden. Während es für bestimmte charakterisierende Gefühle zutrifft, daß die Disposition, sich in gewisser Weise gegenüber dem Gegenstand zu verhalten, bereits implizit im wesentlichen Charakter des Gegenstands enthalten ist, ist dies bei anderen nicht der Fall, und das Gefühl ist daher durch die Art des Gegenstands nicht adäquat definiert. So verweist der Gegenstand der Furcht, das Drohende, Bedrohliche oder Gefährliche, uns auf das Schädliche, das zu fliehen wir disponiert sind, so daß die mit der Furcht verbundene Disposition für uns bereits definiert ist, wenn wir den Gegenstand definiert haben. Doch im Fall von z. B. Vergeltung oder Dankbarkeit teilen die charakteristischen Gegenstände, das uns angetane Böse bzw. Gute, uns nicht alles mit. Wir müssen noch die Disposition hinzufügen, unseren Übel- oder Wohltätern in gleicher Münze heimzuzahlen. Die Neigung, in gleicher Münze zurückzugeben, ist gewiß für die menschliche Motivation so fundamental, daß wir häufig aus dem geschehenen Guten oder Bösen auf rachsüchtige oder dankbare Gefühle schließen können, aber zu der Vorstellung, daß Gutes oder Böses getan wird, gehört nicht, daß sie die Disposition zum Heimzahlen hervorrufen, wie zu der Vorstellung vom Bedrohlichen gehört, daß wir disponiert sind, es zu vermeiden.

Um also den nicht-charakterisierenden Gefühlen und auch manchen charakterisierenden Gefühlen gerecht zu werden, müssen wir den Begriff von Gefühlen oder Emotionen erweitern und sie als Modi der affektiven Bewußtheit von Gegenständen auffassen, die durch die Art des Gegenstands und/oder dadurch, wie wir disponiert sind, uns gegenüber dem Gegenstand zu verhalten, definiert sind. Dann ist, erstens, der wesentliche Bezug zu einem Gegenstand selbst dort gegeben, wo wir es nicht mit charakterisierenden Gefühlen zu tun haben. Zweitens, der Gegenstand kann mehr als einfach die Rolle des Auslösers eines Gefühls spielen. Dies scheint er, wie wir oben sagten, häufig z. B. im Fall von Furcht und Ärger, aber nicht im Fall von Liebe oder Hoffnung zu tun. Wesentlich für ein Gefühl ist nach dieser Auffassung, daß es ein affektives Bewußtsein von einem Gegenstand involviert. Dieses kann die Form annehmen, daß wir etwas wahrnehmen, das das Gefühl auslöst, wie etwa der drohende Tiger oder die beleidigende Bemerkung. In diesen Fällen ist es nicht falsch, den Gegenstand – und üblicherweise nicht den intentionalen Gegenstand – als das aufzufassen, was das Gefühl hervorruft. Aber das Bewußtsein vom Gegenstand kann auch andere Formen annehmen. Selbst im Fall der Furcht können wir uns vor einer bislang unwirklichen Möglichkeit fürchten, und wir würden zögern, diese als das anzusprechen, was die Furcht »hervorruft«. (Man könnte selbstverständlich behaupten, daß die Furcht immer einer noch nicht wirklichen Möglichkeit gilt. Selbst wenn der Tiger mich anspringt, fürchte ich streng genommen nicht den Tiger, sondern ich fürchte, vom Tiger gefressen zu werden. In einer Hinsicht muß allerdings zwischen diesem Fall und dem Fall, daß ich z. B. eine neue Geldentwertung befürchte, insofern unterschieden werden, als im ersteren Fall meine Furcht durch das Auftauchen des Tigers in der Nachbarschaft inspiriert, d. h. sowohl begründet als auch hervorgerufen ist, während es im zweiten Fall vielleicht keinen solchen Auslöser gibt. Wollte man behaupten, daß Auslöser und Gegenstand getrennt werden müssen, weil der Gegenstand stets noch nicht wirklich ist, so hieße das, unseren entscheidenden Begriff des Agens völlig vernachlässigen. Wenn ich sage, ich fürchte den Tiger, so ist dies keine nachlässige Ellipse, mit der ich sagen will, daß ich fürchte, von ihm gefressen zu werden: Der Tiger ist es, der mich fressen wird, und daher ist es der Tiger, den ich fürchte. Die Furcht gilt dem Bedrohlichen, wie ich sagte, d. h. dem bevorstehenden Schaden. Wenn der Schaden geschehen ist, dann gibt es keinen Grund für die Furcht. Obgleich wir also Furcht häufig als Furcht vor einer drohenden Möglichkeit spezifizieren, versteht es sich von selbst, daß diese bevorsteht, also nie aktuell ist. Ich kann nur eine zukünftige Geldentwertung fürchten. Ähnlich muß das Gefressenwerden durch den Tiger bevorstehen. Aber ein tobender, reißender Tiger in meiner Nachbarschaft kommt fast der Tatsache gleich, von ihm gefressen zu werden, und das ist der Grund, warum ich mich vor tobenden, reißenden Tigern fürchte.)

Wir verstehen also, warum man sich auf Emotionen und Gefühle berufen kann, um Verhalten zu erklären, denn viele von ihnen sind dadurch definiert, wie sie uns disponieren, ihre Gegenstände zu behandeln. Aber selbst falls die mit einem bestimmten Gefühl verbundenen Definitionen nicht sehr eindeutig sind – wie sie es z. B. bei Furcht oder Ärger sind –, können sie bei der Erklärung von Handeln nützlich sein, und sind es auch. Denn Gefühle sind Modi des affektiven Bewußtseins von ihren Gegenständen; als solche sind sie eine Art und Weise, diesen Gegenständen nicht gleichgültig gegenüberzustehen. Ein Gefühlswort, so könnten wir sagen, definiert den Stil der Voreingenommenheit für einen Gegenstand, entweder durch die Art des Gegenstands oder dadurch, wie wir disponiert sind, uns ihm gegenüber zu verhalten, oder durch beides. Als solches kann es stets als Ausgangspunkt für die Erklärung unserer Dispositionen dienen. Selbst wo der Hauptanteil der Definitionen auf die Art des Gegenstands entfällt, muß der Charakter des Gegenstands – da das, was definiert wird, ein »Stil« der Voreingenommenheit ist – so beschaffen sein, daß bestimmte Reaktionen darauf normal sind.

Am Beispiel der Furcht sahen wir also, daß der Charakter des Gegenstands, das Bedrohliche, so beschaffen war, daß Flucht oder Vermeidung die normale Reaktion ist; damit ist die Disposition, ihn zu fliehen oder zu vermeiden, ein Teil dessen, was wir unter Furcht verstehen. Aber selbst dort, wo keine solche einzelne, klar definierbare Disposition vorliegt, dient der Charakter des Gegenstands zur Umschreibung der normalen oder verständlichen Reaktion. Daher haben wir es bei der Schuld mit einem charakterisierenden Gefühl zu tun; der Gegenstand ist irgendeine Sünde, ein Verbrechen oder etwas Schlechtes, das wir getan haben, wichtig genug, daß wir glauben, wir seien dadurch als Sünder oder Missetäter oder dergleichen definiert, jedenfalls zu wichtig, als daß wir dies als losgelöst von uns betrachten könnten. Nun kann Schuldgefühl aber eine ganze Reihe von Reaktionen hervorrufen, je nach den Umständen und dem Charakter der betreffenden Person: Versuche der Wiedergutmachung, den Beschluß, ein besseres Leben zu führen, krampfhafte Versuche, sich vor jedem zu rechtfertigen, Zurückweisung der betreffenden moralischen Normen, Zuflucht zum Alkohol usw. Alle diese Reaktionen werden, einen bestimmten Charakter und bestimmte Bedingungen vorausgesetzt, durch das Wesen des Schuldgefühls verständlich, d. h. durch die Art des Gegenstands, welcher es definiert, und daher durch den Stil unserer Voreingenommenheit, in diesem Fall die Art des psychischen Schmerzes, den dieser Gegenstand uns verursacht.

Man könnte sagen, daß Gefühle, da sie eine Art und Weise sind, für ihre Gegenstände voreingenommen zu sein, sämtlich mit unseren Dispositionen zusammenhängen, aber in komplexerer Weise, als Wünsche es tun. Letztere sind ganz einfach durch das definiert, wozu sie einen disponieren. In gewissem Maß sind Gefühle dies auch. Aber Gefühle sind auch mit anderen Dispositionen verbunden als jenen, zu denen sie kraft ihrer Gegenstände neigen – Neigungen, die sich am deutlichsten in der Art offenbaren, wie wir für einen gegebenen Gegenstand voreingenommen sind. So tritt die tiefliegende Sehnsucht der meisten Menschen nach (einem Gefühl ihrer eigenen) Integrität und Aufrichtigkeit am deutlichsten in dem Gefühl zutage, diese durch Schuld verloren zu haben; die Ausschließlichkeit unserer Liebe zu jemandem wird durch die Eifersucht offenbart, wenn dieses Monopol bedroht ist; durch unsere Verlegenheit können wir etwas über unseren Wunsch erfahren, gewisse Dinge vom Blick und von der Stellungnahme der Öffentlichkeit fernzuhalten, usw. Gefühle sind also komplexere seelische Zustände als

Wünsche. Sie verweisen uns nicht nur auf jene Wünsche, zu denen sie uns disponieren, sondern auch auf jene, welche unserer Voreingenommenheit für ihren Gegenstand zugrunde liegen können.

Da die Gefühle so mit Dispositionen und Neigungen verbunden sind, helfen sie das Verhalten erklären. Aber neben der Begründung unserer Handlungen durch die Definition eines Stils der Voreingenommenheit für einen bestimmten Gegenstand können Gefühle auch noch auf andere Weise erklären, was wir tun. Da sind, erstens, Handlungen, die vielleicht rein expressiv sind, etwa wenn wir vor Freude in die Luft springen. Diese haben nichts damit zu tun, daß wir uns zu dem Gegenstand in einer durch die Gefühle verstehbar gemachten Weise verhalten; sie bezeugen das Gefühl eher, als daß sie aus der Logik einer Disposition folgten; das heißt, sie können nicht durch die dem Gefühl zugrunde liegenden oder sich aus ihm ergebenden Dispositionen erklärt werden, sondern sie sind nichtsdestoweniger Handlungen. Das expressive Verhalten hängt jedoch mit rein autonomen Reaktionen zusammen, und für gewöhnlich sprechen wir die beiden als ein Ganzes an, auch dort, wo die Handlung eine konventionelle Komponente hat. So sind Wehklagen und Weinen Ausdrucksformen von Kummer.

Aber es gibt auch ein Verhalten, das wir quasi-kausal durch Gefühle erklären können. Trunken vor Freude gebe ich mein ganzes Geld einem Bettler; oder außer mir vor Kummer zerstöre ich einen wertvollen Gegenstand. Hier haben wir es mit Handlungen zu tun, die außerhalb der Logik der Disposition stehen, aber sie sind dadurch von expressiven Handlungen unterschieden, daß sie Verirrungen sind – Handlungen, die durch eine herabgesetzte Kontrolle erklärt werden müssen, und bei denen das Gefühl den herabsetzenden Faktor liefert und daher wie eine Ursache fungiert, ganz ähnlich wie etwa Drogen oder Erschöpfung.

Diese Fälle gehen fließend in andere über, bei denen gewisse Gefühle andere unserer Reaktionen, sowohl des Fühlens als auch des Verhaltens, beeinflussen. Dies ist eine Beziehung, die wir häufig mit dem Begriff »Stimmung« bezeichnen. Dabei beherrscht ein bestimmtes Gefühl für einige Zeit unser Denken und Fühlen. Es färbt alles, was wir sonst noch fühlen, und auch einen großen Teil dessen, was wir tun. Ein Unglück deprimiert uns so sehr, daß wir nicht mit unseren normalen Gefühlen auf das Geschehen reagieren; wir sind ungerechtfertigt verärgert oder einfach phlegmatisch; und dies kann unser Verhalten auch unangemessen machen. Stimmungen funktionieren in gewissem Sinn ähnlich wie Kausalfaktoren, sie stören die normalen Reaktionen, wie Erschöpfung oder Hunger es tun könnten; außer daß die Art, wie sie diese stören, in die Beschreibung der Stimmung als Gefühl, als ein Stil der Voreingenommenheit, eingebaut ist.

Wir sollten hier feststellen, daß die wesentliche Beziehung eines Gefühls zu seinem Gegenstand, welche auch seine »Ursache« im Sinne dessen, was es herbeiführt, sein kann, nicht die Einwirkung von kontingent verbundenen, wirksamen Ursachen auf es ausschließt. Wir sahen z. B., daß Depression durch Erschöpfung, Ärger durch Nahrungsmangel usw. erklärt werden kann. Diese Ursachen ersetzen nicht die Gegenstände, sondern wirken neben ihnen her – die Erschöpfung macht uns empfindlicher, aber es ist die abfällige Bemerkung, die uns »böse macht«. Tatsächlich ist die Berufung auf Ursachen nicht nur in Ordnung, sondern häufig auch nötig, wenn der Gegenstand keine adäquate Berechtigung für das Gefühl liefert.

Die unmittelbar voranstehende Diskussion zeigt, daß eine komplexe Verwicklung wirksamer Ursachen mit wesentlich verwandten (oder »Gründen«, wie sie oft genannt werden) vorliegt. Ein Gefühl, das durch Gründe erklärt wird, kann selbst als Ursache eines anderen herangezogen werden. Im folgenden werde ich auf diese Verflechtung von Ursache und Grund zurückkommen.

Das Ergebnis dieser Diskussion ist – für unsere Zwecke – anscheinend dieses: da Gefühle durch ihre Gegenstände und/oder das, wozu sie uns disponieren, definiert sind, trotzen sie jeder »intrinsischen« Beschreibung ebenso wie Wünsche oder Absichten. Dagegen aber läßt sich ein weiterer Einwand machen: Gefühle rufen auch körperliche Zustände und daraus resultierende Sensationen bei uns hervor, welche so charakteristisch sind, daß wir sie als deren Ausdruck ansehen. Man mag natürlich einwenden, daß auch Sinnesempfindungen nicht intrinsisch beschrieben werden können. Aber wir können dies im Augenblick übergehen, um es später wieder aufzunehmen. Nehmen wir an, es sei möglich: dies reicht immer noch nicht, um eine eigentliche Gefühlssprache abzugeben.

Es trifft zu, daß gewisse körperliche Reaktionen und Sensationen charakteristisch für bestimmte Gefühle sind, wie das Weinen aus Kummer, das Zittern vor Angst, das Erblassen vor Wut usw. Doch das Problem besteht nicht einfach darin, daß sie nicht spezifisch für die betreffenden Gefühle sind: man weint auch vor Stolz über das Diplom seines Sohnes, zittert vor Begierde, wird blaß vor Angst usw. Selbst wenn eine bestimmte Sensation oder ein körperlicher Zustand unveränderlich und ausschließlich ein bestimmtes Gefühl begleitete, oder, was wahrscheinlicher ist, selbst wenn wir ein Gefühlswort einführten, welches nur zuträfe, wenn diese Empfindung oder dieser Zustand einträte, dann könnte dieses letztere niemals ein zureichend identifizierendes Kriterium für das Gefühl abgeben.

Körperliche Zustände und Sensationen, Empfindungen können uns daher keine Sprache zur Identifikation unserer Gefühle liefern. Daran ist etwas Rätselhaftes, und dies vielleicht unabänderlich; denn gerade diese Zustände und Sensationen sind anscheinend notwendig, damit wir unsere Gefühle *fühlen*, zumindest damit wir sie stark fühlen und nicht bloß die entsprechenden Gedanken und Dispositionen haben.[11] Wir sind geneigt zu fühlen (im Sinne von *meinen* aufgrund von fühlen), daß unsere Gefühle und Emotionen jeweils einen charakteristischen »Geschmack« haben (wir sprechen sogar davon, daß jemand eine »Niederlage schmeckt«), daß die Art, wie wir jedes

11 Vgl. Moreland Perkins, »Emotion and Feeling«, *Philosophical Review*, Vol. 75 (1966), S. 139-60.

einzelne fühlen, irgendwie einmalig ist. Und doch müssen wir, wenn wir sie beschreiben wollen, auf etwas anderes als körperliche Zustände und Sensationen zurückgreifen. Und tatsächlich beschreiben wir sie durch eine Mischung von drei Dingen: unsere Situation, d. h. was uns davon bewußt ist, unsere Gedanken usw. (d. h. der Gegenstand im weitesten Sinne); unsere Dispositionen; und unsere körperlichen Zustände und Sensationen. Beschreibungen in Romanen enthalten für gewöhnlich einen, wenn nicht alle drei, dieser Bereiche von Beschreibungen. Gewiß gibt es auch noch einen vierten Bereich, nämlich die bereits akzeptierten Gefühlswörter. Aber diese beruhen, wenn wir sie aussprechen, auf den drei anderen, den Gegenständen, den Dispositionen und den körperlichen Ausdrucksformen. Die beste Literatur verwendet diese akzeptierten Termini sparsam, denn es gibt zahllose Gefühle, einschließlich der zahllosen subtileren Varianten der Skala von akzeptierten Gefühlswörtern, die keinen allgemein anerkannten Namen haben. Gleichwohl können sie uns vor Augen geführt werden, jedoch nur durch die Beschreibung von Objekt, Disposition und Ausdruck.

IV.

Wir sollten diese Diskussion über die Sprache der gewöhnlichen Erklärung mit einer Untersuchung der Empfindung (*sensation*) abrunden. Denn manchmal erklären wir Verhalten durch Empfindungen: jemand bewegt sich, weil es ihm unbequem ist, er kratzt sich, weil es ihn juckt, usw. Haben wir es hier mit intrinsisch charakterisierten Zuständen zu tun, welche uns kontingente Antezedentien für das Verhalten liefern?
Im Vergleich zu unseren Gefühlsbegriffen erscheint unsere Sprache für Empfindungen intrinsisch. Denn anders als Gefühle sind Empfindungen kontingent mit den »Gegenständen« verbunden, welche sie herbeiführen. Eine Empfindung kann durch einen äußeren Gegenstand verursacht sein, aber sie ist nicht wesentlich auf diesen Gegenstand gerichtet, sie ist nicht

ein intentionaler Zustand, der diesen Gegenstand involviert (ein »Bewußtsein« von dem Gegenstand, um unsere frühere Sprache zu verwenden).

Dieser Unterschied kann durch die Tatsache verschleiert werden, daß eine Empfindung sich durch das beschreiben läßt, was sie verursachen könnte (»ich fühle mich, als wäre mein Kopf in einem Schraubstock«). Aber dies ist die Verwendung eines Gleichnisses oder einer Metapher; zu dieser Empfindung gehört nicht, daß man selbst wahrnimmt, man habe seinen Kopf in einem Schraubstock; ebensowenig ist es notwendig zu glauben, man brenne, um eine »brennende« Empfindung zu haben. Bei Gelegenheiten, zu denen wir vielleicht ähnliche Redewendungen in Verbindung mit Gefühlen verwenden, würden wir von irrationalem Gefühl sprechen (»Es ist, als wäre an diesen Schatten etwas Bedrohliches. Ich kann nicht anders, als mich zu ängstigen«). Anders als bei dem Beispiel Kopf-im-Schraubstock verwendet man nicht einfach ein Gleichnis, um seine Gefühle zu beschreiben, vielmehr bekämpft man eine irrationale (gleichsam nicht ganz klare und irgendwie rätselhafte) Überzeugung.

Empfindungen sind also nicht »vorher« festgelegt, d. h. wesentlich mit dem verbunden, was sie bewirkt, wie es Gefühle häufig sind (insofern sie wesentlich mit ihren Gegenständen verbunden sind, welche häufig ihre Ursachen sind). Aber sind sie »nachher« festgelegt, d. h. auf das, was sie im Handeln bewirken?

Nun gibt es aber gewisse deskriptive Begriffe für Empfindungen, die anscheinend keine dispositionale Bedeutung enthalten (z. B. »pochender Schmerz«); offenbar tun dies aber eine ganze Reihe der grundlegenden Begriffe, durch die wir Verhalten beschreiben. Wenn ich sage, ich bewege meinen Kopf, weil er schmerzt, oder ich kratze mich, weil es juckt, oder ich winde mich, weil es kitzelt, dann ist die Empfindung in jedem Fall durch den korrespondierenden, dispositionalen Antrieb definiert. Anscheinend können diese Empfindungen nicht intrinsisch charakterisiert werden.

Dagegen können zwei Einwände erhoben werden. Der eine

besagt, daß die Erklärung z. B. meines Kratzens durch das Juk-
ken eine recht uninformative Erklärung vom Typus »virtus
dormitiva« ist; ebensogut könnte man sagen, daß ich mich
kratze, weil ich (im weitesten und unbestimmtesten Sinn des
Wortes) dazu disponiert bin. Aber dies kann nicht gelten. Vor
allem schließt die Erklärung, daß ich mich kratze, weil es juckt,
oder hin- und herrücke, weil es mir unbequem ist, ähnlich wie
die Erklärungen von der Art »ich wollte bloß«, jede Begründung durch andere Beweggründe aus (z. B. daß ich für den
Arzt rote Linien auf meiner Haut hervorrufen wollte oder
mich zum Bluten bringen wollte, um mich zu bestrafen).
Aber zweitens vermittelt dies darüber hinaus auch eine spezi-
fischere Qualität der Empfindung als die bloße Disposition
zum Explicandum. Dies ist offenbar bei unseren reichhaltigeren
Beschreibungen der Fall, wo wir Gleichnisse (Kopf im Schraubstock) oder Metaphern (»ein stechender Schmerz«, »auf Nadeln
sitzen«) verwenden, die herangezogen werden können, um bestimmte Verhaltensweisen zu erklären. Dies gilt aber auch für
scheinbar geringfügige Empfindungsbegriffe wie »jucken«.
Wenn es juckt, so bedingt dies sicherlich die Disposition, sich zu
kratzen, sozusagen ohne tieferen Beweggrund; man kann sich
aber vorstellen, auch ohne besonderen Grund (wie unwahrscheinlich dies auch sein mag), ohne die Empfindung, die wir
»Jucken« nennen, dazu disponiert zu sein.
Und damit sind wir beim zweiten Einwand. Wenn das Jucken
die Disposition, sich zu kratzen, aber auch noch mehr als dies
bedingt, können wir dann nicht die beiden Elemente trennen
und das andere in irgendeiner intrinsischen Beschreibung erkennen? Wir würden dann das intrinsische »Gefühl« des Juk-
kens unter Abstraktion von dem beschreiben, was uns veranlaßt, uns kratzen zu wollen. Oder, anders ausgedrückt, wir
würden unseren gegenwärtigen Begriff auflösen und die Kriterien isolieren, auf welche wir ihn anwenden, ähnlich wie wir
z. B. beim Wort »Junggeselle« die Kriterien »ein Mann sein«
und »unverheiratet sein« isolieren können.
Aber wenn wir versuchen, zwei Kriterien voneinander zu tren-

nen und die informative Komponente in einem Begriff wie
»Jucken« zu isolieren, dann entdecken wir, daß wir dafür kein
Vokabular entwickeln können. Es ist unmöglich, die »intrinsischen« Eigenschaften der Empfindung des Juckens ohne die
Disposition, sich zu kratzen, zu vermitteln. Dies erinnert stark
an die analoge Unmöglichkeit, eine »intrinsische« Sprache für
den Wunsch zu entwickeln, welche die »Gefühle« des Wollens
ohne Bezugnahme auf das, was gewollt wird, beschreiben
würde.

Dies besagt nicht, daß wir keine Empfindungswörter hätten,
welche auf eine Anzahl von isolierbaren Kriterien angewandt
werden: ein pochender Schmerz ist (a) ein Pochen und (b) ein
Schmerz und dies bedeutet, daß wir Empfindungen haben können, welche mit gänzlich nicht-dispositionalen Wörtern beschrieben werden: eine pochende Empfindung selbst, z. B.; denn
wir können jemanden, der diese hat, fragen: tut es weh? Ein
»pochender Schmerz« hat sicherlich dispositionale Bedeutung –
für eine gewisse Art des Schmerz-Verhaltens, für geeignete und
verfügbare Heilmaßnahmen; aber eine pochende Empfindung
an sich disponiert zu nichts Besonderem. Doch die Schlüsselbegriffe, auf denen Erklärungen beruhen, verknüpfen stets untrennbar die informative und die dispositionale Bedeutung, wie
etwa die Wörter »Schmerz«, »Jucken«, »Unbehagen«, »Unruhe«, »Ekel«, »Schwindel« usw. Diese Wörter können aufgrund ihrer dispositionalen Bedeutung zur Erklärung von Verhalten verwendet werden; aber wir schöpfen ihre Bedeutung
nicht aus, indem wir ihre dispositionale Bedeutung explizit machen (wenn dies überhaupt exakt geschehen kann); sie vermitteln mehr als dies; und doch kann diese informative Komponente nicht ausgesondert und zum Gegenstand einer nicht-dispositionalen, deskriptiven Sprache gemacht werden.

Dies liegt einem wichtigen Abschnitt von Wittgensteins Schlußfolgerungen in den *Untersuchungen* zugrunde; ein Teil der
Kriterien für »Schmerz« liegt in dem, was eine Empfindung,
die diesen Namen verdient, uns zu tun disponiert; daher können wir das Wort nicht als eines ansprechen, das seinen Sinn

durch eine Art private Scheindefinition erhielte. Aber wenn wir, nachdem dies festgestellt ist, immer noch im Prinzip an der Privatheit innerer Erfahrung festhalten wollen und Schmerz als aus (a) der Disposition, z. B. sich zu krümmen, und (b) einer eigentümlichen, nur dem Subjekt zugänglichen Qualität X bestehend ansehen, dann stoßen wir gegen eine Grenze unserer Sprache: Wir können diesen Begriff »X« einführen, angeblich um die Qualität des Schmerz-Gefühls zu beschreiben, ohne sie in der Weise zu charakterisieren, daß sie uns disponierte, irgendetwas Besonderes zu tun; aber dann können wir über diese Qualität weiter nichts aussagen. Wohl können wir jeden besonderen Schmerz als »stechend«, »ziehend«, »pochend« usw. beschreiben. Aber diese Wörter beinhalten entweder, daß das, was sie betreffen, ein Schmerz (z. B. »Stechen«) mit der vollen dispositionalen Bedeutung dieses Wortes ist, oder aber, daß sie (wie z. B. »Pochen«) auch auf eine nicht schmerzhafte Empfindung zutreffen, in welchem Fall sie nicht die Qualität der Schmerzhaftigkeit vermitteln.

Der Versuch, die deskriptive und die dispositionale Bedeutung unserer einfachen Empfindungswörter voneinander zu trennen, ist daher zum Scheitern verurteilt. Es mag uns notwendig erscheinen, ein Wort einzuführen, das allein die deskriptive Bedeutung vermitteln soll, wie etwa den oben genannten Begriff »X«, aber da wir über Qualitäten der Kategorie X nur aussagen können, daß sie die Qualitäten der betreffenden E sind (hier ist das passende Empfindungswort einzusetzen), verfehlt unser neues Vokabular seinen Zweck; denn wir können immer noch X nur mit Hilfe von X, also der betreffenden Disposition bezeichnen.

Wenn wir nun die Unmöglichkeit eines solchen rein deskriptiven Vokabulars für fundamentale Empfindungen so verstehen, daß darin eine Kommunikationsschranke gegeben ist, dann können wir nur noch an die Xs glauben: wir können sagen: ich weiß, was ich unter »X« verstehe, durch introspektive Intuition; nur daß man leider, da ich über X nichts anderes sagen kann, als daß es schmerzhaft ist, es nur insoweit verstehen kann, als es das mit dem für Schmerz symptomatischen Verhalten verbunden Gefühl ist! Aber wer weiß, ob das, was ich fühle, wenn ich mich krümme, dasselbe ist . . . usw.?

Wittgensteins Auffassung könnte daher so verstanden werden: die Unmöglichkeit eines solchen Vokabulars ist nicht einfach ein die Schranke der Kommunikation betreffendes Faktum neben anderen. Sie reflektiert auch eine Schranke unserer Erfahrung, oder vielleicht ein strukturelles Merkmal dieser Erfahrung. Nicht nur können wir anderen nicht mitteilen, was wir unter »X« verstehen, ohne auf »Schmerz« zu rekurrieren, auch für uns selbst können wir X nicht ohne diesen Rekurs identifizieren. Ich glaube, daß Wittgenstein der Wahrheit hier viel näher kommt. Denn das Problem ist sicher keines der Nichtkommunizierbarkeit innerer Erfahrung: wir haben ein reiches, auf äußeren Gleichnissen und Metaphern beruhendes Vokabular, mit dem es uns gelingt, sehr viel über unsere Empfindungen zu kommunizieren (z. B. unsere obigen Beispiele »pochend«, »stechend«). Vielmehr liegt das Problem im Wissen um das, was wir meinen.

(Dies könnte eine Rekonstruktion der berühmten Wittgensteinschen Beweisführung über die »Empfindung E« nahelegen. Die Schwierigkeit besteht nicht darin, daß ich mich einzig auf mein Gedächtnis verlasse, denn diese Schwierigkeit könnte auch bei »öffentlichen« Ereignissen bestehen, welche zufällig ich allein beobachte; die Schwierigkeit betrifft vielmehr das angebliche Fehlen der Verbindung zwischen E und jeglichem Äußeren in der Art einer Verhaltensdisposition, einer charakteristischen Ursache oder einer metaphorischen Analogie. Das Fehlen dieser Verbindungen ist es, was E unkommunizierbar macht; aber damit, so behauptet »Wittgenstein« gemäß seiner rekonstruierten Beweisführung, macht es E unidentifizierbar. Der Handelnde kann nicht wissen, wovon er spricht; und deshalb kann er es uns nicht sagen. Nicht aber wegen irgendeiner inhärenten Privatheit der inneren Erfahrung.)

Die obigen Schlußfolgerungen bezüglich »Jucken« hätten wir auch für eine Reihe fundamentaler Empfindungswörter wie

»Schmerz«, »Ekel«, »Unbehagen«, »Unruhe« und andere anstellen können, welche eine wichtige Rolle bei der Erklärung des Verhaltens durch Empfindungen spielen. Sie alle sind unteilbare oder nicht-intrinsische Begriffe, d. h. Begriffe, bei denen wir nicht ein Vokabular schaffen können, das lediglich die deskriptive, nicht aber die dispositionale Bedeutung des betreffenden Wortes vermittelt, bei denen unsere Beschreibung des »Gefühls« der Empfindung nicht von unserer Charakterisierung dessen, wozu sie uns veranlaßt, getrennt werden kann. Denn tatsächlich beschreiben diese Wörter das »Gefühl« unserer Empfindungen durch das, was sie uns tun zu wollen veranlassen.

Ich möchte aber behaupten, daß wir immer, wenn wir Handeln durch Empfindung erklären, in diesem Sinn nicht-intrinsische Begriffe verwenden. Und dies sogar in Fällen, wo wir kein Empfindungswort verwenden oder gar kein Wort für die exakte Nuance haben, wo wir das, was wir erfahren, durch die Beschreibung der Ursachen (oder durch Bezugnahme auf eine »als ob«-Ursache in der Metapher oder im Gleichnis) und/oder Dispositionen (ähnlich wie wir häufig Gefühle durch ihre Gegenstände und Dispositionen beschreiben können) vermitteln.

Warum hast du dich plötzlich bewegt? Ich hatte ein Gefühl, als würde mir von hinten ein Stich versetzt. Warum bist du aufgestanden? Ich spürte Nadelstiche in den Beinen. In diesen und ähnlichen Fällen nehmen wir die Erklärung nur deshalb an, weil wir die implizierten Empfindungsbegriffe – in diesen Arten von Schmerz bzw. Unbehagen – als bekannt voraussetzen. Diese Begriffe können fundamental genannt werden, weil wir in all solchen Fällen die Empfindung nicht in der Weise beschreiben können, daß wir ihr »Gefühl« wiedergeben, ohne damit auch ihren dispositionalen Antrieb zu vermitteln. Aber wenn andererseits jemand zur Erklärung seines Verhaltens eine Empfindungsbeschreibung ohne dispositionale Bedeutung angibt, dann können wir diese nicht als Erklärung akzeptieren; wir werden nach mehr Information fragen.

Gerade diese Situation veranschaulicht vielleicht am besten, worauf es mir ankommt. Jemand kann bei einer Erklärung die Beschreibung einer Empfindung geben, welche uns nicht den für die betreffende Handlung angemessenen dispositionalen Antrieb vermittelt. »Ich habe dieses komische Gefühl in den Beinen«, und dann fügt er hinzu: »es macht, daß ich hin und her rücke«, oder »es macht, daß ich mich recken will«, oder aber »es ist recht unangenehm«. Bei keiner dieser erweiterten Beschreibungen kann die Empfindung zur Erklärung des Verhaltens herangezogen werden. Aber jede dieser Erweiterungen bereichert die Beschreibung des Gefühls; sie vermittelt etwas mehr über die Erfahrung dieser Empfindung. Wenn mir gesagt wird »Ich habe dieses Gefühl, das macht, daß ich mich recken will«, so wird mir mehr gesagt als mit: (a) »Ich habe dieses Gefühl«, (b) »Ich möchte mich recken«, und (c) es besteht eine Ursache-Wirkung-Beziehung zwischen (a) und (b). Der Satzteil »das macht, daß ich mich recken will« vermittelt einen Teil der gefühlten Qualität der Empfindung, und nicht nur eine Konsequenz derselben, welche z. B. durch Induktion entdeckt werden könnte.

Mit anderen Worten, unser Empfindungsvokabular ist imstande, das Gefühl unserer Empfindungen weitgehend dadurch zu vermitteln, daß es dieses Gefühl durch das charakterisiert, was es uns tun zu wollen veranlaßt. Und doch lernen wir nicht, es anzuwenden, indem wir intuitiv entdecken, welche Erfahrungen welchem Verhalten vorausgehen. Wie die Sprache des Wunsches, ist es eine ursprünglich empirische Sprache. Wir erkennen unsere Empfindungen direkt und ganz natürlich auf diese dispositionale Weise. Es gibt also bestimmte, irreduzible Minimalbedingungen der gemeinsamen menschlichen Erfahrung, die man haben muß, um menschliche Sprache zu sprechen und zu verstehen.

Und deshalb können wir uns Erweiterungen vorstellen, die anscheinend völlig unkommunizierbar sind. Wenn jemand sagte: »Es zwickt mich im linken Ohrläppchen«, und hinzufügte: »und das macht, daß ich die Mondschein-Sonate spielen will«, dann würden wir ihn nicht verstehen. Es gäbe aber keinen Anlaß zur Sorge, etwas nicht zu verstehen, wenn der Zusatz nichts anderes hinzufügte als die Zuschreibung einer Disposition, ohne zu beabsichtigen, die Beschreibung der Erfahrung zu bereichern. Denn wir alle wissen, wie es ist, wenn es im Ohrläppchen zwickt, und wie es ist, wenn man die Mondschein-Sonate spielen will. Was wir nicht verstehen, ist die Art Empfindung im linken Ohrläppchen, welche die beiden verbinden könnte. Denn was hier mutmaßlich vorliegt, ist ein (recht verrückter und unverständlicher) nicht-intrinsischer Empfindungsbegriff.

Meine These ließe sich folgendermaßen ausdrücken: Empfindungen können aufgrund ihrer Antriebsdisposition verwendet werden, um Verhalten zu erklären. Aber die Zuschreibung der Antriebsdisposition zu einer Empfindung bereichert auch unsere Beschreibung derselben (sonst fänden wir die Zuschreibung unverständlich, wie beim obigen Beispiel mit dem Ohrläppchen). Verhalten durch Empfindungen erklären heißt daher, nicht-intrinsische Empfindungsbegriffe verwenden. Und weil bei diesen Begriffen die deskriptive und die dispositionale Bedeutung nicht voneinander getrennt werden können, sagt man, wenn man sie zur Erklärung heranzieht, etwas Informatives. Die Zuschreibung der Disposition ist sozusagen in eine andere Beschreibung eingebettet, und dies verleiht ihr erklärende Bedeutung.

V.

Im Voranstehenden hoffte ich zu zeigen, daß unsere alltägliche Begründung von Verhalten, obzwar kausal im weiteren Sinne, mit nicht-kontingenten Verbindungen durchsetzt ist; und darüber hinaus, daß dieser Umstand sich nicht durch eine sorgfältigere und weniger festlegende Redeweise abwenden ließe; sondern daß vielmehr eine intrinsische Sprache von Wunsch, Gefühl, Emotion oder (Handlungen hervorrufender) Empfindung unmöglich ist.

Was lehrt dies über unsere alltäglichen Erklärungen? Ich meine jene, welche Absichten, Zwecke, Wünsche, Gefühle, Empfindungen und Emotionen heranziehen. In Ermangelung eines besseren Sammelbegriffs will ich alle diese, falls dies zulässig ist, unter dem Titel »Erklärung durch Motiv« zusammenfassen. Nun ist dieser Art Erklärung eigentümlich, daß wir ein Verhalten erklären, indem wir zeigen, daß der Handelnde die Disposition zu der Handlung hat, die erklärt werden soll. Aber gleichzeitig leistet unsere Erklärung mehr als dies; sie ist nicht eine leere Wiederholung des zu Erklärenden, wie bei der Begründung vom Typus »virtus dormitiva«. Im Gegenteil, sie bettet die Disposition ein in irgendeinen anderen »Zustand« (um ein neutrales Wort zu verwenden), welcher dem Handelnden zugeschrieben wird.

Das Wort »einbetten« drückt hier die Tatsache aus, daß die dispositionale Bedeutung nicht von der angeführten Zustandsbeschreibung getrennt werden kann.

Der angeführte Zustand kann eine Empfindung sein, wie wir im vorigen Abschnitt sahen. Aber wir können uns auch auf Gefühle, Emotionen, Wünsche, Absichten und Zwecke berufen. Wir können z. B. ein Verhalten erklären, indem wir einen Zweck oder eine Absicht benennen. Dies bietet uns eine breitere Disposition, aus welcher sich die zu erklärende ergibt. Wir können dies tun, indem wir die Absicht feststellen (»Er tat es, um das Geld zu bekommen«). Aber da Handlungen charakteristischerweise durch ihre Zwecke identifiziert sind, können wir häufig eine Handlung erklären, indem wir sie mit einem (fundamentaleren) Zweck umschreiben (»Warum bewegt er seine Hände so?« – »Er versucht die Lampe zu befestigen«, oder »Warum winkt sie mit dem Taschentuch?« – »Sie sagt ihrer Mutter Lebewohl«). Oder aber wir führen ein von dem Handelnden gewünschtes Ziel an (»Er wollte nur helfen«).

Aber häufig müssen wir bei diesen Erklärungen verdeutlichen, daß das Explicandum sich aus dem Explicans ergibt (»Warum gräbt er Gräben?« – »Er braucht Geld, und das Graben von Gräben wird gut bezahlt«). Letzterer Satzteil bietet einen wesentlichen Teil der Erklärung, ohne den unser Gesprächspartner im unklaren bliebe. Häufig unterlassen wir es, ihn zu erwähnen, weil er als bekannt vorausgesetzt werden kann, gleichwohl aber ist er wesentlich für die Erklärung. Dies können wir eine »vermittelnde Behauptung« nennen. Manchmal ist es umgekehrt, und wir halten den Zweck für allgemein bekannt und bieten die vermittelnde Behauptung als Erklärung an (»Warum bleibst du hier stehen?« – »Dies ist die Praxis eines Zahnarztes«). Hier bleibt der Zweck unerwähnt, weil er bereits bekannt ist oder aus dem Gesagten vermutet werden kann.

Auch hier ist die Disposition des Explicandum eingebettet in den dem Handelnden zugeschriebenen »Zustand«, den Zweck oder die Absicht. Das ist in diesem Fall vielleicht nicht so evident wie in dem obigen Fall der Empfindung, denn wir erklären den Umstand, daß jemand X tut, damit, daß er den Zweck Y verfolgt, und unsere Erklärung erfordert, um vollständig zu sein, eine vermittelnde Behauptung, die besagt, daß unter diesen Umständen X mit Y gleichzusetzen oder ein Teil von Y oder ein Mittel zu Y ist. Im allgemeinen schreibt das Explicans *qua* Zustandsbeschreibung dem Handelnden die Disposition zu Y, nicht aber diejenige zu X zu. Das ist, wie wir oben sahen, einer der Gründe, dies nicht als eine nicht-kontingente Verbindung anzusehen.

Auch hier kann dieselbe Antwort gegeben werden: Der Zweck, Y zu tun, kann nur dann zur Erklärung, warum der Handelnde X tut, benannt werden, wenn letzteres dem ersteren gleichkommt oder ein Mittel zu diesem ist – zumindest in der Auffassung des Handelnden. Schreibt man dem Handelnden den Zweck zu, Y zu tun, so besagt dies, daß er *ceteris paribus* disponiert ist, alles zu tun, was Y gleichkommt oder es herbeiführt. Aber dies können wir nur zur Erklärung, warum X getan wird, anbieten, wenn (in den Augen des Handelnden) das Tun von X in diese Kategorie fällt. So daß der Zweck, Y zu tun, X nur dann erklärt, wenn die Disposition, Y zu tun, gleich der Disposition ist, *inter alia* X zu tun. Oder, mit anderen Worten, wir können den Umstand, daß X getan wird, nur damit erklären, daß der Agent den Zweck verfolgt, Y unter Bedingungen (nämlich daß er erkennt, daß X notwendig für Y ist) zu tun, wo die Tatsache, daß er den Zweck verfolgt, Y zu tun, beinhaltet, daß er disponiert ist, X zu tun. In diesem Sinn ist die Disposition zu dem Explicandum in den Zustand eingebettet, den wir als Explicans zuschreiben.

Was über Erklärungen durch den Zweck oder die Absicht gesagt wurde (welche wir einfach anhand der Tatsache unterscheiden, daß man sich vorstellen kann, daß letztere vor und vielleicht auch nach einer gewissen Überlegung formuliert wird), kann auch vom Wunsch gelten. Häufig erklären wir die Tatsache, daß jemand X tut, durch den Wunsch, Y zu tun; und auch dies nur unter Bedingungen, wo X notwendig für Y, oder ein Teil von Y, oder etwas dergleichen ist. Aber es kann bereits informativ sein, die Tatsache, daß X getan wird, durch den Wunsch, X zu tun, zu erklären. Denn dies schließt eine Reihe konkurrierender Erklärungen aus, welchen die Eigenschaft gemeinsam ist, daß der Handelnde X widerstrebend oder ohne besondere Neigung dazu tat. In diesem Sinn betten wir die Disposition zu dem Explicandum in eine Zustandsbeschreibung ein, welche uns mehr sagt: Sagt man, daß jemand X tun möchte, so heißt dies, daß er disponiert ist, X zu tun, aber nicht *vice versa*.

Wenn wir das, was wir tun, durch unsere Gefühle oder Emotionen erklären, dann haben wir es mit einer ähnlichen Erklärung zu tun. Denn unsere Gefühlszustände erklären das Handeln durch den Dispositionsantrieb. Wenn wir das, was wir tun, erklären, indem wir sagen, »Ich fürchtete mich«, »Ich ärgerte mich«, »Ich war eifersüchtig« und dergleichen, dann sind diese Erklärungen wegen der dispositionalen Bedeutung der benannten Gefühle erfolgreich. »Ich fürchtete mich« erklärt, warum ich vorzeitig weggehe, oder warum ich den Mund halte, während ich sprechen sollte, oder andere Formen der Vermeidung. »Ich ärgerte mich« erklärt meine aggressive Reaktion oder mein feindseliges Verhalten. »Es war frustrierend« erklärt meine destruktive Haltung; usw. Wir sehen die Erklärung nicht als erfolgreich an, wir verstehen sie nicht einmal als Erklärung, wenn wir nicht die Verbindung zwischen dem zu erklärenden Verhalten und der dispositionalen Bedeutung des benannten Gefühls erkennen.

Wie wir früher sahen, können wir die Gefühlsbeschreibung nicht von dieser dispositionalen Bedeutung trennen, und doch tun wir, wenn wir das Gefühl zuschreiben, mehr, als bloß die Disposition zuzuschreiben.

Ebenso wie Zwecke oder Wünsche können Gefühle bei Erklärungen herangezogen werden, ohne erwähnt zu werden. Ich kann jemandes aggressive Handlung erklären, indem ich sage: »der andere schlug ihn«, oder »er ist mit seiner Freundin durchgebrannt«. Diese Beschreibungen seiner Situation genügen, um die charakterisierenden Gefühle zu beschwören, welche zu jedem der beiden Sätze gehören, und damit die Art des Verhaltens, zu dem er disponiert war. Die Beschreibung ist als Erklärung erfolgreich, weil sie es uns ermöglicht, die Situation als den normalen Gegenstand eines bestimmten Gefühls zu identifizieren, dessen dispositionale Bedeutung das zu erklärende Verhalten erfaßt. Von der Erklärung wird angenommen, daß das Gefühl erfahren wurde und daß es dem Verhalten zugrunde lag.

In obigen Fällen haben wir bereits ein Wort zur Charakterisierung der betreffenden Gefühle; ist der Kontext gegeben, dann brauchen wir es gar nicht zu erwähnen. Aber wie wir früher sahen, gibt es viele Gefühlsschattierungen, für die wir keine Worte haben; und es ist ohne weiteres möglich, jemandes Verhalten durch Gefühle solcher Art zu erklären.

Genau wie bei den Empfindungen ist uns eine ganze Skala von Gefühlen bewußt, für die wir keinen exakten Namen haben. Viele können vielleicht sogar unter allgemeinen Begriffen wie »Eifersucht«, »Ärger« oder »Empörung« klassifiziert werden; aber wir wissen, daß die Nuancen durch die Benennung des betreffenden Wortes nicht wiedergegeben werden, daß diese Wörter allgemeine Kategorien des Gefühls benennen, sozusagen Gattungen, in denen viele Arten enthalten sind; und daneben gibt es andere wichtige Gefühle, die wir nur schwerlich in den bestehenden Raster einfügen können. Ausgenommen im niedrigsten Kitsch, werden Menschen in der Literatur häufig völlig überzeugend und verständlich als von Gefühlen bewegt dargestellt, für die wir kein Wort haben, die aber lebhaft durch die Beschreibung der Situation, der Gefühle und Dispositionen dieser Menschen dargestellt werden. Daraus könnten wir Erklärungen ableiten, die ihre Dispositionen auf ihre Situation und ihre Gefühle zurückführen (ich meine hier andere Gefühle als diejenigen, die durch die fraglichen Dispositionen definiert sind). Häufig wird ein Roman oder eine Novelle die dem Handeln zugrunde liegenden Gefühle natürlich indirekter wiedergeben: durch symptomatische Reaktionen, unbedeutende Gedanken, die dem Handelnden durch den Kopf gehen usw.; all dies kann auf einem starken Bild des Gefühls aufbauen. Dadurch, oder durch eine direktere Beschreibung, kann ein Schriftsteller ein überzeugendes Abbild eines Gefühls schaffen, für das wir nicht nur kein Wort haben, sondern das wir auch schwerlich direkt charakterisieren könnten. Aber wenn wir sagen, daß das Abbild »überzeugend« ist, dann meinen wir unter anderem, daß die beschriebene Handlung sich aus den übermittelten Gefühlen ergibt. Wir haben vielleicht kein Vokabular, um diese Gefühle direkt zu beschreiben, aber wir haben ein Abbild von ihnen erhalten, das eindrucksvoll genug ist, um feststellen zu können, ob sie zu dem folgenden Verhalten disponieren oder nicht (und selbstverständlich auch, daß sie sich »überzeugend« aus der Situation ergeben).

So bedingt die alltägliche Erklärung durch das Motiv den Nachweis, daß der Handelnde die Disposition zu dem Explicandum hat, und dieser Nachweis geschieht dadurch, daß ihm ein Zustand zugeschrieben wird, in welchen die Disposition eingebettet ist – entweder als ein allgemeines Ziel, oder als ein Gefühl, eine Empfindung, das/die diese Antriebsdisposition hat. In diesem Sinn können wir davon sprechen, daß diese Art der Erklärung teleologisch ist.

Für gewöhnlich gilt die teleologische Erklärung uns als eine

Erklärung durch finale Ursachen; wir erklären das, was geschieht, durch das, »wofür« es geschieht. In diesem Sinn ist die Erklärung einer Handlung durch das fernere Ziel, dem sie dient, rein teleologisch. Aber wie ist es, wenn wir ein Verhalten durch das ihm zugrunde liegende Gefühl oder die ihm zugrunde liegende Empfindung erklären? Ich möchte den Begriff erweitern, um auch diese Fälle zu erfassen; und ich glaube, daß dies aus folgendem Grund gerechtfertigt ist: wesentlich für die teleologische Erklärung ist die Auffassung, daß das Subjekt den Antrieb in eine gewisse Richtung oder zu einem gewissen Ziel hat; zu den unerklärten Prinzipien der teleologischen Erklärung gehört die Vorstellung, daß das Subjekt irgendeine Neigung zeigt. Und diese Vorstellung spielt bei allen Formen der Erklärung durch Motive mit, nicht nur bei denen, wo wir eine Handlung durch ein ferneres Ziel erklären; denn bei allen diesen Formen endet die Erklärung bei einem Zustand des Subjekts, der zumindest teilweise durch seinen dispositionalen Antrieb definiert ist.

Unsere alltägliche Erklärung durch ein Motiv ist sowohl teleologisch als auch intentional insofern, als sie etwas durch den Hinweis auf die Realität nicht nur so, wie sie ist, sondern auch so, wie sie »für« den Handelnden ist, erklärt. Einmal sind Ziele und Gefühle intentionale Realitäten, d. h. sie müssen so verstanden werden, wie sie für den Handelnden sind (wenngleich nicht notwendig so, wie sie in seinem bewußten Selbstbekenntnis sind), wenn wir das Verhalten verstehen wollen, das sich aus ihnen ergibt. Und dann müssen wir, wenn wir sowohl die Handlung als auch das Gefühl erklären, die intentionale Situation berücksichtigen. Gefühle sind z. B. durch intentionale Gegenstände definiert: Angst erfahren, heißt einem Gegenstand gegenüberstehen, der nicht *an sich*, sondern für den Handelnden gefährlich ist; und in unserer Erklärung der Handlung kommt es gerade auf die Situation an, so wie sie für den Handelnden ist (auch wenn ein Teil ihrer Bedeutung ihm unbewußt sein mag).

Wie aus dem letzten Absatz hervorgeht, erklären wir auf diese teleologisch-intentionale Weise nicht nur Handlungen, sondern auch unsere Gefühle und Emotionen. Unser Explicandum kann jemand sein, der in einer bestimmten Situation oder »zu« einem bestimmten Gegenstand ein bestimmtes Gefühl bekundet hat: »Warum wurde er böse, als ich ›p‹ sagte?« – und unser Explicans wird eine Aussage über die Empfindlichkeit des Handelnden für dieses oder verwandte Gefühle sein, verbunden mit einer vermittelnden Behauptung. Und ähnlich wie im obigen Fall des Handelns, kann das Explicans zu offenkundig sein, um eine Erwähnung zu verdienen. Als Antwort auf obige Frage werden wir dem Fragenden sehr wahrscheinlich etwas über die Überzeugung, den Hintergrund oder die Situation des Handelnden erzählen, die bewirken, daß »p« für ihn anstößig, beleidigend oder schmerzhaft ist. Haben wir mit unseren vermittelnden Behauptungen die Kränkung nachgewiesen, so genügt dies, denn damit haben wir gezeigt, daß »p« der natürliche Gegenstand eines Gefühls ist, das alle Menschen fühlen.

Aber in anderen Fällen müssen wir das Explicans deutlich machen; und dies besonders, wenn es uns auf ein vom Explicandum verschiedenes Ziel oder Gefühl hinweist. Beispielsweise könnten wir den Umstand, daß jemand ängstlich, böse oder besorgt wird, erklären, indem wir darauf hinweisen, daß er ein bestimmtes Ziel verfolgt, welches soeben durch die Ereignisse oder durch die Einmischung von irgendwo außerhalb in Gefahr geraten ist. Oder wir könnten seinen Ärger darüber, daß sein Gesprächspartner »p« sagt, durch die Tatsache erklären, daß »p« einen allgemeinen Hinweis auf A enthält, eine Tatsache, über die er tief beschämt ist. In diesem Fall wäre unsere Erklärung eine Variante der im vorherigen Absatz behandelten, nur daß wir diesmal ein anderes Gefühl einführen.

Im ersten Fall könnte »p« eine Bemerkung wie etwa »Ehemalige Kommunisten haben kein Recht, das politische Urteil anderer zu kritisieren« sein, und wir können den Ärger unseres Handelnden verstehen, wenn wir erfahren, daß er Kommunist gewesen war und soeben das politische Urteil seines Gesprächspartners kritisiert hat. Im zweiten Fall könnte »p« eine Bemerkung sein, die etwa beginnt »Als ehemaliger Kommunist sollten Sie . . .«. Und hier erklärt sich der Zornausbruch durch die Tatsache, daß der Handelnde sich seiner Vergangenheit schämt und daher deren öffentliche Erwähnung scheut. Man könnte vielleicht sagen, daß das Explicans in beiden Fällen die menschliche Neigung (die keiner Erwähnung bedarf) ist, mit Ärger auf Kränkung und Zufügung von Schmerz zu reagieren. Im zweiten Fall würde das Schamgefühl diese Rolle erfüllen.

Aber in beiden Fällen haben wir eine Erklärung, welche sich, zusammen mit einer vermittelnden Behauptung, auf ein Ziel oder ein Gefühl bezieht – manchmal eine ganz allgemeine Empfindlichkeit für das betreffende Gefühl, manchmal für ein anderes Gefühl –, und die daher in demselben Sinn wie unsere alltäglichen Erklärungen des Handelns teleologisch und intentional ist.

VI.

Aus dem bisher Gesagten scheint sich nun die Schlußfolgerung zu ergeben, daß die Eigenheiten unserer auf Handlung und Gefühl bezogenen Sprache, die ich in den vorherigen Abschnitten untersucht habe, die Tatsache widerspiegeln, daß unsere alltägliche Erklärung durch ein Motiv teleologisch und intentional ist. Die ganze Diskussion darüber, ob Wünsche und Absichten als Ursachen von Handlungen oder ihre Gegenstände als Ursachen von Gefühlen angesehen werden können, ist ein Ablenkungsmanöver. Es ist ein Getändel mit Belanglosem, was stets eines der Risiken einer zu feingesponnenen, eng bemessenen Analyse ist. Die Frage kann nie zufriedenstellend entschieden werden, weil die Alternativen unberechtigt beschränkt sind.

Drei Dinge müssen wir erklären: Erstens, unsere auf Handlung und Gefühl bezogene Sprache ist reich an nicht-kontingenten Verbindungen, und diese erscheinen nicht nur als genuin, d. h.

resistent gegen die philosophische Kritik, sondern auch als unvermeidlich, d. h. wir können sie offenbar nicht durch eine andere Sprache ersetzen, welche das, was uns motiviert, intrinsisch beschreiben würde. Zweitens, diese nicht-kontingenten Verbindungen bestehen zwischen dem, was wir andernfalls als Ursachen und deren Wirkungen zu verstehen versucht wären, z. B. Wünsche und Handlungen, Situationen und die von ihnen hervorgerufenen Gefühle. Und doch kann, drittens, die einfache Schlußfolgerung, die, wie wir sahen, die Nach-Wittgensteinianer in Versuchung führte, nämlich daß diese Beziehungen daher nichts mit der Kausalität zu tun hätten, nicht gelten. Wenn wir auf den Wunsch oder die Situation hinweisen, so sagen wir lediglich etwas darüber, wie Handlung und Gefühl zustande kommen.

Die Verknüpfung von kausaler Erklärung und nicht-kontingenten Verbindungen ist nicht mehr verwirrend, sobald wir erkennen, daß wir es hier mit finalen Ursachen, genauer gesagt, mit Erklärungen von Verhalten und Gefühl zu tun haben, welche teleologisch im weiteren Sinne und intentional sind.

Die These, daß Wünsche keine Ursachen sind, ist völlig richtig, wenn wir hier »wirksame« Ursachen meinen. Aber daraus können wir nicht die These ableiten, daß Wünsche und Absichten uns nichts darüber sagten, wie das Verhalten zustande kommt. Denn dies hieße, »Ursache« mit »wirksamer Ursache« und kausale Erklärung mit Mechanismus gleichzusetzen. Und dies war wohl einer der weitverbreiteten Trends der modernen, nachpositivistischen »analytischen« Philosophie. Kein Wunder, daß sie in eine Sackgasse führte, indem sie von Anfang an den Erklärungsmodus, den wir tatsächlich benutzen, nämlich den teleologischen, ausschloß.

Dies vorausgesetzt, überrascht es nicht mehr, daß unser Vokabular zur Erklärung von Verhalten das ist, was es ist. Wenn Erklären bedeutet, klarzumachen, wie der Handelnde disponiert war, in der Weise zu handeln, die erklärt werden soll, dann benötigen wir Begriffe mit dispositionaler Bedeutung, wie Wunsch, Absicht usw. Und wenn unsere Explicantia uns auf eine Empfänglichkeit für bestimmte Gefühle gegenüber einem bestimmten Gegenstand oder einer bestimmten Erfahrung hinweisen, dann benötigen wir Worte, die einen Modus der Voreingenommenheit für Objekte einer bestimmten Art ausdrücken, die ein affektives Bewußtsein von den Objekten ausdrücken und als solche dispositionale Bedeutung haben.

Dies sind unsere Gefühlsbegriffe. Sie sind durch die charakteristischen intentionalen Objekte und Dispositionen definiert, und das Wort »intentional« ist in diesem Zusammenhang wichtig, weil der Gegenstand nur bei angemessener Beschreibung eine definierende Charakteristik des Gefühls bietet. Furcht bezieht sich notwendig auf das Bedrohliche oder Gefährliche, Ärger auf das Provozierende usw. Die Situationen, welche Ärger und Furcht hervorrufen, sind nur die definierenden Objekte dieser Gefühle bei entsprechender Beschreibung.

Daher überrascht es nicht, daß wir eine ganze Menge deskriptiver Begriffe haben, welche Objekte und Situationen als angemessene Gegenstände verschiedener Gefühle charakterisieren. Worte wie »beängstigend«, »kränkend«, »verwirrend«, »gefährlich«, »fordernd« bezeichnen Begriffe dieser Art. Wir erkennen ohne weiteres bestimmte Situationen als angemessene Gegenstände z. B. der Eifersucht, obgleich es dafür keinen allgemeinen Ausdruck gibt.

Aber diese Wörter können nicht aufgrund einer induktiv entdeckten Beziehung zu den betreffenden Gefühlen verwendet werden, es sei denn um den Preis eines endlosen Regresses. Denn in diesem Fall würden wir die durch diese Beziehungen erfaßten Gegenstände durch ihre Beziehung zu den Gefühlen identifizieren, während wir gleichzeitig die Gefühle über die Gegenstände mit diesen Beschreibungen gleichsetzen würden. Dies mag unzweifelhaft im Fall eines Ausdrucks wie »gefährlich« genügen, der für eine Situation verwendet werden kann, ohne im geringsten auf unsere Gefühle zurückzugreifen, der sich aber gleichwohl insofern auf »Furcht« bezieht, als das Gefühl der Furcht vor etwas besagt, daß man dieses Etwas als irgendwie gefährlich oder bedrohlich ansieht. Aber dies wird uns vielleicht eher widerstreben bei Ausdrücken wie »fürchterlich« oder »langweilig«, die schon durch ihre Etymologie auf die entsprechenden Gefühle hinweisen.

Aber auch hier haben wir es mit primär deskriptiven Ausdrücken zu tun, d. h. nicht mit Ausdrücken, die über eine induktive Beziehung zu den Gefühlen eingeführt werden müssen. Vorausgesetzt, wir können nur wissen, daß etwas fürchterlich ist, indem wir wissen, daß es uns Furcht einflößt oder einflößen könnte – und ähnlich bei »langweilig« und Langeweile, aber anders beim (physisch) Schmerzhaften –, wissen wir dies *bei der,* nicht aber *durch die* Erfahrung. Geängstigt oder gelangweilt zu sein heißt, zu wissen, wodurch man geängstigt oder gelangweilt ist, während man Schmerz erleiden kann, ohne die Ursache zu kennen. Die Vorstellung einer induktiven Entdeckung hat keinen Platz zwischen Gefühlen und ihren Objekten.

Daher erkennen wir das Bindeglied zwischen unserer alltäglichen Erklärung durch Motive und den nicht-kontingenten Beziehungen, von denen unser alltägliches Vokabular für Handeln und Fühlen wimmelt. Denn der Hintergrund der Erklärung ist der Handelnde als ein Subjekt von Neigungen, als ein Wesen, das voreingenommen ist: so daß die Erklärung zeigt, wie die Disposition zu dem Explicandum sich auf diesem Hintergrund der Voreingenommenheit ergibt. Aber dann ist es unvermeidlich, daß unsere Rede voll von nicht-kontingenten Beziehungen ist: erstens zwischen Dispostion und Handlung, und zweitens zwischen unseren tieferen Neigungen und Gefühlen und bestimmten Dispositionen; sodann auch zwischen Situation und Disposition, denn wenn man sagt, daß ein Mensch einen bestimmten Antrieb oder eine bestimmte Voreingenommenheit hat, so sagt man, daß gewisse Situationen für ihn eine dispositionale Bedeutung als Gegenstände des Strebens, der Abneigung oder dergleichen haben; und dies schafft eine vierte Gruppe von Ausdrücken, welche die Dinge und Situationen gemäß dieser Bedeutung charakterisieren.

In allen diesen Fällen denaturieren wir die Begriffe, wenn wir sie so auffassen, als würden sie aufgrund induktiv festgestellter Beziehungen Anwendung finden. Sie reflektieren tatsächlich nicht-kontingente Verbindungen.

Der Angriff auf den cartesianischen und empiristischen Dualismus in der nach-wittgensteinschen Philosophie ist auf diese Weise so gut begründet, daß dieser Dualismus, da er nur wirksame kausale Beziehungen zwischen seelischen und körperlichen Vorgängen postuliert, nie als auf die alltägliche Erfahrung begründet akzeptiert werden kann. Denn die Sprache der Erfahrung ist voll von nicht-kontingenten Beziehungen und beschwört durchaus eine teleologische Erklärung von Handlung und Gefühl. Ob eine dualistische oder eine andere mechanistische Erklärung auf einer anderen, theoretischen Ebene gültig sei, ist eine andere Frage, auf die wir hier nicht eingehen können; aber wir können nicht behaupten, daß wir zu einer solchen Auffassung einfach dadurch gelangen könnten, daß wir unsere alltägliche Erfahrung des Handelns und Fühlens explizieren, denn die Begriffe einer solchen Theorie können nicht auf unsere Erfahrung angewandt werden.

Aber wir gehen fehl, wenn wir daraus schließen, daß unsere alltägliche Erklärung, weil sie nicht auf kontingenten Beziehungen basiere, überhaupt keine kausale Erklärung sei, d. h. eine Erklärung, wie unser Verhalten und Fühlen zustande kommt. Dies hieße, zu unkritisch zuviel von Hume übernehmen. Und diese Schlußfolgerung kann sich nicht lange halten, sobald wir die schwerwiegende synoptische Frage stellen, wie unsere alltäglichen Erklärungen sich zu angeblich mechanistischen Erklärungen verhalten. An diesem Punkt erhebt sich die Frage nach der Vorstellbarkeit von »Mechanismus«. Aber sie kann nicht einmal richtig gestellt werden, solange wir uns nicht darüber im klaren sind, was unsere alltäglichen Erklärungen sind.

Wie ist Mechanismus vorstellbar?

Muß eine neurophysiologische Erklärung des menschlichen Verhaltens eine mechanistische sein? Dieser Frage möchte ich im folgenden Aufsatz nachgehen.

Der gesunde Menschenverstand unserer Zeit, einigermaßen durch die wissenschaftliche Tradition informiert, scheint über dieser Frage spontan in eine Kantsche Antinomie zu verfallen (wie Marjorie Grene nachwies[1]); das heißt, sowohl die These als auch die Antithese scheinen auf soliden Schlußfolgerungen zu beruhen. Einerseits dünkt es uns natürlich, von der Annahme auszugehen, daß unserer Fähigkeit, das Funktionieren von uns selbst und anderen belebten Organismen durch Körperchemie und Neurophysiologie zu erklären, keine obere Grenze gesetzt ist, und ebenso natürlich ist die Annahme, daß solche Erklärungen mechanistisch sein werden – vor allem angesichts der Sterilität konkurrierender Ansätze, etwa des Vitalismus. Es dünkt uns sogar plausibel, zu behaupten, daß »mechanistische Erklärung« ein Pleonasmus sei, denn jede andere Art der Begründung scheint den Problemen der Erklärung auszuweichen; mit anderen Worten, sie vermehrt nicht unsere Fähigkeit, die Phänomene vorherzusagen und zu kontrollieren, wie wir es von Erklärungen erwarten.

Andererseits ist der gesunde Menschenverstand bei der Aussicht auf eine vollständige mechanistische Begründung des Verhaltens alarmiert; nicht nur praktisch alarmiert, wegen des skrupellosen Gebrauchs, der von solcher Kenntnis gemacht werden könnte, sondern auch metaphysisch alarmiert, wenn ich diesen Ausdruck gebrauchen darf, wegen dem, was eine solche Erklärung uns über uns lehren würde. Ihren allgemeinsten Ausdruck findet diese Besorgnis anläßlich der Frage des Determinismus sowie in dem Gefühl, daß eine vollständige

---

1 Vgl. M. Grene, »Reducibility – Another Side Issue?«, in Marjorie Grene (ed.), *Interpretations of Life and Mind,* London: Routledge & Kegan Paul.

mechanistische Erklärung irgendwie den ganzen Komplex unserer Ideen, die um Freiheit und moralische Verantwortlichkeit kreisen, radikal in Frage stellen würde.

Aber bevor wir uns diesen Argumenten zuwenden, empfiehlt es sich, genauer zu definieren, was eine mechanistische Erklärung auszeichnet und was sie so plausibel und bedrohlich zugleich macht.

Die Merkmale, nach denen wir suchen, lassen sich am besten durch den Gegensatz zu unserer alltäglichen Art, über unser Verhalten zu sprechen und es zu erklären, erkennen. Diese Sprechweise hat zwei Merkmale, mit denen die mechanistische Erklärung aufräumt: Erstens, sie ist teleologisch, d. h. sie beschreibt unser Verhalten in Begriffen von Zweck, Neigung, Wunsch und dergleichen; zweitens, sie ist »intentional«, d. h. sie bezieht stets die Bedeutung mit ein, die Dinge, Umgebung und Selbst für den Handelnden haben. Ein weiteres Wort über diese beiden Merkmale ist hier wohl am Platz. Wenn ich sage, unsere Rede sei teleologisch, dann weise ich z. B. auf die Tatsache hin, daß wir in der Alltagssprache Handeln für gewöhnlich durch den Zweck charakterisieren, der mit dem Handeln angestrebt wird, so daß wir dazu neigen, Handlungszuschreibungen zurückzuziehen oder zumindest zu modifizieren, wenn wir feststellen, daß wir uns über den Zweck geirrt haben. Aber dies ist nicht alles: im wesentlichen enden unsere Erklärungen in der alltäglichen Sprache mit der Benennung eines Zwecks, eines Wunsches oder eines Gefühls, die selbst zum Teil durch das definiert sind, was zu tun sie uns disponieren – kurz, unsere Erklärungen enden bei der Auffassung, daß der Handelnde dazu disponiert ist, sich in gewisser Weise zu verhalten, oder dazu neigt, in gewisser Weise zu reagieren. Wir erklären das, was jemand typischerweise tut, durch Sätze wie: »er strebt danach, Präsident zu werden«, »er liebt sie sehr«, »er fürchtete sich, sie wiederzutreffen«, »dies war eine sehr provozierende Bemerkung« (d. h. eine Bemerkung, welche die Person, an die sie gerichtet ist, ärgern kann), usw. Der Hintergrund der Erklärung im alltäglichen Leben ist daher ein Bild vom Handelnden als dem Subjekt von Zielen, Wünschen, Neigungen, Empfindlichkeiten gewisser Art. Wir sind für gewöhnlich mit einer Erklärung zufrieden, wenn sie das zu erklärende Verhalten mit einem der Bilder von einem Handelnden in Verbindung bringt, welche wir in unserer Zivilisation als »normal« akzeptieren – in unserem Fall z. B., wenn wir die Tatsache, daß jemand eine Ausbildung durchläuft, durch sein Ziel, vorwärtszukommen, erklären. Selbstverständlich variieren diese Bilder von normalen Handelnden von Zivilisation zu Zivilisation und manchmal von Milieu zu Milieu innerhalb einer Gesellschaft, was dazu beiträgt, daß sie in einem wissenschaftlichen Kontext sehr unbefriedigend sind.

Aus der Tatsache, daß unsere Rede intentional ist, folgt nicht nur, daß wir zwischen der Situation und dem Handelnden, wie sie *simpliciter* sind und wie sie für den Handelnden sind, unterscheiden, sondern auch, daß vermittelnde Aussagen bezüglich dessen, was unscharf als Sinnbeziehungen bezeichnet werden kann, in unsere Erklärungen eingehen. Angenommen, wir sind in Verlegenheit, warum mein Gesprächspartner plötzlich das Zimmer verließ und die Tür hinter sich zuwarf. Anscheinend ärgerte er sich über das, was ich sagte; aber warum? Die Antwort ergibt sich, wenn wir etwas über den Hintergrund seines Lebens und/oder die Art, wie er die Dinge sieht oder über sie denkt, einsetzen (und in diesem Kontext kann beides nicht voneinander getrennt werden). Wir glauben zu verstehen, wenn wir z. B. erkennen, daß das, was ich sagte – in Anbetracht seines Hintergrunds und mithin der Art, wie er die Dinge sieht und über sie denkt –, beleidigend war oder als eine Beleidigung mißverstanden werden konnte. Vielleicht klang es so, als äffte ich seinen Heimatdialekt nach, oder vielleicht zeigte ich mich unempfindlich gegenüber einer Form des Leidens, die ihm schwer zu schaffen gemacht hatte.

Indem wir diesen Hintergrund einsetzen, zeigen wir, wie das, was ich sagte, den Sinn einer Beleidigung oder eines Ausdrucks von Verachtung für ihn haben konnte. Worauf es hier ankommt, das ist die Sinnbeziehung: wenn ich auf diese Art und zu diesem Zeitpunkt »P« sage, so ist das hier beleidigend, weil es ein Ausdruck von Verachtung ist (als solcher aufgefaßt wird); und wie stets, hängt der Umstand, daß es diesen Sinn hat, davon ab, daß es in einen Komplex von anderen Sinnbeziehungen eingebettet ist – z. B. daß der Heimatdialekt als ein Zeichen von Beschränktheit und Unbildung gilt, oder daß das Leiden für meinen Gesprächspartner ein Bestandteil seiner Identität und seines Selbstwertgefühls ist, usw.

Diese beiden Merkmale erlauben uns nunmehr, die beiden Seiten der Antinomie klarer zu erkennen. Einerseits bietet das naturwissenschaftliche Erklärungsmodell, welches in der Physiologie verwendet wird, keinen Raum für Zuschreibungen von Antrieb oder Neigung; und gleichzeitig schreckt es vor Sinnbeziehungen zurück wie vor der Pest. Denn diese können, wie wir sahen, nur vor dem Hintergrund eines ganzen Netzes von Sinnbedeutungen geklärt werden, und es ist notorisch schwierig, solche Dinge unzweideutig und intersubjektiv zu klären. Daraus ergibt sich offenbar, daß die neurophysiologische Erklärung, der wir keine obere Grenze zuschreiben können, notwendig solche Merkmale meidet und mithin mechanistisch in der Weise ist, wie ich es hier definieren möchte.

Aber andererseits sind diese Merkmale ein wesentlicher Bestandteil unserer Vorstellung von uns selbst. Wenn wir eine vollständige mechanistische Erklärung unseres Verhaltens und Fühlens geben können, dann läuft dies, wie wir vage ahnen, darauf hinaus, daß man sagt, diese Merkmale seien überhaupt nicht wesentlich. Aber gewiß ist der Umstand, daß wir Ziele haben, wesentlich dadurch bedingt, daß wir Wesen sind, die der Freiheit und Verantwortlichkeit fähig sind, und unsere ganze Existenz als sprechende Tiere erschiene undenkbar, wenn unser Verhalten nicht zum Teil durch Sinnbeziehungen determiniert wäre.

So sind wir von den widerstreitenden Tendenzen unseres Intellekts hin- und hergerissen. Dies ist der Punkt, an dem die Philosophie häufig als Schiedsrichter auftritt und uns zu überzeugen versucht, daß hier in Wirklichkeit keine Unvereinbarkeit vorliegt. Es ist wohl stets etwas unfair, den Strohmann, den man niederreißen will, in jemand anderes' Garten zu stellen, aber ich habe den Eindruck, daß unter den jüngeren angelsächsischen Philosophen Ryle[2] und Melden[3] Varianten dieser Position bezogen haben. Ihre Argumentation läuft etwa folgendermaßen: Unsere alltägliche Begründung des Verhaltens und dessen wissenschaftliche Erklärung in neurophysiologischen Begriffen können nicht konfligieren, weil sie von verschiedenen Dingen handeln und darüber hinaus verschiedenen Zwecken dienen. Unsere alltägliche Erklärung charakterisiert unser Verhalten als Handlung, während eine mechanistische Erklärung daran interessiert ist, es *qua* Bewegung zu erklären. Letztere Erklärung zielt darauf ab, die Ursachen dieser Bewegung bloßzulegen, während unsere alltägliche Erklärung des Handelns gar keine kausale ist: sie erklärt in dem Sinn, daß sie den Hintergrund liefert, weitere Informationen darüber gibt, welcher Art das Verhalten ist.

Ich finde, daß alle solche Versuche, Frieden zu stiften, indem man die Streitenden in verschiedene Zimmer sperrt, zum Scheitern verurteilt sind. Das grundlegende Problem ist, daß unsere alltäglichen Erklärungen des Handelns in einem unkomplizierten Sinne kausal sind, auch wenn sie nicht mechanistisch sind. Wenn ich weiß, daß jemand das, was er tut, deshalb tut, weil er das Ziel Z hat, dann bin ich in der Lage, den Verlauf seines Verhaltens in einer Weise vorherzusagen und unter gewissen Bedingungen auch zu beeinflussen, wie ich es vorher nicht konnte. Kenne ich die Zwecke, Wünsche, Gefühle oder dergleichen, welche das Verhalten der Menschen bedingen, dann kenne ich den kausalen Hintergrund ihres Handelns und weiß daher besser, wie es zu verändern oder umzuleiten wäre, was in Zukunft unter welchen Bedingungen geschehen kann, usw. Kurz, unsere alltäglichen Erklärungen lassen konjunktivische und kontrafaktische Bedingungssätze ebenso zu wie die mechani-

2 G. Ryle, *Dilemmas*, Cambridge University Press, 1954.
3 A. I. Melden, *Free Action*, London: Routledge & Kegan Paul, 1961.

stischen kausalen Erklärungen. Die Tatsache, daß zwei Erklärungen verschiedene deskriptive Sprachen verwenden, nämlich die des Handelns bzw. der Bewegung, berechtigt uns außerdem nicht zu dem Schluß, daß sie in irgendeinem relevanten Sinne von verschiedenen Dingen sprechen, denn zwischen den beiden Gruppen von beschriebenen Dingen lassen sich ohne weiteres Identitätsbeziehungen verzeichnen.

Aber zwei solcher kausalen Erklärungen, d. h. Erklärungen, welche Bedingungssätze hervorbringen, sind automatisch potentielle Rivalen. Nehmen wir an, daß wir einen bestimmten Verhaltensabschnitt in der alltäglichen Art als Handlung und daneben durch irgendeine mechanistische physiologische Erklärung auch als Bewegung erklären. *Ex hypothesi* sind die *Explicanda* in diesen beiden Erklärungen miteinander vereinbar, da sie zwei Beschreibungen des gleichen Verhaltens darstellen, welches tatsächlich stattgefunden hat. Aber dies besagt nicht, daß die beiden Erklärungen vereinbar seien; denn beide schaffen Bedingungssätze, und diese müssen in jedem Punkt vereinbar sein, wenn die beiden Erklärungen als vereinbar beurteilt werden sollen. Erklärt man das Verhalten durch den neurophysiologischen Zustand P_1, so sagt man damit gemäß der mechanistischen Theorie, daß es nicht stattgefunden hätte oder in abgewandelter Form stattgefunden hätte, wenn der Zustand P_2 gewesen wäre. Aber dieser Zustand P_2 kann einem motivationalen Zustand entsprechen, welcher in der Alltagssprache als Z_b beschrieben würde. Angenommen, wir hätten das Verhalten ursprünglich unter Bezug auf Z_a als Handlung beschrieben; dann hätte die Substitution von Z_b für Z_a notwendig dieselben Konsequenzen, nämlich das Verhalten zu beseitigen oder zu modifizieren, wie der Wechsel von P_1 zu P_2. Aber vorausgesetzt, unsere Erklärung durch Z_a wäre so geartet, daß sie uns zu der Vorhersage führen würde, daß der Wechsel zu Z_b das Verhalten intensivieren oder irgendwie anders verändern würde (während der Wechsel von P_1 zu P_2 keine parallele Vorhersage zur Folge hätte)? In diesem Fall könnten die zwei Erklärungen nicht beide richtig sein; normalerweise würden wir zwischen ihnen entscheiden, indem wir P_2-Z_b herstellen und zusehen würden, was geschieht.

Zwei solche Erklärungen derselben Vorgänge sind also insofern potentielle Rivalen, als jede von ihnen ein »cluster« von Bedingungssätzen nach sich zieht, die an irgendeinem Punkt konfligieren. Aufgrund von bereits erkannten Konflikten dieser Art akzeptieren wir die Tatsache, daß gewisse physiologische Erklärungen gewisse motivationale Erklärungen ausschließen. Klassifiziert man ein Verhalten als Reflex, so nimmt man es damit aus dem Bereich der zweckhaften Erklärungen heraus, so daß wir es gar nicht mehr als Handlung werten. Und zwar deshalb, weil ein Reflex in diesem Sinn ein Verhalten ist, welches durch bestimmte Bedingungen völlig unabhängig von den Zwecken des Handelnden hervorgerufen werden kann. Daher wissen wir im voraus bei jeder beliebigen zweckhaften Erklärung, daß einige ihrer Bedingungssätze falsch sein werden, nämlich diejenigen, welche die Bedingungen bezeichnen, unter denen das Handeln nicht zustande kommen wird.

Aber dies besagt nicht, daß kausale Erklärungen derselben Phänomene stets Konkurrenten sind. Im Gegenteil, sie können miteinander vereinbar sein, aber dies nur dann, wenn sie irgendwie systematisch aufeinander bezogen sind. Denn jede Erklärung schafft eine unendliche Zahl von Bedingungssätzen. Es genügt also nicht einfach, daß bei einer bestimmten Reihe solcher Bedingungssätze kein Konflikt eintritt; der Konflikt muß über den ganzen nicht-endlichen, abgrenzbaren Bereich hin fehlen. Mit anderen Worten, es muß unmöglich sein, aus der einen Erklärung einen Bedingungssatz herzuleiten, welcher diese mit der anderen in Konflikt brächte. Aber dies kann nur der Fall sein, wenn es zwischen den beiden irgendeine systematische Beziehung gibt.

Gewiß könnte es zwei nicht aufeinander bezogene Gesetze geben, die notwendige Bedingungen festlegen, unter denen beide erfüllt werden müßten, um eine zureichende Bedingung zu liefern, und es könnte zwei nicht aufeinander bezogene Gesetze geben, die zureichende Bedingungen festlegen, unter denen nichts dergleichen notwendig ist. Aber man könnte nicht eine zureichende und eine andere, notwendige Bedingung festlegen, ohne daß es zwischen den beiden irgendeine Beziehung gäbe. Kommen wir nun auf unser Problem zurück, so ist klar, daß unsere hypothetische vollständige mechanistische Erklärung in neurophysiologischen Begriffen uns sowohl notwendige als auch zureichende Bedingungen für unser gesamtes Verhalten liefert. (»Zureichend« bedeutet hier »zureichend innerhalb des Systems«; wir setzen voraus, daß eine ganze Menge äußerer Bedingungen für das normale Funktionieren des Organismus – genügend Luft, Ausbleiben kosmischer Katastrophen, Temperaturen innerhalb gewisser Grenzen usw. – erfüllt sind.) Und auch bei unseren alltäglichen Erklärungen geben wir häufig – zugegeben, ganz unsystematisch – notwendige und/oder zureichende Bedingungen an (wobei für »zureichend« dieselben Beschränkungen gelten wie oben).

Daraus folgt also, daß diese beiden Erklärungen potentielle Konkurrenten sind und daß wir nicht annehmen können, sie würden in zwei nicht aufeinander bezogenen Universen der Rede glücklich miteinander koexistieren. Aber dann taucht wieder die Gefahr einer Antinomie auf. Einerseits scheint die Richtung unserer wissenschaftlichen Kultur uns auf eine schließlich vollständige mechanistische Erklärung des Verhaltens hinzuweisen; andererseits könnte diese Erklärung, als potentieller Konkurrent, mit der ganzen Skala unserer im alltäglichen Leben üblichen und akzeptierten Erklärungen konfligieren und sie daher als irrig brandmarken. Aber dies ist, ganz abgesehen davon, daß es beunruhigend wäre, undenkbar.

Diese Feststellung erfordert wohl einige weitere Bemerkungen. Warum sollte ein solcher Konflikt undenkbar sein? Sollte er auftreten: warum könnten wir dann nicht unsere alltägliche Auffassung zugunsten der »wissenschaftlich« besser fundierten aufgeben? Ist dies nicht auch in allen anderen Bereichen geschehen, wo die wissenschaftliche Forschung uns über die Grenzen des gesunden Menschenverstands hinausgeführt hat? Immerhin haben wir auch nicht die alltägliche teleologische Auffassung vom Verhalten unbelebter Gegenstände privilegiert, der frühere physikalische Deutungen huldigten. Warum sollten wir gegenüber dem Verhalten des Lebendigen so heikel sein? Die Antwort darauf gibt uns ein Argument, das nirgends sonst in der Philosophie eine Parallele zu haben scheint. Nämlich ganz einfach, daß diese Annahme zu widersinnig ist, als daß man sich zu ihr bekennen könnte. Denn wir sprechen hier nicht über die Zurückweisung dieses oder jenes Altweibermärchens über das Verhalten wie etwa, daß das Rhinozeroshorn das sexuelle Verlangen steigere. Stünde jegliche effektiv-kausale physiologische Erklärung im selben logischen Verhältnis zu unserer alltäglichen Erklärung durch Motive wie zu der Erklärung durch Reflexe, dann müßten wir feststellen, daß kein Teil unseres Verhaltens den Namen »Handlung« verdiente, daß unser gesamtes Vokabular mit all den Unterscheidungen, die es bezeichnet, systematisch unanwendbar wäre, daß die von uns wahrgenommenen Beziehungen zwischen dem Tun von X und dem Wunsch, X zu tun, unbegründet wären, usw. Und dies ist einfach zu widersinnig, als daß man sich damit abfinden könnte.

Die Schwierigkeit ergibt sich hier aus der Tatsache, daß unsere deskriptive Sprache für Verhalten und Fühlen zu eng an eine gewisse Art der Erklärung gebunden ist. Mit anderen Worten, gerade die Eigenheit der Sprache, mit der wir unsere Verhaltensweisen und Gefühle beschreiben, charakterisiert diese als einer bestimmten Form der Erklärung zugänglich. Charakterisiert man etwas als Handlung in einem gewissen Kontext, dann sagt man, daß es durch Ziele oder Neigungen erklärbar ist, und gibt man eine bestimmte Handlungsbeschreibung, dann engt man den Bereich der akzeptablen Ziele oder Neigungen ein, die zur Erklärung herangezogen werden können. Charakterisiert man ein Gefühl durch ein bestimmtes Gefühlswort, so sagt man, daß es an eine bestimmte Situation gebunden ist, die als einem bestimmten Typus zugehörig aufgefaßt wird – nämlich der angemessene Gegenstand des Gefühls. Wenn ich ein Schuldgefühl habe, so über irgendeinen Fehler, dessen ich mich schuldig gemacht habe; wenn ich in der angeblichen Ursache keinen adäquaten Gegenstand erkennen kann, dann suche ich weiter in meinen unbewußten Gefühlen, um zu erkennen, welche (vielleicht höchst irrationale) Art Fehler dem zugrunde liegt.

Nun kann ich mich irren, es ist vielleicht nicht Schuld, was ich fühle. Aber man kann unmöglich die Behauptung akzeptieren, daß wir uns immer irren, daß ein Begriff dieser Art überhaupt nicht anwendbar sei. Ähnlich machen wir häufig Fehler bei unseren Handlungsbeschreibungen, aber wir können nicht behaupten, daß alle unsere Handlungsbeschreibungen deshalb unangebracht seien, weil alles Verhalten durch jene Art physiologischer, effektiv-kausaler Erklärung erklärbar sei, welche, wie diejenige durch Reflexe, Handeln ausschließt. Dieses »wir können nicht« beruht nicht auf irgendeiner Schlußfolgerung, sondern einfach auf der Unmöglichkeit der Annahme, daß wir seit Jahrtausenden nichts als Unsinn redeten.

Wir können uns also hypothetische mechanistische Erklärungen vorstellen, die ohne weiteres zurückgewiesen werden müßten, weil sie in der Weise mit unserer alltäglichen Erklärung konfligieren, daß sie unser gesamtes geläufiges Vokabular als Unsinn hinstellen würden. Um diese Konsequenz zu vermeiden, müssen wir uns vorstellen, daß jede mechanistische Erklärung systematisch mit unserer alltäglichen Erklärung in Beziehung steht und daher *grosso modo* die Konkurrenz mit ihr vermeidet.

Und tatsächlich steht das Vorbild einer solchen Koordination schon bereit: es ist das der Reduktion einer Theorie oder eines Zyklus von Gesetzen auf eine andere oder einen anderen in der Wissenschaft. Ein Beispiel dafür bietet die Zurückführung des Gesetzes von Boyle-Charles, wie auch verschiedene Phänomene der Thermodynamik, auf eine fundamentalere Erklärung durch die kinetische Theorie der Gase. In diesem Fall werden zwei Erklärungen insofern koordiniert, als wir, sobald wir Beziehungen zwischen den Zustandsbeschreibungen in den Sprachen beider Theorien feststellen können (und damit Nagels

»Bedingungen der Verknüpfbarkeit« erfüllen), die Gesetze des weniger fundamentalen Systems aus denen des fundamentaleren zusammen mit jenen verbindenden Korrelationen ableiten können (und damit Nagels »Bedingungen der Ableitbarkeit« erfüllen).[4]

Wir können ein System als fundamentaler bezeichnen als ein anderes, wenn die beiden folgendermaßen koordiniert sind: wenn eines eine allgemeinere Anwendung hat als das andere oder selbst aus der Spezifizierung von Gesetzen herrührt, die in ihrer Anwendung allgemeiner sind, so daß die Bedingungen der Geltung des weniger fundamentalen Gesetzes in der fundamentaleren Theorie festgelegt werden können. In diesem Sinn kann man sagen, daß die fundamentalere Theorie uns eine Erklärung der in der weniger fundamentalen geltenden Gesetzmäßigkeiten bietet. Es leuchtet ein, daß die kinetische Theorie gegenüber dem Boyle-Charles'schen Gesetz diesen Status hat.

In unserem Fall wäre die mechanistische Theorie die fundamentalere, denn sie wäre angeblich auf die Prinzipien von Physik und Chemie gegründet, die auf einen weit größeren Bereich von Phänomenen Anwendung finden als nur lebende Wesen; und man erwartet, daß sie eine viel genauere Vorhersage und Kontrolle menschlichen Verhaltens erlauben und daher die vielen Lücken und Unsicherheiten in unseren alltäglichen Erklärungen durch Motive und in jenen Theorien, die wir ausgehend von diesen entwickelt haben, ausfüllen würde. Mit anderen Worten, sie würde ihren breiteren Anwendungsbereich beweisen, indem sie uns gestatten würde, neue, unerwartete Erklärungen auf der alltäglichen Ebene der Motive abzuleiten. Eine solche Leistung ist gewiß ein weiterer Vorzug einer fundamentaleren Theorie (und weist Analogien zu der oben genannten kinetischen Theorie auf).

Daher müßte unsere mechanistische Theorie in der Weise koordiniert werden, daß wir in der Lage wären, viele der Zu-

4 E. Nagel, *The Structure of Science,* New York: Harcourt, Brace & World, 1961, S. 353-4, 433-5.

standsbeschreibungen in der Alltagssprache mit Zustandsbeschreibungen zu verbinden, die in die Sprache der Theorie gekleidet sind: dieses und jenes Erregungsmuster korrespondiert
mit dem Zustand, Erdnüsse haben zu wollen, und dieses und
jenes andere Erregungsmuster korrespondiert mit dem Zustand,
sich schuldig zu fühlen, weil man im Examen durchgefallen ist,
usw. Und diese Verbindungen würden uns gestatten, plausible
Motiverklärungen aus jenen der Theorie in einer großen Zahl
von Fällen abzuleiten (selbstverständlich nicht in allen: der
Vorteil einer solchen mechanistischen Theorie bestünde vermutlich darin, daß sie uns das erste, narrensichere Gegenmittel
gegen Selbsttäuschung, Verdrängung usw. an die Hand gäbe
und damit neue Entdeckungen über die menschliche Psychologie
erlauben würde).

Die Tatsache, daß die mechanistische Theorie ein potentieller
Konkurrent unserer alltäglichen Erklärungen wäre, war nun
der Grund für Argumente, die besagen, daß der Mechanismus
in gewissem Sinn unvorstellbar ist. Sie beruhen auf der Widersinnigkeit der Behauptung, daß unsere alltägliche Rede radikal irrig sei. Malcolms kürzlich veröffentlichter Artikel scheint
eine Variante dieses Standpunkts zu vertreten, obgleich jene
Widersinnigkeit dort in einer Art pragmatischem Paradoxon,
das in der Feststellung des mechanistischen Standpunkts enthalten ist, zum Ausdruck kommt.[5] Aber um dieses Argument
stichhaltig zu machen, ist Malcolm gezwungen zu zeigen, daß
die mechanistische Begründung nicht als eine mehr oder minder
fundamentale Erklärung zu unserer alltäglichen Begründung
in Beziehung gesetzt werden kann. Und aus dem obigen folgt,
daß dies für jedes Argument zutrifft, das besagt, daß der Mechanismus unvorstellbar sei; denn wenn beide Begründungen
systematisch miteinander in Beziehung stehen, dann gibt es keinen Konflikt und der Mechanismus wird von der unbequemen
Behauptung befreit, daß unser alltägliches Bewußtsein vom
Handeln radikal irrig sei.

5 N. Malcolm, »The Conceivability of Mechanism«, in *Philosophical Review*, 77, 1968, S. 45-72.

Nun glaube ich aber, daß alle Argumente gegen die Vorstellbarkeit des Mechanismus scheitern, weil sie nicht diese Möglichkeit einer systematischen Koordination ausschließen können. Betrachten wir Malcolms Schlußfolgerung. Sie läuft folgendermaßen: Wenn wir die beiden Arten der Erklärung in kanonischer Form aufstellen wollen, wo eine allgemeine Behauptung und eine besondere faktische Behauptung uns erlauben, das *Explicandum* abzuleiten, dann besteht ein signifikanter logischer Unterschied zwischen den beiden allgemeinen Behauptungen. Denn die alltägliche Erklärung geschieht unter Bezugnahme auf eine Neigung des Handelnden, wie wir sahen; aber dies bedeutet, daß man, wenn man sie aufstellt wie andere Erklärungen, einen Obersatz herstellt, der nicht-kontingent ist. Angenommen also, wir erklären die Tatsache, daß A B tut, indem wir sagen: A erkannte, daß B zu Z führt. Im alltäglichen Leben setzen wir als gegeben voraus, daß A das Ziel Z hat, und dies ist mithin eine befriedigende Erklärung. Aber angenommen, wir verlangten, diese Erklärung aufzugliedern! Wenn wir dem Vorbild der Erklärung unbelebter Dinge folgen, dann könnten wir abermals folgendes Beispiel untersuchen: Warum gab es eine Explosion? Weil A neben der undichten Gasleitung ein Streichholz anzündete. Um dies auszufüllen, müssen wir hinzufügen: Und das Entzünden von Streichhölzern neben undichten Gasleitungen führt zu Explosionen (oder irgendeine allgemeine Behauptung, aus der dies mit einigen einfachen Tatsachenfeststellungen deduziert werden könnte). Wenn wir nun zu unserem Handlungsbeispiel zurückkehren, dann stellen wir fest, daß den in dem Satz »A entzündete ein Streichholz neben der undichten Gasleitung« berichteten besonderen Umständen die Aussagen entsprechen: »A hat Z zum Ziel« und »A sieht, daß B zu Z führt«. Was nun an die Stelle des allgemeinen Gesetzes über Feuer, Gas und Explosionen tritt, ist die Aussage: »Wenn A das Ziel Z hat und erkennt, daß B zu Z führt, dann tut er B«. Übersetzt man dies aber aus diesem Abrakadabra zurück und verbindet es mit einer *ceteris paribus*-Klausel, dann ist dies keine kontingente Behauptung; denn wenn A Z will und erkennt, daß er es durch B erlangen kann, dann tut er, wenn dem keine Abschreckung und keine Hindernisse entgegenstehen (wobei letztere Protasis die Last der *ceteris paribus*-Klausel ist), notwendig B: das heißt, dies ist es, was wir unter »wollen« verstehen, denn es schreibt dem Handelnden den Antrieb zu einem gewissen Ziel vor, und wenn er sich, ohne daß Hindernisse oder Abschreckung vorliegen, nicht in diese Richtung bewegt, dann können wir ihm dieses nicht länger zuschreiben.

Aber keine vergleichbare *ceteris paribus*-Klausel wird den Obersatz über Feuer, Gas und Explosionen in eine nicht-kontingente Behauptung verwandeln. Und abermals besteht jener oben erwähnte allbeherrschende Unterschied: daß unsere alltäglichen Erklärungen teleologisch sind, daß sie mit dem Begriff der Neigung arbeiten. Aber da die antezedierenden Umstände, die man anführt, um Handeln zu erklären, Neigungen einschließen, ist die Summe dieser Umstände bereits nicht-kontingent mit dem *Explicandum* verbunden; oder anders gesagt, die Summe dieser Umstände muß die Disposition zu dem *Explicandum* zeigen. Aber dies bedeutet, daß es keine Sache der Kontingenz ist, daß diese Umstände *ceteris paribus* zu dem zu erklärenden Handeln führen. Die Hinzufügung einer allgemeinen Wahrheitsbehauptung ist daher unnötig, und jede, die wir hinzufügen, wird nicht-kontingent sein.

Nun behauptet Malcolm, daß die allgemeinen »Gesetze« der alltäglichen Erklärung, da sie nicht kontingent sind, auch nicht so aufgefaßt werden können, als stünden sie auf einer fundamentaleren Ebene mit mechanistischen Gesetzen in Beziehung; denn wie wir sahen, würde dies bedeuten, daß sie in dem Sinn durch letztere »erklärt« würden, daß wir in der Lage wären, die Bedingungen ihrer Geltung in Begriffen der mechanistischen Theorie auszudrücken. Aber, behauptet Malcolm, »die *apriori*-Verbindung zwischen Absicht oder Zweck und Verhalten kann nicht *nicht* gelten«, und daher kann sie nicht kontingent von irgendeiner kontingenten Gesetzmäßigkeit abhängig sein«.[6]

6 Ibid., S. 50.

Doch dieses Argument ist nicht stichhaltig; und Malcolm gibt schon auf der nächsten Seite das Mittel an die Hand, um es zu widerlegen. Er kann gar nicht anders; denn er möchte ferner behaupten, daß die »Verifizierung einer verständlichen neurophysiologischen Theorie des Verhaltens« unsere zweckhaften Erklärungen widerlegen würde[7], was sicher ein wesentlicher Bestandteil seiner Schlußfolgerung über die Verständlichkeit des Mechanismus ist. Aber wenn wir diese Erklärungen so auffassen, als beruhten sie auf *apriori*-Prinzipien, wie können sie dann widerlegt werden? Malcolm ist also gezwungen, folgende Unterscheidung einzuführen: was in alle Ewigkeit nicht als falsch bewiesen werden kann, das ist die Wahrheit, daß A, wenn er Z will und erkennt, daß B zu Z führt, *ceteris paribus* B tun wird.[8] Denn dies ist durch die Bedeutung von »wollen« bedingt. Und es kann empirisch festgestellt werden, ob diese Begriffe und die dazu gehörigen »Gesetze« wirklich auf menschliches Verhalten anwendbar sind. Dies genügt für Malcolms Zwecke, denn die Behauptung, daß sie nicht anwendbar seien, ist zwar logisch einwandfrei, aber widersinnig.

Aber wenn wir mit dieser Unterscheidung zur vorigen Seite zurückkehren, dann löst das Argument gegen fundamentalere mechanistische Erklärungen sich auf. Denn wir könnten nicht behaupten, in der Neurophysiologie die Bedingungen der Wahrheit dieser *apriori*-Behauptungen über »wollen« zu beweisen, sondern nur die Bedingungen ihrer Anwendung auf die belebten Organismen, auf die wir sie anwenden. Und dies ist anscheinend eine Feststellung über eben das, was eine solche mechanistische Theorie zu beweisen beanspruchen könnte. Die Logik der beiden Sprachen ist sehr verschieden. Aber an sich ist dies nie ein Hindernis für die Zurückführung einer Theorie auf eine andere; tatsächlich gibt es stets eine solche Nicht-Kongruenz von ineinandergreifenden Begriffen. In der neurophysiologischen Theorie gäbe es also nichts in der Art des Begriffs »wollen«, aber dies würde uns nicht daran hindern, verbin-

7 Ibid., S. 51.
8 Loc. cit.

dende Sätze zu verwenden wie: »Der Zustand P_x ist der Zustand des Zentralnervensystems, der dem entspricht, was wir als ›Erdnüsse wollen‹ bezeichnen.« Tatsächlich könnten wir nie beweisen, warum auf den Wunsch nach Erdnüssen der Versuch, Erdnüsse zu bekommen, folgt; wir könnten nur beweisen, warum dieses Verhalten auf P_x folgt, und diese kontingente nomologische Gesetzmäßigkeit wäre das, was unserer gegenwärtigen Verwendung des Begriffs »Erdnüsse wollen« (ohne daß wir es gegenwärtig wissen) zugrunde liegt. Die Gesetzmäßigkeit macht einen Begriff mit dieser Logik anwendbar, und in der Logik sind »Gesetze« der Art enthalten, wie Malcolm sie anführt.

Wenn nun obige Schlußfolgerung richtig ist, dann gibt es kein allgemeines Argument hinsichtlich der Unvorstellbarkeit des Mechanismus; das heißt, wir können nicht aus der Tatsache, daß mechanistische Erklärungen irreduzibel logisch verschieden von (teleologischen und intentionalen) Erklärungen des alltäglichen Lebens sind, den Schluß ziehen, daß eine mechanistische Begründung unhaltbar sei. Hier nun ergibt sich aus dem oben Gesagten eine wichtige Beschränkung der mechanistischen Erklärung des Verhaltens: eine jede solche akzeptable Begründung muß tatsächlich mit unserer alltäglichen Begründung koordiniert sein, um »die Phänomene« zu retten.

Ich möchte nun eingehender untersuchen, was diese Beschränkung beinhaltet. Wie ich oben sagte, bedeutet sie nicht, daß alle Erklärungen, die wir im alltäglichen Leben als stichhaltig oder sogar offensichtlich akzeptieren, durch den Nachweis gestützt werden müssen, daß sie aus wahren Aussagen der mechanistischen Theorie ableitbar sind. Im Gegenteil, wir würden erwarten, daß viele der Ideen unseres gegenwärtigen konventionellen Wissens umgestoßen würden. Es bedeutet jedoch, daß jene Art der Erklärung, von der nachgewiesen wird, daß sie in dieser Weise ableitbar ist, so beschaffen sein muß, daß sie im Normalfall die Logik unserer alltäglichen Sprache des Fühlens, Handelns und Wünschens aufrechterhält.

Ein Beispiel soll verdeutlichen, was hier gemeint ist. Nehmen wir an, ich würde von Schuldgefühl erdrückt, weil ich meinen Bruder erschlagen habe. Die Logik dieses Begriffs von Schuldgefühl über den Brudermord besagt nun, daß das Gefühl mit dem Gedanken (in diesem Fall der Erinnerung), daß ich meinen Bruder getötet habe, und auch mit einem Komplex von anderen Gedanken und Gefühlen zusammenhängt, deren Ergebnis ist, daß diese Handlung als ein schändliches Verbrechen erscheint. Sagt man nun, daß das Gefühl gemäß seinem Begriff mit diesem Gedanken zusammenhängt, so sagt man etwas über seine Ätiologie. Hätte ich nicht meinen Bruder getötet, oder könnte ich die (sogar unbewußte) Erinnerung an diesen Akt unterdrücken, oder gelänge es mir wirklich (in meinen tiefen Gefühlen, und nicht einfach als oberflächliches Urteil) zu glauben, daß es nicht ein furchtbares Unrecht war, dann würde mein Schuldgefühl besänftigt. Falls diese Ätiologie nicht wahr ist, d. h. falls eine dieser Bedingungen erfüllt ist und das Gefühl bleibt, dann war die ursprüngliche Zuschreibung falsch: vielleicht fühle ich mich wegen etwas anderem schuldig; vielleicht ist das, was ich fühle, überhaupt nicht Schuld.

Stellen wir uns nun vor, wir erklärten dies mit Hilfe unserer mechanistischen Theorie. Dann bedeutet die Anforderung der Vereinbarkeit, daß unsere mechanistische Erklärung die der Logik des verwendeten Begriffs implizite Ätiologie unterstützen muß. Nun haben aber die entsprechenden Zustandsbeschreibungen der mechanistischen Theorie gewiß nichts von der Logik unserer alltäglichen Gefühlssprache an sich. Dem Schuldgefühl entspräche etwa ein neurochemischer Zustand des Organismus G; dies wiederum würde etwa durch verschiedene Erregungsmuster im Gehirn, P_1, P_2, P_3, ... P_n, erklärt. Die Verbindungen zwischen diesen wären dann nicht rein kontingent. Aber es ist die Frage, ob die mechanistische Erklärung die Ätiologie stützt, und dies ist eine Frage der in ihr enthaltenen kontrafaktischen und konjunktivischen Bedingungssätze. Denn im allgemeinen werden, wie wir sahen, zwei kausale Theorien, welche anscheinend gleich gut auf einen gegebenen Fall anwendbar sind, gleichwohl als unvereinbar beurteilt werden, wenn die Bedingungssätze, die sie stützen, divergieren. Sagt man, daß sie koordiniert sind, so sagt man, daß sie in der Weise verbunden sind, daß ihre Bedingungssätze nicht divergieren können.

Vorausgesetzt also, daß wir die obigen notwendigen Bedingungen, nämlich daß ich meinen Bruder getötet habe, daß ich mich an diesen Akt erinnere usw., mit einigen Gliedern der Reihe von P-Zuständen, $P_1 \ldots P_n$, oder mit den Ursachen der P-Zustände verbinden können, dann lautet die Frage, ob wir dieselben Bedingungssätze, zusammen mit jenen verbindenden Behauptungen, aus der mechanistischen Theorie ableiten können. Wenn nicht, und wenn wir die mechanistische Theorie als wahr akzeptieren, dann haben wir bewiesen, daß die Zuschreibung von Schuldgefühl über den Brudermord unwahr war. Wenn wir z. B. nachweisen könnten, daß die P-Zustände, die mit der (sogar unbewußten) Erinnerung, meinen Bruder getötet zu haben – oder mit meiner Auffassung des Brudermords als schlecht – verbunden sind, nichts mit dem Gefühl zu tun hatten und daß ihre Unterdrückung das Gefühl intakt lassen würde, dann könnten wir dieses Gefühl nicht länger als ein durch jene Handlung hervorgerufenes Schuldgefühl bezeichnen.

Nun ist es in diesem Fall vorstellbar, daß wir entdecken könnten, daß ich mich getäuscht habe, daß ich mich in Wirklichkeit nicht wegen des Brudermords schuldig fühlte, sondern wegen etwas anderem; es wäre sogar vorstellbar, daß wir entdecken könnten, daß mein psychischer Schmerz im Lichte eines ganz anderen Gefühls als Schuld verstanden werden müßte. Dann könnten wir in diesem Fall feststellen, daß die zugehörige Ätiologie nicht untermauert wurde.

Aber die allgemeine Anforderung der Vereinbarkeit besagt, daß dies nicht die Regel, sondern die Ausnahme sein muß. Denn wenn es in jedem Fall geschähe, dann würde dies bedeuten, daß der Begriff »Schuldgefühl« niemals richtig angewandt werden könnte. Und damit kann man sich einfach nicht abfinden. Selbst wenn es uns unter dialektischen Verrenkungen gelänge, dies zu akzeptieren, kämen wir sicherlich nicht zu Rande mit der ganzen Skala ähnlicher Begriffe, die unsere Gefühle und Strebungen: Dankbarkeit, Empörung, Mitleid, Scham, Stolz, Reue, Ehrfurcht, Verachtung, Bedauern, Ehrgeiz usw. beschreiben, sowie mit der ganzen Skala von Handlungsbegriffen, die entwertet würden, wenn wir eine allgemeine Unvereinbarkeit zwischen der mechanistischen Erklärung und unserer alltäglichen Sprache zuließen.

Dieses Problem der Vereinbarkeit würde nicht nur dort auftreten, wo wir die Erklärung bereits zu kennen glauben, wie in dem obigen Fall (denn gemäß unserem akzeptierten Hintergrund könnte nichts eindeutiger sein, als Schuldgefühle zu haben, weil man seinen Bruder getötet hat). Es trifft genauso dort zu, wo wir noch nach einer Erklärung suchen. Nehmen wir an, ein Auswanderer, der in der neuen Welt sehr reich geworden ist, habe Schuldgefühle, weil er sein Heimatland und die Familie verlassen hat. Sagen wir ferner, daß gemäß seinen Wertungen daran etwas irrational ist. Suchen wir also nach einer Erklärung.

Diese Erklärung impliziert nun, daß wir irrationale Sprünge im unbewußten Denken aufspüren. Vielleicht wächst sich ein infantiles Unrechtsgefühl, weil er sich in einer bestimmten Art gegen seinen Bruder verhalten hat, zu dem Gedanken aus, daß er hier und heute reich ist, während dieser selbe Bruder im Heimatdorf verkommt. Vielleicht tritt dieses Schuldgefühl sogar erst zutage, wenn irgendeine andere, irrational damit verknüpfte Entwicklung es hervortreten läßt: Nehmen wir an, daß unser Auswanderer ganz glücklich ist, bis einsetzende finanzielle Schwierigkeiten in ihm das Gefühl auslösen, daß er diese »Bestrafung«, die er nun erhält, verdient. Oder vielleicht ist dieser Gegenstand des Schuldgefühls nur eine Tarnung; er ist in Wahrheit schuldig, weil er reich geworden ist, indem er seine Arbeiter ausbeutete, aber er findet es leichter, sich ein »Unrechts«gefühl darüber, daß er seine Familie verlassen hat, einzugestehen – ein Gefühl, das er und seine Freunde als immerhin irrational, aber ehrenhaft brandmarken werden –, als den wirklichen Gegenstand des Schuldgefühls anzuerkennen.

Diese und viele andere Erklärungen sind möglich als Erklärungen des Schuldgefühls (in beiden Fällen) oder als Erklärung des Schuldgefühls wegen dieses Gegenstandes (im Fall der ersten Erklärung). Vereinbarkeit bedeutet in diesem Beispiel nicht, daß unsere mechanistische Erklärung eine bereits bekannte Erklärung stützt, denn es gibt keine solche, sondern daß sie eine Erklärung stützt, welche sich im Rahmen der Logik von »Schuld wegen des Verlassens der Familie« oder zumindest »Schuld« bewegt. Es muß also irgendeine Erklärung des Schuldgefühls als Schuld stattfinden, deren kontrafaktische und konjunktivische Bedingungssätze aus der mechanistischen Erklärung und den verbindenden Behauptungen ableitbar sind.

Dieses Beispiel ist interessant, weil es, erstens, zeigt, daß zwar die Erklärung eines Gefühls als Schuld nicht bedeutet, daß man es als rationales Schuldgefühl erklärt, daß dies aber gleichwohl den Unterschied nicht beseitigt. Wenn es uns gelingen soll, für die Verwendung des Begriffs einzutreten, dann muß die Erklärung das Gefühl als eines der Schuld verständlich machen, und dies bedingt den Bezug auf Unrecht oder Sünde, wofür wir verantwortlich sind; kurz, es bedingt den Bezug auf den »Schuldigen«. Dies kann die Form eines früher erlebten kindlichen Gefühls, Unrecht zu tun, das wir seit langem nicht mehr als Unrecht beurteilen, annehmen und daher irrational sein; es kann sogar noch mehr Irrationalität hinzutreten, etwa in dem obigen Fall, wenn das Schuldgefühl durch die als »Bestrafung« wahrgenommenen finanziellen Widrigkeiten ausgelöst wird. Aber wir bleiben in dem gleichen Gedankenkreis, und zwar notgedrungen, wenn wir überhaupt von »Schuldgefühl« sprechen wollen.

Die Anforderung der Vereinbarkeit besagt, daß irgendeine auf diesen Ideen beruhende Erklärung stattfinden muß, welche durch die mechanistische Begründung in dem Sinne gestützt wird, daß ihre Bedingungssätze aus jenen der mechanistischen Begründung in der im vorigen Abschnitt erwähnten Weise ableitbar sind.

Und dieser Fall zeigt, zweitens, daß wiederum das Prinzip der

Vereinbarkeit, dessen Erfüllung wir von der mechanistischen Erklärung fordern, nicht notwendig etwas mit der Unterstützung jener Erklärungen des Verhaltens zu tun hat, die wir vielleicht geläufigerweise akzeptieren, daß es sogar dann anwendbar ist, wenn wir die falsche Erklärung haben oder uns eingestehen, daß wir überhaupt keine haben. Das Prinzip beansprucht jedoch, den möglichen Formen der mechanistischen Theorie eine Grenze zu setzen, nämlich daß sie Erklärungen liefern müssen, welche – über die theoretische Zustände mit Handlungs- und Gefühlsbeschreibungen verknüpfenden Verbindungssätze – Erklärungen unserer Handlungen und Gefühle stützen, welche nicht die Logik der Begriffe verletzen, welche wir zu deren Beschreibung verwenden – wenn schon nicht ausnahmslos, so doch im allgemeinen und zumeist. Und dies bei Strafe der widersinnigen Schlußfolgerung, daß wir über die Jahrtausende hinweg nur Unsinn geredet haben, daß die Kriterien der Anwendung unserer alltäglichen Begriffe für Fühlen und Verhalten nie oder kaum je erfüllt werden.

Welche Konsequenzen ergeben sich nun aus diesem Prinzip der Vereinbarkeit für die Wissenschaft vom Verhalten? Nun, erstens, daß *apriori*-Argumente gegen eine fundamentalere mechanistische Erklärung, wie das oben von Malcolm zitierte, nicht stichhaltig sind.

Aber zweitens: die Idee einer Wissenschaft vom Verhalten, welche »Rezeptor-Impuls« und »farblose Bewegung« über irgendeine Gehirn- und ZNS-Theorie miteinander verknüpfen könnte und die vielleicht in gar keiner Beziehung zu unserem alltäglichen Vokabular und den von ihm bezeichneten Unterscheidungen stünde, die uns also keine Grundlage für Unterscheidungen, z. B. wie die zwischen Scham und Schuld oder Ärger und Empörung usw., gäbe und mit diesen so verführe, wie etwa die nach-galileische Physik mit der aristotelischen Unterscheidung zwischen supra- und sub-lunar verfuhr – diese Idee ist eine epistemologische Monstrosität.

Daraus folgt, drittens, daß jede mechanistische Theorie, die beanspruchen kann, Verhalten zu erklären, reichhaltig genug sein muß, um die Grundlage einer breiten Skala von Unterscheidungen zu umfassen, welche gegenwärtig die intentionale Welt handelnder Menschen bezeichnen und wesentlich für das Verständnis ihres Verhaltens sind. Oben habe ich nur einige wichtige Gefühlswörter genannt, die für die Menschen allgemein gelten. Aber die Beschreibung eines großen Teils des menschlichen Verhaltens enthält gewisse Bezüge auf das System von Institutionen, in welchem Menschen leben und geformt werden (wie von ihnen selbst wahrgenommen, entweder in Form ihrer eigenen Beschreibungen oder in Form von deren wirklicher Bedeutung für sie), auf das System sozialer Bedeutungen, aufgrund dessen sie sich selbst und einander verstehen, usw. Und diese variieren natürlich stark je nach der Kultur, oder in manchen Fällen sogar je nach dem Kreis, dem die Menschen angehören.

Stellen wir uns vor, wir würden folgenden Vorgang erklären: ein Vasall behält in Gegenwart des Königs die Kopfbedeckung auf, und dies tut er vorsätzlich als Aufruf zur Revolte oder vielleicht als Signal zum Aufstand für seine Verbündeten. Nur muß aber jede Erklärung dieses Vorgangs kontrafaktische Bedingungen erfüllen, welche den Bezug auf Königtum, Revolte, die Symbolik des Hutabnehmens vor der Majestät usw. beinhalten. Denn es muß wahr sein, daß unser Held nicht die Kopfbedeckung aufbehalten hätte, wenn er den Mann, der den Raum betrat, nicht als den König, sondern als den neuen Prätendenten wahrgenommen hätte, den er unterstützt. Und daß er nicht die Kopfbedeckung aufbehalten hätte, wenn sein Akt nicht diese Bedeutung der Gefolgschaftsverweigerung gehabt hätte, oder wenn seine Streitkräfte nicht bereit gewesen wären (in dem Fall, wo seine Handlung ein Signal zum Aufstand ist), usw. Wenn diese kontrafaktischen Bedingungssätze und andere, ähnliche, nicht wahr sind, dann ist unsere ursprüngliche Beschreibung in Gefahr.

Wesentlich für jedes von einer Erklärung durch Motive ausgehende Verständnis des menschlichen Verhaltens ist die Tatsache, daß der Mensch ein Kultur-Wesen ist, das sein Verhalten sehr stark variieren kann, und daß diese Variationen im Lichte der Unterschiede innerhalb der menschlichen Kultur verstanden werden müssen. Dies besagt nicht, daß die Erklärung immer in die Sprache der jeweiligen Kultur gekleidet werden müßte, sondern daß das Selbstverständnis eines Volkes zu den Dingen gehört, die jede adäquate Theorie erklären können muß. Wir müssen daher imstande sein, in unserer Theorie die hauptsächlichen Unterscheidungen auszudrücken, mit deren Hilfe die Menschen die Unterschiede in ihrem Verhalten von Person zu Person und von Zeitpunkt zu Zeitpunkt verstehen. Und dies bedeutet, daß eine neurophysiologische mechanistische Theorie ebenfalls diese Eigenschaft haben muß.

Daraus folgt, daß die Idee einer solchen mechanistischen Wissenschaft, die einen einfacheren Weg darstellen würde als die Wissenschaft vom Verhalten, welche die menschliche Kultur erfaßt, eine Illusion ist. Unsere neurophysiologische Theorie müßte reichhaltig genug sein, um die hauptsächlichen Unterscheidungen all der verschiedenen menschlichen Kulturen zu bezeichnen. Wir können Verhalten nur dann durch das erklären, was »unter der Haut« vorgeht, wenn wir in unsere Theorie Beschreibungen von »Zuständen-unter-der-Haut« aufnehmen, welche der ganzen breiten Skala der Ausstattung der intentionalen Umwelt handelnder Menschen entsprechen, deren Bestandsaufnahme verlangt, daß man den gesamten Bereich dieser Kultur erforscht. Denn eine neurophysiologische Verkürzung, welche sich über die neurophysiologischen Unterschiede hinwegsetzte, würde einen großen Teil der Beschreibungen, welche Menschen verwenden, wenn sie über sich selbst sprechen, zum Unsinn degradieren. Die Anforderung, »die Phänomene zu retten«, definiert also ein Kriterium, welches die neurophysiologische Theorie erfüllen muß, um überhaupt in Betracht gezogen zu werden. Gewiß kann und sollte dieses Kriterium detaillierter entwickelt werden, und in einigen Dimensionen mit erheblicher Genauigkeit. Neuere Entwicklungen der Psycho-Linguistik bieten dafür ein gutes Beispiel. Wenn wir nicht völlig den Unterschied zwischen dem Verstehen und dem Nicht-Verstehen eines Satzes oder der Feststellung, daß er gut oder schlecht formuliert ist, überspringen wollen, was abermals widersinnig wäre, dann muß unsere Erklärung des verbalen Verhaltens in der Lage sein, die volle Komplexität der Operationen zu erklären, durch welche wir diese Sätze formulieren und erkennen. Jeder methodische Ansatz, der diese Anforderung nicht zu erfüllen sucht, verdient nicht, weiterverfolgt zu werden.

Im Voranstehenden haben wir einige Argumente erörtert, die in unserer Antinomie eine Antithese zum Mechanismus bilden könnten. Als allgemeine Argumente gegen die Vorstellbarkeit des Mechanismus sind sie nicht aufrechtzuerhalten; aber aus all dem ergibt sich notwendig etwas Interessantes, nämlich daß jede mechanistische Theorie dadurch beschränkt ist, daß sie »die Phänomene retten« muß, indem sie jene Unterscheidungen schafft, die unserem Vokabular des Handelns und Fühlens zugrunde liegen und unserer Kultur implizit sind. Aber dies kann uns darauf hinweisen, daß der scharfe Gegensatz zwischen der neurophysiologischen Erklärung und unserer alltäglichen Begründung immerhin vielleicht irreführend ist.

Was wäre, wenn eine künftige neurophysiologische Theorie, um die reiche Vielfalt von Unterscheidungen zu schaffen, die erhalten werden müssen, es notwendig finden würde, ihr Vokabular und daher ihr begriffliches Rüstzeug zu erweitern? Und angenommen, daß die neuen Gruppen von Begriffen etwas von der zweckhaften und intentionalen Bedeutung unseres gegenwärtigen alltäglichen Vokabulars enthielten? Dies wäre z. B. der Fall, wenn das Funktionieren, die Bedingungen und Konsequenzen gewisser globaler Erregungsmuster im Gehirn und im Nervensystem nur dann adäquat verstanden werden könnten, wenn wir sie zum Teil mittels der oder in bezug auf die physiologischen Prozesse oder Zustände, welche sie vermitteln, identifizieren würden.

Es ist sehr schwer, zum gegenwärtigen Zeitpunkt etwas Vernünftiges über eine solche zukünftige begriffliche Bereicherung auszusagen, ganz einfach weil jede begriffliche Neuerung erst dann verzeichnet werden kann, wenn sie eingetreten ist. Alles was ich heute sagen kann ist, daß wir keinen Grund haben, unsere gegenwärtigen Kategorien als so feststehend aufzufassen, daß eine solche begriffliche Konvergenz ausgeschlossen wäre. Es ist daher gut vorstellbar, daß wir zu einer neurophysiologischen Theorie gelangen werden, die insofern nicht reduktiv sein wird, als sie nicht den Nachweis erbringen wird, daß teleologische und intentionale Begriffe auf fundamentalerer Ebene eliminierbar sind. Sollte dieser Fall eintreten, dann würden die mit der oben genannten Antinomie verbundenen Probleme verschwinden.

Wie schon gesagt, ist diese Feststellung einer Möglichkeit das einzige, was wir zum gegenwärtigen Zeitpunkt sagen können. Aber es ist evident, daß selbst dies nicht ohne Einwände akzeptiert werden wird; und daher muß ich mich nun der anderen Seite der Antinomie zuwenden, nämlich den Argumenten zugunsten der mechanistischen These. Wie mir scheint, unterteilen diese sich im Grunde in zwei Kategorien, die methodologische und die ontologische.

Die Crux des methodologischen Denkansatzes liegt in dem oben erwähnten Glauben, daß jede andere als eine mechanistische Erklärung gewisse Fragen unbeantwortet läßt. Wenn wir Zweck-Begriffe, wie die berühmten »Entelechien« des Vitalismus, einführen, dann schließen wir einfach bestimmte Fragen aus, nämlich jene, die sich mit den Mechanismen befassen, welche den durch unsere Entelechien spezifizierten Funktionen zugrunde liegen. Dies wäre nur dann gerechtfertigt, wenn es hier nichts zu entdecken gäbe, aber die Geschichte der Biologie veranlaßt uns eher, das Gegenteil anzunehmen. Große Fortschritte wurden durch die Versuche erzielt, die Mechanismen zu entdecken, die gewissen ganzheitlichen Funktionen zugrunde liegen; wir brauchen nur an den jüngsten wissenschaftlichen Durchbruch von Crick und anderen zu denken, welche die Mechanismen der Zell-Reproduktion offenlegten.

Nun ist dies aber weniger ein Argument aus logischer Notwendigkeit, als vielmehr die überzeugende Verwendung einer historischen Analogie.[9] Selbst wenn in der Vergangenheit die Einführung nicht-mechanistischer Begriffe der Forschung Wege verschlossen hat, die sich später als erforschenswert herausstellten, beweist dies keineswegs, daß aus der Verwendung solcher Begriffe notwendig solche Konsequenzen folgen. Aber das Plädoyer für die Möglichkeit einer Konvergenz kann in einem noch positiveren Licht dargestellt werden. Jene oben erwähnte begriffliche Bereicherung würde nicht notwendig zur Folge haben, eine weitere Forschung bezüglich der charakterisierten Phänomene abzuschneiden, wie vielfach von Drieschs Entelechien behauptet; im Gegenteil, wir können uns eine ganze Reihe von Fragen vorstellen, die sich an der Grenze zwischen Psychologie und Neurophysiologie ergeben würden. Andere, zu denen auch manche strikt mechanistischen Wege der Forschung gehören, würden ausgeschlossen. Aber es trifft für jede Skala erklärender Begriffe zu, daß wir, indem wir einen bestimmten Bereich der Realität durch sie charakterisieren, gewisse Wege der Forschung eröffnen und andere verschließen. Daraus kann nichts Allgemeines über die Validität einer jeglichen Skala von Begriffen gefolgert werden; alles hängt davon ab, wie fruchtbar die eröffneten bzw. verschlossenen Forschungswege sind. Und dies können wir nur durch die Untersuchung feststellen; *apriori*-Argumente sind nie valide.

Daher können aus eindrucksvollen historischen Parallelen, wie dem Vitalismus, abgeleitete Argumente nicht *a priori* schlüssig sein. Denn sie alle hängen davon ab, ob zwingend belegt wird, daß die Parallele wirklich vorliegt, und dies kann von unserem Nachweis abhängen, daß die neue Begriffsskala die gleichen Nachteile hat wie andere, angeblich ähnliche. So liegt ein Fehler des Vitalismus darin, daß er offenbar einer künftigen Forschung überhaupt keinen Platz einräumte, aber dies kann nicht über die von mir vorgeschlagene Form der künftigen begrifflichen Bereicherung behauptet werden, bis wir nicht Gelegenheit hatten, tatsächliche Fälle jener vorgeschlagenen begrifflichen Korrekturen und Ergänzungen zu untersuchen.

9 Siehe Anmerkung 1.

Tatsache ist, daß viele der großen Paradigmata des wissenschaftlichen Fortschritts uns mehr als eine Lehre erteilen können. Spricht denn die physikalische Revolution im 17. Jahrhundert zugunsten des Mechanismus, weil sie mechanistisch war, oder beweist sie nicht vielmehr, wie der Einfluß eines mächtigen, traditionellen Begriffsschemas (im 17. Jahrhundert des aristotelischen, in unserem des mechanistischen) auf die wissenschaftliche Gemeinschaft den Fortschritt hemmen kann? Wir werden das Ergebnis der gegenwärtigen Diskussionen abwarten müssen, um zu sehen, wer in der Rolle des Galilei und wer in derjenigen seiner beschränkten aristotelischen Kritiker auftritt.

Der ontologische Einwand gründet tiefer und ist schwerer zu formulieren und mithin natürlich auch schwerer zu kritisieren. Er lautet etwa folgendermaßen: menschliche Wesen sind immerhin physikalische Objekte; sie müssen daher den Gesetzen der Physik und der Chemie gehorchen, jenen, die als für alle physikalischen Gegenstände gültig befunden wurden. Daraus folgt, daß eine gewisse Form des Reduktionismus gelten muß, d. h. daß auf höherer Ebene angesiedelte Erklärungen, wie die psychologische, die soziologische usw., schließlich auf fundamentaleren Ebenen in Begriffen der Physik und der Chemie erklärbar sein müssen; folgen wir diesem reduktionistischen Weg, dann müssen wir offenbar eine neurophysiologische Stufe passieren.

Um hier die Notwendigkeit des Reduktionismus zu erkennen, so lautet der Einwand, müssen wir die Alternativen untersuchen. Gäbe es wahre Erklärungen des Verhaltens auf psychologischer Ebene, die nicht reduzierbar wären auf eine neurophysiologische Begründung (gewiß als ein erster Schritt, aber alle prinzipiellen Fragen lassen sich bezüglich dieses ersten Schritts stellen) und mithin nicht mit dieser fundamentaleren Erklärung koordiniert wären, dann folgt daraus (wie wir oben sahen), daß entweder die eine oder die andere dieser Erklärungen in irgendeiner Hinsicht inadäquat sein muß, oder aber, daß sie für verschiedene Dinge gelten. Da die Hypothese besagt, daß die psychologische Begründung stichhaltig ist, müssen wir folgern, daß entweder die neurophysiologische Begründung inadäquat ist, das heißt, daß sie von sich aus an bestimmten Punkten (den Konfliktpunkten) irrt, oder aber, daß die psychologische Erklärung sich auf etwas bezieht, was die neurophysiologische Begründung nicht einschließen kann. Doch letztere Schlußfolgerung läuft auf irgendeine Form des Geist-Körper-Dualismus hinaus, denn es folgt aus ihr, daß es eine Ebene der Realität gibt, die der psychologischen Beschreibung und Erklärung zugänglich ist – einer Beschreibung, die nicht in neurophysiologischen Begriffen formuliert werden kann. Oder aber diese Ebene der Realität würde eine Serie von Vorgängen bieten, die der neurophysiologischen Erklärung zugänglich wären, und dies würde uns auf die erste Alternative zurückverweisen.

Nun ist diese erste Alternative inakzeptabel, weil sie der Aussage gleichkommt, daß die Gesetze der Neurophysiologie (und daher auf niedrigeren Stufen jene der Physik und Chemie) an den Punkten Ausnahmen haben, wo sie mit unseren psychologischen Erklärungen in Konflikt geraten. Aber eine Doktrin des Exzeptionalismus erscheint intellektuell schwer zu rechtfertigen. So sind wir auf den Dualismus zurückgeworfen, aber dieser erscheint der heutigen Vernunft kaum plausibel, selbst wenn er *sub specie aeterni* ebenso haltbar sein mag wie jede andere Hypothese. Es fällt uns schwer zu glauben, daß es Verstandesfunktionen geben sollte, die nicht irgendwie in einer neuralen Aktivität der einen oder anderen Art verkörpert wären (obgleich dies nicht dasselbe ist wie ein Bekenntnis zu dem, was unter zeitgenössischen Philosophen als »Identitätstheorie« bezeichnet wird, denn diese besagt, daß der Mechanismus von vornherein *holus bolus* akzeptiert wird). Aber ganz abgesehen davon ist die aus diesem Aspekt des Dilemmas sich ergebende Form des Dualismus besonders wenig plausibel, da sie impliziert, daß zwischen den beiden Bereichen Geist und Materie keine Beeinflussung stattfindet. Denn wenn das, was auf psychologischer Ebene stattfindet, eine Wirkung auf der neurophysiologischen Ebene haben sollte, dann gäbe es eine gewisse Unterbrechung des reibungslosen Ablaufs der neurophysiologischen Funktionen nach neurophysiologischen Gesetzen; und abermals hätten diese Gesetze Ausnahmen.

Aber wie könnten wir auch nur als rationales Leben existieren, wenn die Bereiche Geist und Materie unabhängig voneinander funktionieren würden? Daher müssen sie koordiniert sein. Aber wie koordiniert, wenn nicht durch eine systematische Beziehung zwischen kausalen Gesetzen? Das einzige alternative Modell einer Koordination wäre offenbar irgendeine ziemlich phantastische Hypothese, wie der Malebranchesche Okkasionalismus.

Die Ungereimtheit solcher okkasionalistischen Hypothesen verweist den Dualisten vielleicht wieder zurück auf die Auffassung, daß immerhin Interaktionen zwischen Geist und Körper bestehen; aber damit erreicht er nichts anderes, als sich sozusagen auf beide Hörner des Dilemmas gleichzeitig zu spießen, denn er vertritt sowohl den Dualismus als auch den Exzeptionalismus und verstrickt sich offenbar in eine Reihe unüberwindlicher epistemologischer Probleme.

Da nun aber dieses ganze Dilemma sich daraus ergibt, daß das Vorhandensein einer systematischen Beziehung zwischen triftigen psychologischen Erklärungen und jenen auf niedrigerer Ebene geleugnet wird, scheinen wir verpflichtet zu sein, diese Prämisse zu akzeptieren. Aber wenn wir eine systematische Beziehung akzeptieren, dann kann es kaum Zweifel geben, daß die neurophysiologische (und später die physiko-chemische) Ebene die fundamentalere ist; denn diese Gesetze betreffen einen weiteren Bereich von Phänomenen, und die »höheren« Erklärungen müssen Sonderfälle derselben darstellen. »Niedriger« muß hier fundamentaler bedeuten, und alles muß auf Physik und Chemie zurückführbar sein.

Etwas in dieser Art liegt dem heutigen Glauben an den Mechanismus zugrunde. Das Argument ist überzeugend, solange wir uns im Rahmen der alten, festen Alternativen bewegen; aber sobald wir eine Hypothese wie die der begrifflichen Konvergenz (oben) untersuchen, tritt seine Schwäche zutage. Tatsächlich wird in zwei zusammenhängenden, entscheidenden Punkten von falschen Voraussetzungen ausgegangen. Diese verbergen sich zum einen in Ausdrücken wie »die Gesetze von Physik und Chemie« oder »die Gesetze der Neurophysiologie«; zum anderen verbergen sie sich in Ausdrücken wie »bestimmt durch« oder »gelten, zutreffen«, wo sie in Verbindung mit diesen Gesetzen verwendet werden.

Um auf den ersteren Fall einzugehen: nach der oben von mir zitierten Konvergenzhypothese würde als wahr gelten, daß alles Verhalten in neurophysiologischen Begriffen zu erklären wäre, nur daß die diesem Zweck adäquate neurophysiologische Theorie im Verhältnis zu derjenigen, die wir heute kennen, eine reichhaltigere sein würde. Wenn wir den Sachverhalt so ausdrücken, dann bricht das mechanistische Argument in sich zusammen; denn es läuft auf eine *apriori*-Leugnung hinaus, daß eine solche Bereicherung sich als notwendig oder möglich erweisen würde; und wer könnte dies rechtfertigen? Ebenso absurd wäre es gewesen, hätten die mechanistischen Physiker des 19. Jahrhunderts geleugnet, daß es irgendwelcher begrifflicher Anreicherung bedürfte, um physikalische Phänomene zu erklären. Zwar waren damals manche Physiker hierzu versucht, aber keiner hätte im Namen der zeitgenössischen Physik eine solche Leugnung ausgesprochen.

Nun beruht das mechanistische Argument hier auf einer Zweideutigkeit des Begriffs »die Gesetze der Neurophysiologie«. Wenn man dem Dualismus und all seinen Konsequenzen entgehen will, dann wird man die Auffassung vertreten, daß wir in gewissem Sinn für jegliches Verhalten eine neurophysiologische Erklärung geben können, denn alles Verhalten findet seine neurophysiologische Verkörperung und fällt also *ipso facto* in die Domäne der Neurophysiologie. Aber die Bedeutung von »neurophysiologische Erklärung«, mit der diese Leugnung des Dualismus arbeitet, wird nicht als auf die verwendeten erklärenden Begriffe beschränkt verstanden; dieser Ausdruck meint hier lediglich eine Erklärung, welche neurophysiologische Phänomene erklärt. Die Zweideutigkeit liegt zwischen dieser recht allgemeinen Bedeutung und einer anderen, die eher mit »Erklärung durch die gegenwärtig akzeptierten Begriffe der Neurophysiologie und deren Erweiterungen« zu kennzeichnen wäre. Indem wir unbewußt von der einen zur anderen übergehen, können wir glauben, wir hätten durch das Argument gegen den Dualismus die oben erwähnte Form der begrifflichen Konvergenz ausgeschlossen. Tatsächlich *kann* man *glauben*, die einzigen Alternativen seien der Dualismus und die gegenwärtigen Annahmen der Wissenschaft. Und dieser Glaube ist wirklich entscheidend; wenn man dies akzeptiert, dann ist es leicht, jegliche neurophysiologische Erklärung mit Erklärungen gemäß den gegenwärtigen Grundsätzen gleichzusetzen. Aber diese Prämisse ist alles andere als notwendig.

Die Zweideutigkeit von Ausdrücken wie »die Gesetze der . . .« (Neurophysiologie, Physik oder Chemie) untermauert auch die Auffassung, unsere Konvergenzhypothese sei exzeptionalistisch oder interaktionistisch. Denn jene Zweideutigkeit bedingt ja das ganze Dilemma, das uns zu einem Standpunkt zwingt, der, um den Dualismus zu vermeiden, jegliche neuen Erklärungsprinzipien als außerhalb der »Gesetze der Neurophysiologie« (oder Physik oder Chemie) liegend definiert. Doch der Vorwurf des Interaktionismus wird noch durch eine weitere Zweideutigkeit gestützt, nämlich diejenige von Begriffen wie »bestimmt durch« (Gesetze), oder (Gesetze, die) »zutreffen, gelten«. Sie kann uns selbst dann noch zu schaffen machen, wenn wir die Frage, wie wir Ausdrücke wie »die Gesetze der Physik« oder »die Gesetze der Neurophysiologie« gebrauchen sollen, als unwesentlich und nur verbal außer acht lassen.

Diese Schwierigkeit läßt sich vielleicht am deutlichsten in Verbindung mit der physiko-chemikalischen Erklärung zum Ausdruck bringen. Wenn die Prinzipien solcher Erklärungen, wie wir sie heute kennen, nicht geeignet sind, das Verhalten von lebenden Wesen oder von Menschen zu erklären, während sie für die übrige Natur allgemein zutreffend bleiben, dann muß es mit lebenden Wesen sicher etwas sehr Merkwürdiges auf sich haben. Denn jene Gesetze der Physik und Chemie, die für die Natur im allgemeinen gelten, würden im Falle von Tieren nicht gelten oder zumindest Ausnahmen zulassen; und ist diese Vorstellung nicht eine Art Exzeptionalismus – nämlich sobald wir einräumen, daß lebende Wesen *à part entière* auch physikalische Wesen sind, d. h. sobald wir jede Form des Dualismus aufgeben? Daher folgt daraus notwendig, daß das Verhalten des Lebendigen durch die Gesetze von Physik und Chemie erklärbar sein muß und daß daher alle anderen Erklärungen auf Erklärungen durch diese Gesetze zurückführbar sein müssen, wo doch der Ausdruck »die Gesetze von Physik und Chemie« lediglich solche Gesetze bezeichnet, von denen festgestellt wurde, daß sie, ganz gleich wie sie lauten mögen, für den ganzen Bereich der Natur gelten. Jenes Argument vermeidet daher jede *apriori*-Legislation bezüglich dieser Gesetze.

Gewiß schließt nun der so formulierte Einwand nicht-mechanistische Erklärungen des Verhaltens nicht notwendig aus, wenn wir eine Teilhardsche Hypothese als möglich akzeptieren, nach der es vielleicht notwendig wäre, die Begriffe zu bereichern, um auch die unbelebte Natur adäquat zu erfassen. Aber selbst wenn wir auf so hohe Ansprüche verzichten, ist der Einwand doch nicht stichhaltig. Es gibt keinen Grund für die allgemeine Behauptung, daß das Verhalten des Lebenden durch die gleichen Prinzipien erklärbar sein müsse wie das Unbelebte – neben der Vorstellung, daß das Verhalten des Lebenden, da es, wie alles andere in der Natur, durch die allgemeinen Gesetze von Physik und Chemie bestimmt ist, nicht auch noch durch andere Prinzipien bestimmt sein kann, ohne daß diese in gewissem Sinn jene allgemeinen Gesetze brechen und damit Ausnahmen schaffen.

Aber diese Vorstellung beruht auf einer von dem Ausdruck »bestimmt durch« ausgehenden Verwechslung.[10] Wenn man nämlich sagt, daß eine Reihe von Dingen durch eine bestimmte Serie von Gesetzen bestimmt ist, die z. B. eine gegebene Kraft definieren, so heißt dies nicht, daß diese Gesetze jegliches Ver-

10 Siehe Anmerkung 1.

halten der Dinge aus dieser Reihe erklären könnten; um zu erklären, was geschieht, müssen wir vielleicht Gesetze heranziehen, welche irgendeine andere Kraft definieren. Außerdem können beide Kräfte auf das gleiche Verhalten einwirken, so daß wir beide zugleich heranziehen müssen, um gewisse Vorgänge zu erklären. Dies ist z. B. bei der Schwerkraft und dem Elektromagnetismus in der Physik der Fall. Plastisch ausgedrückt: man kann mit einem Magneten Dinge hochheben, die ansonsten fallen oder am Boden liegenbleiben würden.

Aber selbst wenn wir in diesen Fällen davon sprechen könnten, daß die eine Kraft insofern die andere »überlagert«, als, wenn die eine aufhörte zu wirken, der einzig durch die andere bestimmte Gang der Dinge ein anderer wäre, als er tatsächlich ist, so wäre es gleichwohl absurd, wenn wir z. B., ausgehend von einer Physik, welche nur die Schwerkraft anerkennte, und diese dann modifizierend, damit auch der Magnetismus erklärt werde, behaupten würden, wir hätten entdeckt, daß immerhin nicht alle Körper durch das Gesetz der Schwerkraft »bestimmt werden«; vielmehr bleibt die Schwerkraft wesentlich für unser Verständnis des Verhaltens der Dinge, auch wenn wir mit der Einwirkung anderer Kräfte entdecken, daß die Dinge komplizierter liegen. Die Tatsache, daß die Dinge anders aussähen, wenn – was ziemlich schwer vorstellbar ist – die Schwerkraft die einzige Kraft wäre, die auf die Körper einwirkt, ist ohnehin müßige Spekulation, es sei denn, wir wollten uns der anthropomorphen Vorstellung hingeben, daß die Schwerkraft daran Anstoß nehmen könnte.

Eine ähnliche Überlegung gilt für unser Problem. Nach meiner obigen Konvergenzhypothese würden die gegenwärtigen Prinzipien der Neurophysiologie und *a fortiori* die der Physik und Chemie durch Begriffe ganz anderer Art ergänzt, bei denen z. B. Sinnbeziehungen für die neurophysiologischen Prozesse relevant werden könnten. Wenn dies sich als von erklärendem Wert erweisen sollte, dann könnten wir schließen, daß diese neuen Prinzipien ebenfalls die Phänomene bestimmen. Wir können hoffen, daß die Vorhersagen, die wir mit Hilfe dieser neuen erklärenden Begriffe treffen, sich von denen unterscheiden, die wir unter ausschließlicher Berufung auf die alten treffen würden, denn sonst hätte es wenig Sinn gehabt, sie einzuführen. In diesem Sinn kann man sagen, daß die neuen »Kräfte« sich »überlagern«. Aber es wäre absurd zu sagen, aus unserer These folge, daß die ursprünglichen Prinzipien die Phänomene nicht länger bestimmten, daß wir mithin »Ausnahmen« von ihnen gefunden hätten.

Tatsächlich wären wir nur dann versucht zu sagen, daß für eine gewisse Reihe von Gesetzen Ausnahmen gelten, wenn die zusätzlichen »Kräfte« nicht mit Hilfe *jeglicher* Prinzipien verstanden werden könnten, sondern sich jeder wissenschaftlicher Erklärung widersetzen würden. Was diesem Vorwurf des Exzeptionalismus eigentlich zugrunde liegt, ist tatsächlich das tiefverwurzelte Vorurteil, daß eine wissenschaftliche Erklärung nach anderen als mechanistischen Prinzipien unmöglich sei. Wenn wir diese Prämisse akzeptieren, dann können wir folgern, daß jeder Versuch, unsere bestehenden wissenschaftlichen Sprachen durch nicht-mechanistische Prinzipien zu ergänzen, unseren Erklärungen nur Lücken zufügen könne, und wollte man dies für gerechtfertigt halten, dann müßte man irgendeine Art Exzeptionalismus vertreten.

Das Argument, das sich aus der Konfusion um den Ausdruck »bestimmt durch« ergibt, beruht – ganz ähnlich wie im Fall der oben diskutierten Konfusion um den Ausdruck »die Gesetze der ...« – letzten Endes auf der Gleichsetzung von wissenschaftlichen Gesetzen und Erklärungen im allgemeinen mit gegenwärtig in Mode befindlichen, nämlich mechanistischen Gesetzen und Erklärungen. Nur indem wir diese Gleichsetzung akzeptieren, können wir beweisen, daß die einzigen Alternativen zum Reduktionismus – Dualismus und Exzeptionalismus sind. Dann aber unterstellt das reduktionistische Argument gegen unsere Konvergenzhypothese, welches beweisen will, daß solche nicht-mechanistische Erklärung unmöglich sei, gerade das, was es beweisen will. Und es ist nur dann schlüssig, wenn wir von Anfang an den Mechanismus unterstellen.

Mit anderen Worten: sieht man eine begriffliche Bereicherung der Neurophysiologie von der Art, wie ich sie erörtert habe, als eine Form des Exzeptionalismus an, als eine Behauptung, daß die Gesetze der Neurophysiologie und zum Teil der Physik und Chemie nicht gelten, so heißt dies, daß man insgeheim die Gesetze der Wissenschaft *tout court* mit den heute geläufigen Gesetzen gleichsetzt. Wäre dies der Fall, dann käme die Einführung jedes anderen Erklärungsprinzips tatsächlich einer Behauptung gleich, daß diese Gesetze nicht universell gelten, nicht alle Phänomene bestimmen. Und also könnten wir folgern, daß alle Erklärungen auf höherer Ebene auf physikochemische Erklärungen zurückführbar sein müßten, andernfalls sie nicht als wissenschaftliche Erklärungen angesehen werden könnten. Aber wenn wir die mechanistische Erklärung, wie wir es eingangs taten, als eine Form der Erklärung definieren, welche teleologische und intentionale Begriffe meidet, und Mechanismus als die Doktrin definieren, daß alle wissenschaftliche Erklärung in dieser Form zu geschehen habe, dann haben wir in dieser Gleichsetzung eine mechanistische Prämisse. Und dies bedeutet, daß das reduktionistische Argument gegen unsere Konvergenzhypothese, welche eine Alternative zum Mechanismus ist, auf einer *petitio principii* beruht; es ist nur dann stichhaltig, wenn wir von vornherein unterstellen, daß der Mechanismus zutrifft.

Die Argumente für diese Seite der Antinomie, die Thesen des Mechanismus, reichen nicht weiter als jene, die für die andere Seite vorgebracht werden. Tatsächlich ist der Mechanismus weder als einzige mit der Wissenschaft vereinbare Metaphysik eine Gewißheit, wie seine Befürworter behaupten, noch ist er unvorstellbar und notwendig dazu verurteilt, das Unleugbare zu leugnen, wie manche Philosophen eingewandt haben. Aber durch die Untersuchung dieser invaliden Argumente wurde einige Klarheit gewonnen. Denn worauf diese Untersuchung hindeutet, das ist eine Auflösung der Alternative: Mechanismus-Dualismus; wir sind aufgerufen, eine nicht-dualistische Konzeption vom Menschen zu untersuchen, welche gleichwohl nicht mit einer reduktionistischen Auffassung der Wissenschaften vom Menschen verbunden wäre. Dies würde selbstverständlich eine Ontologie mit mehr als einer Ebene bedingen; mit anderen Worten, es würde bedeuten, daß, obgleich manche Prinzipien das Verhalten aller Dinge bestimmen, andere nur für einige gelten; und dennoch können letztere nicht als Spezialfälle der ersteren bewiesen werden.

Diese Hypothese widerspricht den eingewurzelten Dogmen unserer wissenschaftlichen Tradition. Aber ich glaube, daß ihr Plausibilität zukommt, sobald wir uns den Wissenschaften vom Menschen zuwenden. Und nebenbei hätte sie auch das Verdienst, die Antinomie des Mechanismus zu überwinden.

Interpretation und die Wissenschaften
vom Menschen

I.

1.

Ist es sinnvoll zu sagen, daß in den Wissenschaften vom Menschen die Interpretation wesentlich zur Erklärung gehöre? Die Auffassung, daß dies zutrifft, daß die Wissenschaften vom Menschen eine unvermeidliche »hermeneutische« Komponente enthalten, geht auf Dilthey zurück. Aber seit kurzem ist die Frage wieder in den Vordergrund getreten, z. B. in den Werken von Gadamer[1], in Ricœurs Freud-Interpretation[2] und in den Schriften von Habermas[3].

Interpretation, im hermeneutisch relevanten Sinn, ist der Versuch, ein Studienobjekt klar, sinnvoll zu machen. Dieses Objekt muß daher ein Text – oder ein Text-Analogon – sein, der in gewisser Weise wirr, unvollständig, verschwommen, scheinbar widersprüchlich, also auf die eine oder andere Weise unklar ist. Die Interpretation ist bestrebt, einen tieferen Zusammenhang oder Sinn ans Licht zu bringen.

Dies bedeutet, daß jede Wissenschaft, die als »hermeneutisch« selbst im weiteren Sinne bezeichnet werden kann, sich mit der einen oder anderen der verwirrend ineinandergreifenden Formen von Bedeutung (*meaning*) befassen muß. Versuchen wir etwas klarer zu erkennen, was dies beinhaltet.

1) Wir brauchen, erstens, ein Objekt oder ein Feld von Objekten, von dem ausgesagt werden kann, daß ihm Kohärenz eignet oder fehlt, daß es Sinn oder Unsinn ergibt.

2) Wir müssen, zweitens, in der Lage sein, eine, wenn auch rela-

---

1 Vgl. z. B. H. G. Gadamer, *Wahrheit und Methode*, Tübingen 1960.
2 Vgl. Paul Ricœur, *De l'Interprétation*, Paris 1965 (dt.: *Die Interpretation*, Frankfurt: Suhrkamp, 1969).
3 Vgl. z. B. Jürgen Habermas, *Erkenntnis und Interesse*, Frankfurt: Suhrkamp, 1968.

tive Unterscheidung zu treffen zwischen dem vorhandenen Sinn oder Zusammenhang und seiner Verkörperung in einem besonderen Feld von Trägern oder Signifikanten. Denn sonst wäre die Aufgabe, das zu klären, was fragmentarisch oder verworren ist, absolut unmöglich zu lösen. Eine solche Vorstellung wäre sinnlos. Wir müssen also in der Lage sein, über unsere Interpretationen Feststellungen zu treffen, wie: Die in diesem Text oder Text-Analogon vorhandene, verworrene Bedeutung kommt hier klar zum Ausdruck. Mit anderen Worten, die Bedeutung läßt mehr als eine Ausdrucksform zu, und in diesem Sinn muß eine Unterscheidung zwischen Bedeutung und Ausdruck möglich sein.

Die obige Einschränkung, nämlich daß diese Unterscheidung nur eine relative sein kann, bezieht sich auf die Tatsache, daß es Fälle gibt, in denen es unmöglich ist, eine klare, unzweideutige, nicht-willkürliche Trennlinie zwischen dem Ausgesagten und seiner Ausdrucksform zu ziehen. Man kann plausibel (und, wie ich glaube, überzeugend, obgleich hier nicht der Platz ist, näher darauf einzugehen) behaupten, daß dies die normale und fundamentale Bedingung des bedeutungs- oder sinnvollen Ausdrucks ist, daß die exakte Synonymie oder Äquivalenz der Bedeutung eine seltene und örtlich beschränkte Errungenschaft spezialisierter Sprachen oder Zivilisationsgebräuche ist. Aber wenn dies zutrifft (und ich glaube, das tut es), so hebt es doch nicht den Unterschied zwischen Bedeutung und Ausdruck auf. Selbst wenn man vernünftigerweise sagen kann, daß eine in einem neuen Medium wieder-ausgedrückte Bedeutung nicht als identisch mit der ursprünglichen erklärt werden kann, so folgt daraus keineswegs, daß wir das Vorhaben, eine Bedeutung in neuer Form auszudrücken, als sinnlos ansehen müßten. Gewiß ergibt sich daraus die interessante und schwierige Frage, was unter »es in klarerer Form ausdrücken« zu verstehen sei: was ist dieses »es«, welches geklärt wird, wenn eine Äquivalenz geleugnet wird? Ich hoffe hierauf zurückzukommen, wenn ich die Interpretation in den Wissenschaften vom Menschen untersuche.

Daher muß der Gegenstand einer Wissenschaft der Interpretation in Begriffen wie Sinn und Unsinn, Kohärenz und fehlende Kohärenz beschreibbar sein; und er muß eine Unterscheidung zwischen Bedeutung und ihrem Ausdruck zulassen.

3) Es muß auch noch eine dritte Bedingung erfüllt sein. Wir können von Sinn oder Kohärenz oder von ihren verschiedenen Verkörperungen in Zusammenhang mit Phänomenen wie Gestalt oder Muster bei Felsbildungen oder Schneekristallen sprechen, wo der Begriff »Ausdruck« nicht wirklich angebracht ist. Was fehlt, ist der Begriff eines Subjekts, für welches diese Bedeutungen gegeben sind. Ohne ein solches Subjekt ist die Auswahl von Kriterien wie Gleichheit und Unterschied, die Wahl zwischen den verschiedenen Formen von Kohärenz, die in einem gegebenen Muster identifiziert werden können, zwischen den verschiedenen begrifflichen Feldern, auf denen sie festgestellt werden kann, willkürlich.

In einem Text oder Text-Analogon dagegen versuchen wir die ausgedrückte Bedeutung – und dies heißt: durch oder für ein Subjekt oder Subjekte ausgedrückt – zu explizieren. Der Begriff »Ausdruck« verweist uns auf den des Subjekts. Die Identifizierung des Subjekts ist keineswegs notwendig unproblematisch, wie wir später sehen werden; sie kann eines der schwierigsten Probleme sein – ein Gebiet, auf dem die herrschenden epistemologischen Vorurteile uns für das Wesen unseres Studienobjekts blind machen können. Und ich glaube, daß dies der Fall ist, wie ich unten zeigen werde. Darüber hinaus versichert die Identifikation eines Subjekts uns nicht einer klaren und absoluten Unterscheidung zwischen Bedeutung und Ausdruck, wie wir oben sahen. Aber jede solche Unterscheidung, selbst eine relative, ist ohne den Appell an ein Subjekt durch nichts begründet, vollkommen willkürlich.

Das Objekt einer Wissenschaft der Interpretation muß also aufweisen: einen vom Ausdruck unterscheidbaren Sinn, welcher nur für oder durch ein Subjekt ist.

2.

Bevor wir untersuchen, wie, wenn überhaupt, diese Bedingungen in den Wissenschaften vom Menschen realisiert sind, mag es, wie ich glaube, nützlich sein, etwas klarer festzustellen, was diese Frage besagt, warum es entscheidend ist, ob wir die Wissenschaften vom Menschen als hermeneutische ansprechen, worum es hier eigentlich geht.

Unser Problem ist im Grunde ein epistemologisches. Aber es ist unauflöslich mit einem ontologischen verbunden und daher zwangsläufig relevant für unsere Auffassung von Wissenschaft und die korrekte Durchführung der Forschung. Wir könnten sagen, daß es sich um ein ontologisches Problem handelt, das seit dem 17. Jahrhundert stets in Form epistemologischer Fragen erörtert wurde, deren einige als unbeantwortbar erschienen.

Der Sachverhalt ließe sich folgendermaßen formulieren: welches sind die Urteilskriterien in einer hermeneutischen Wissenschaft? Eine gelungene Interpretation ist eine solche, welche die ursprünglich in verworrener, fragmentarischer, unklarer Form vorhandene Bedeutung klärt. Aber woher weiß man, daß diese Interpretation richtig ist? Vermutlich, weil sie den ursprünglichen Text verständlich macht: was an ihm seltsam, rätselhaft, verwirrend, widersprüchlich ist, ist dies nun nicht mehr, ist erklärt. Die Interpretation appelliert durchaus an unser Verstehen der »Sprache«, in welcher der Ausdruck geschieht, denn dieses Verstehen erlaubt uns zu erkennen, daß dieser Ausdruck verwirrend ist, daß er sich in Widerspruch zu jenem anderen befindet usw., und daß diese Schwierigkeiten aufgeklärt sind, wenn die Bedeutung in neuer Form ausgedrückt ist.

Aber dieser Appell an unser Verständnis scheint wesentlich inadäquat zu sein. Was, wenn jemand die Adäquanz unserer Interpretation nicht »sieht«, unsere Lesart nicht akzeptiert? Wir versuchen ihm zu zeigen, wie sie den ursprünglichen Un- oder Teilsinn verständlich macht. Aber um uns zu folgen, muß er die ursprüngliche Sprache so lesen, wie wir es tun, er muß diese Ausdrücke als irgendwie verwirrend erkennen und daher nach einer Lösung für unser Problem suchen. Tut er dies nicht, was können wir dann tun? Die Antwort lautet offenbar: in gleicher Weise fortfahren. Wir müssen ihm anhand der Lesart anderer Ausdrücke zeigen, warum dieser eine Ausdruck in der von uns vorgeschlagenen Weise gelesen werden muß. Aber damit dies gelingt, ist es erforderlich, daß er uns bei diesen anderen Lesarten folgt, und so weiter – offenbar *ad infinitum*. Letzten Endes entgehen wir nicht der Forderung nach einem gemeinsamen Verständnis der Ausdrücke, der betreffenden »Sprache«. Dies ist nur ein Versuch, das auszudrücken, was als »hermeneutischer Zirkel« bezeichnet wurde. Was wir zu begründen suchen, ist eine bestimmte Lesart eines Textes oder von Ausdrücken, und was wir als unsere Gründe für diese Lesart anführen, können nur weitere Lesarten sein. Dieser Zirkel kann auch in Form von Teil-Ganzes-Beziehungen dargestellt werden: wir versuchen eine Lesart für den ganzen Text zu begründen, und zu diesem Zweck berufen wir uns auf Lesarten seiner Teilausdrücke; aber da wir es mit Bedeutung, mit Verstehen zu tun haben, wobei Ausdrücke nur in Beziehung zu anderen verstehbar sind oder nicht, beruhen die Lesarten von Teilausdrücken doch auf den Lesarten anderer Teilausdrücke und schließlich des Ganzen.

Um dies forensisch darzustellen, wie wir es oben versuchten: wir können einen Gesprächspartner nur dann überzeugen, wenn er an einem gewissen Punkt unser Verständnis der betreffenden Sprache teilt. Tut er dies nicht, dann gibt es keine weitere rationale Argumentation; wir können versuchen, seine Intuition zu wecken, oder wir können einfach aufgeben; die Argumentation wird uns nicht weiterführen. Aber das forensische Dilemma kann gewiß auch auf mein eigenes Urteilen übertragen werden: wenn ich so wenig in der Lage bin, einen eigensinnigen Gesprächspartner zu überzeugen, wie kann ich mich dann selbst überzeugen? wie kann ich sicher sein? Vielleicht sind meine Intuitionen falsch oder verzerrt, vielleicht bin ich in einem Zirkel von Illusionen befangen.

Eine, vielleicht die einzige vernünftige Antwort darauf würde lauten, daß diese Unsicherheit ein unablösbarer Bestandteil unseres epistemologischen Dilemmas ist. Daß diesen Sachverhalt als »Unsicherheit« zu charakterisieren sogar heißt, ein absurd scharfes Kriterium für »Sicherheit« anzulegen, welches diesen Begriff jeglicher sinnvollen Verwendung enthebt. Aber dies war nicht die einzige oder gar wichtigste Antwort, die unserer philosophischen Tradition einfiel. Und es war eine andere Antwort, die entscheidende, weitreichende Folgen für die Wissenschaften vom Menschen hatte. Es wurde ein Grad der Sicherheit gefordert, der nur erreicht werden kann, indem der Zirkel durchbrochen wird.

Zwei Wege zu diesem Durchbruch wurden ins Auge gefaßt. Den ersten könnten wir den »rationalistischen« nennen und seinen Kulminationspunkt bei Hegel sehen. Er bedingt keine Negation der Intuition oder unseres Verständnisses von Bedeutung, sondern strebt vielmehr danach, ein Verstehen von solcher Klarheit zu erreichen, daß dieses mit der Gewißheit des Unleugbaren einherginge. In Hegels Fall z. B. geht unser volles Verstehen des Ganzen im »Denken« mit einem Begreifen seiner inneren Notwendigkeit einher, so daß wir erkennen, daß es nicht anders sein könnte. Kein höherer Grad von Gewißheit ist vorstellbar. Für ein solches Streben ist das Wort »Durchbruch« schlecht gewählt; das Ziel ist vielmehr, das Verstehen zu einer inneren Klarheit zu bringen, die absolut wäre.

Der andere Weg, den wir als den »empiristischen« bezeichnen können, ist ein genuiner Versuch, über den Zirkel unserer eigenen Interpretationen hinauszugehen, um über die Subjektivität hinauszugelangen. Dabei wird versucht, das Wissen in der Weise zu rekonstruieren, daß es nicht notwendig ist, sich letzten Endes auf Lesarten oder Urteile zu berufen, die nicht weiter überprüft werden können. Deshalb ist der Grundbaustein des Wissens nach dieser Auffassung der Eindruck, das Sinnesdatum – eine Informationseinheit, die etwas anderes ist als die Abgabe eines Urteils und die per definitionem kein Element von Lesart oder Interpretation enthält: die ein *factum brutum* ist. Das höchste Ziel wäre, unser Wissen aus solchen Bausteinen durch Urteile aufzubauen, die in einer Gewißheit jenseits der subjektiven Intuition verankert wären. Dies gerade bedingt die Attraktion der Vorstellung einer Assoziation von Ideen oder, faßt man dasselbe Verfahren als Methode auf: der Intuition. Wenn der ursprüngliche Erwerb dieser Informationseinheiten nicht die Frucht von Urteil oder Interpretation ist, dann braucht die Feststellung, daß zwei solcher Elemente zusammen auftreten, weder das Ergebnis einer Interpretation, einer Lesart, noch einer unüberprüfbaren Intuition zu sein. Denn wenn das Auftreten eines einzigen Elementes ein *factum brutum* ist, so trifft dies auch für das gemeinsame Auftreten zweier solcher Elemente zu. Der Weg zu wahrem Wissen wäre dann entscheidend von der richtigen Protokollierung solchen gemeinsamen Auftretens abhängig.

Diese Überlegungen liegen einem Ideal der Verifikation zugrunde, das zentraler Bestandteil einer bedeutenden Tradition der Wissenschaftsphilosophie ist – deren zeitgenössische Protagonisten die Vertreter des logischen Empirismus sind. Verifikation muß letzten Endes auf der Erhebung von *data bruta* gründen. Unter »data bruta« verstehe ich hier und generell solche Daten, deren Validität nicht durch das Angebot einer anderen Interpretation oder Lesart in Frage gestellt werden kann, Daten, deren Glaubwürdigkeit durch weiteres Schlußfolgern nicht begründet oder untergraben werden kann.[4] Wenn gegebene Daten eine so unterschiedliche Interpretation zulassen, dann muß es möglich sein, die Argumentation so zu struk-

---

4 Der Begriff *data bruta* ist verwandt, aber keineswegs gleichzusetzen mit den »facta bruta«, die Elizabeth Anscombe (»On Brute Facts«, *Analysis*, Vol. 18, 1957-1958, S. 69-72) und John Searle (*Speech Acts,* Cambridge 1969, S. 50-53; dt. *Sprechakte,* Frankfurt 1971, S. 78-83) diskutieren. Für Anscombe und Searle sind *facta bruta* der Gegensatz zu dem, was man als »institutionelle Fakten«, um Searles Ausdruck zu verwenden, bezeichnen könnte, d. h. Fakten, welche die Existenz gewisser Institutionen voraussetzen. Ein Beispiel dafür wäre die politische Wahl. Aber wie wir unten im Teil II sehen werden, können *facta bruta* manche institutionelle Fakten, wie etwa: X hat liberal gewählt, als *data bruta* in dem hier verstandenen Sinn verifiziert werden und gehören daher in die Kategorie des politischen Verhaltens. Was weniger leicht mit Hilfe von *data bruta* beschrieben werden kann, sind die Institutionen selbst. Vgl. die Diskussion unten, Teil II.

turieren, daß die fundamentalen *data bruta* von den aus ihnen abgeleiteten Schlußfolgerungen unterschieden sind.

Die Schlußfolgerungen selbst müssen natürlich, um valide zu sein, in ähnlicher Weise über die Kritik durch eine konkurrierende Interpretation erhaben sein. Hier erweiterten die logischen Empiristen das Rüstzeug des traditionellen Empirismus, der auf die Methode der Induktion großen Wert legte, um den ganzen Bereich der logischen und mathematischen Schlußfolgerung, der für den rationalistischen Standpunkt (zumindest bei Leibniz, wenngleich nicht bei Hegel) von entscheidender Bedeutung war und eine weitere Spielart fragloser Gewißheit bot.

Selbstverständlich wurden die mathematische Schlußfolgerung und die empirische Verifikation so kombiniert, daß zwei oder mehr Theorien aus derselben Sphäre von Fakten verifiziert werden konnten. Aber dies war eine Konsequenz, mit der sich abzufinden der logische Empirismus bereit war. Was die Surplus-Bedeutung einer Theorie betraf, die nicht mit den *data bruta* rigoros koordiniert werden konnte, so wurde diese als außerhalb der Logik der Verifikation liegend betrachtet.

Als eine Theorie der Wahrnehmung warf diese Epistemologie alle möglichen Probleme auf, nicht zuletzt das einer permanenten Gefahr des Skeptizismus und Solipsismus, die mit einer Konzeption, welche die fundamentalen Daten des Wissens als jeder Überprüfung unzugängliche *data bruta* auffaßt, untrennbar verbunden sind. Als Wahrnehmungstheorie scheint sie jedoch weitgehend der Vergangenheit anzugehören, trotz eines überraschenden Wiederaufflackerns in der angelsächsischen Welt in den dreißiger und vierziger Jahren. Aber es ist kein Zweifel daran, daß sie weiterblüht, unter anderem als eine Theorie darüber, wie der menschliche Geist und das menschliche Wissen tatsächlich funktionieren.

In gewissem Sinn erleben wir in unseren Tagen eine bessere, rigorosere Variante dieser Epistemologie in Form der komputerbeeinflußten Theorien der Intelligenz. Diese versuchen Intelligenz so darzustellen, als bestünde sie aus Operationen mit maschinen-lesbaren Inputs, die ihrerseits mit Programmen, die von Maschinen abgespult werden könnten, gleichzusetzen wären. Das Maschinen-Kriterium bietet uns Gewißheit gegen die Berufung auf Intuition oder Interpretationen, welche nicht mit Hilfe von völlig expliziten, auf die *data bruta* – den Input – einwirkenden Verfahren verstanden werden können.[5]

Der Fortschritt der Naturwissenschaft hat dieser Epistemologie viel Glaubwürdigkeit verliehen, denn er kann nach diesem Modell plausibel rekonstruiert werden, wie es z. B. die logischen Empiristen taten. Und selbstverständlich war die Versuchung groß, die Wissenschaften vom Menschen nach dem gleichen Modell zu rekonstruieren; oder vielmehr sie auf Wege der Forschung zu führen, die diesem Paradigma entsprechen, denn es wird ja ständig von ihnen behauptet, sie steckten noch »in den Kinderschuhen«. Die Psychologie, wo eine frühere Mode des Behaviorismus inzwischen durch einen Boom von Computer-Modellen ersetzt wurde, ist keineswegs das einzige Beispiel.

Dieses epistemologische Vorurteil – man könnte sagen: Obsession – nimmt in den verschiedenen Wissenschaften verschiedene Formen an. Später möchte ich einen einzelnen Fall untersuchen, nämlich das Studium der Politik, wo diese Frage ausführlich behandelt werden kann. Aber im allgemeinen ist die empiristische Orientierung zwangsläufig gegen eine Forschung abgeneigt, die auf Interpretation beruht und die in der oben gekennzeichneten Weise gegen den hermeneutischen Zirkel angeht. Diese kann nicht die Anforderungen der intersubjektiven, nicht-willkürlichen Verifikation erfüllen, welche sie als wesentlich für die Wissenschaft ansieht. Und mit dem epistemologischen Standpunkt geht die ontologische Überzeugung einher, daß die Realität dem Verstehen und der Erklärung durch eine so verstandene Wissenschaft zugänglich sein muß. Hieraus folgt eine gewisse Reihe von Vorstellungen darüber, was die Wissenschaften vom Menschen sein sollten.

5 Vgl. die Diskussion bei M. Minsky: *Computation*, Englewood Cliffs, N. J., 1967, S. 104-107, wo Minsky explizit behauptet, daß ein wirksames Verfahren, welches keiner Intuition oder Interpretation mehr bedarf, ein solches ist, das von einer Maschine geleistet werden kann.

Andererseits würden viele, ich selbst eingeschlossen, einwenden, daß diese Auffassungen über die Wissenschaften vom Menschen steril sind, daß es uns nicht gelingen wird, wichtige Dimensionen des menschlichen Lebens innerhalb der durch diese epistemologische Orientierung gezogenen Grenzen zu verstehen. Zumindest in der einen oder anderen ihrer Verzweigungen ist diese Auseinandersetzung allen bekannt. Was ich hier behaupten möchte, ist, daß diese Frage mit Hilfe der Auffassung von Interpretation, wie ich sie oben zu skizzieren begann, fruchtbar gestellt werden kann.

Und ich glaube, daß eine solche Art der Fragestellung nützlich ist, weil sie es uns ermöglicht, die nachhaltigen epistemologischen Überzeugungen, welche der orthodoxen Auffassung der Wissenschaften vom Menschen in unserer akademischen Gemeinschaft zugrunde liegen, ans Licht zu bringen, und gleichzeitig die in der Gegenthese implizierte Auffassung von unserem epistemologischen Dilemma explizit zu machen. Dies wäre tatsächlich ungewöhnlicher und schockierender für die Tradition des wissenschaftlichen Denkens, als von seiten der Gegner eines engen Scientismus häufig zugegeben oder erkannt wird. Vielleicht wird eine volle Klärung dessen, was eine hermeneutische Wissenschaft eigentlich ist, den Stand der Opposition, was das Überzeugen von Unentschlossenen betrifft, nicht stärken, aber ein Gewinn an Klarheit ist gewiß eine Lichtung der Reihen wert – zumindest in der Philosophie.

3.

Bevor wir im weiteren das Beispiel der politischen Wissenschaft untersuchen, mag es sich lohnen, eine andere Frage zu stellen: warum sollten wir überhaupt die Frage aufwerfen, ob die Wissenschaften vom Menschen hermeneutisch sind? Was bringt uns überhaupt auf den Gedanken, daß Menschen und ihre Handlungen ein Objekt oder eine Gruppe von Objekten darstellen, welche die oben skizzierten Bedingungen erfüllen?

Die Antwort lautet, daß auf phänomenologischer Ebene oder derjenigen der Alltagssprache (und für die Zwecke dieser Beweisführung fallen die beiden zusammen) ein gewisser Begriff von Bedeutung wesentlicher Bestandteil der Charakterisierung menschlichen Verhaltens ist. In diesem Sinn können wir davon sprechen, daß eine Situation, eine Handlung, eine Forderung, eine Aussicht für die Person eine bestimmte Bedeutung haben.

Nun wird aber häufig angenommen, daß »Bedeutung« hier in einem Sinn verwendet werde, der irgendwie eine illegitime Erweiterung des Begriffs »linguistische Bedeutung« sei. Ob hier von einer Begriffserweiterung gesprochen werden kann oder nicht, ist eine andere Frage; auf jeden Fall weicht »Bedeutung« hier von »linguistischer Bedeutung« ab. Aber daraus ist schwerlich zu folgern, daß dies eine illegitime Verwendung des Begriffs sei.

Wenn wir von der »Bedeutung« eines bestimmten Dilemmas sprechen, so verwenden wir einen Begriff, der folgende Gedankenverbindungen hat: a) Bedeutung ist für ein Subjekt gegeben; es handelt sich nicht um die Bedeutung der Situation *in vacuo*, sondern um deren Bedeutung für ein Subjekt, ein spezifisches Subjekt, eine Gruppe von Subjekten oder vielleicht um das, was sie für das menschliche Subjekt als solches bedeutet (selbst wenn einzelne Menschen der Vorwurf treffen mag, dies nicht zuzugeben oder zu erkennen). b) Bedeutung ist Bedeutung von etwas; das heißt, wir können zwischen einem gegebenen Element – einer Situation, Handlung oder dergleichen – und ihrer Bedeutung unterscheiden. Aber dies besagt nicht, daß diese physisch voneinander zu trennen wären. Vielmehr haben wir zwei Beschreibungen des Elements vor uns, in deren einer es durch seine Bedeutung für das Subjekt charakterisiert ist. Aber die Beziehungen zwischen den beiden Beschreibungen sind nicht symmetrisch. Denn einerseits kann die Beschreibung durch die Bedeutung nicht stattaben, wenn nicht Beschreibungen der anderen Art ebenfalls zutreffen; oder anders gesagt, es kann keine Bedeutung ohne ein Substratum geben. Aber andererseits kann es ein, daß die gleiche Bedeutung einem anderen Substratum eigen ist – z. B. kann eine Situation mit derselben Bedeutung unter verschiedenen physikalischen Bedingungen erkannt werden. Eine notwendige Bedingung ist, daß das Substratum potentiell substituierbar ist; oder, alle Bedeutungen sind Bedeutungen von etwas.

Und drittens, c) Dinge haben nur Bedeutung innerhalb eines Feldes, d. h. in Beziehung zu den Bedeutungen anderer Dinge. Dies bedeutet, daß es so etwas wie ein einzelnes, außerhalb aller Beziehungen stehendes sinnvolles Element nicht gibt; und es bedeutet, daß Veränderungen der anderen Bedeutungen innerhalb des Feldes Veränderungen des gegebenen Elements bedingen können. Bedeutungen können ausschließlich in Beziehung zu anderen identifiziert werden, und in dieser Hinsicht gleichen sie Wörtern. Die Bedeutung eines Wortes ist z. B. von den Wörtern abhängig, zu denen es einen Gegensatz bildet, von jenen, die seinen Platz innerhalb der Sprache definieren (z. B. solche, die »bestimmbare« Dimensionen wie Farbe oder Form definieren), von jenen, welche die Aktivität oder das »Sprachspiel« definieren, in dem ersteres auftritt (beschreiben, sich berufen auf, Gemeinsamkeit feststellen) usw. In diesem Sinn verhält es sich mit den Beziehungen zwischen Bedeutungen ähnlich wie mit jenen zwischen Begriffen in einem semantischen Feld.

Genau wie unsere Farbbegriffe ihre Bedeutung durch das Kontrastfeld erhalten, das sie zusammen bilden, so daß die Einführung neuer Begriffe die Abgrenzungen der übrigen verändern würde, so werden auch die verschiedenen Bedeutungen, die das Verhalten eines Untergebenen für uns haben kann: ehrerbietig, respektvoll, kriecherisch, leicht spöttisch, ironisch, anmaßend, provozierend, regelrecht grob, durch ein Kontrastfeld hergestellt; und in dem Maß, wie mit feineren Abstufungen unsererseits oder einer entwickelteren Kultur neue Möglichkeiten entstehen, werden die anderen Begriffe dieser Reihe sich verändern. Wie die Bedeutung unserer Begriffe »rot«, »blau«, »grün« durch die Definition eines Kontrastfeldes mittels des bestimmbaren Begriffs »Farbe« festgelegt ist, so sind alle diese alternativen Arten des Benehmens nur in einer Gesellschaft vorhanden, die, unter anderen Formen, hierarchische Macht- und Befehlsbeziehungen aufweist. Und dem Sprachspiel, das der Bezeichnung farbiger Objekte zugrunde liegt, entspricht das System sozialer Praktiken, welche diese hierarchischen Strukturen stützen und in ihnen erfüllt werden.

Bedeutung in diesem Sinn – wir wollen sie empirische Bedeutung nennen – besteht also für ein Subjekt, von etwas, in einem Feld. Dies unterscheidet sie von der linguistischen Bedeutung, die keine drei-, sondern eine vierdimensionale Struktur hat. Linguistische Bedeutung besteht für Subjekte und in einem Feld, aber sie ist auch die Bedeutung von Signifikanten und betrifft ein Universum von Bezügen. Sobald wir uns über die Ähnlichkeiten und Unterschiede verständigt haben, ist kaum zu bezweifeln, daß der Begriff »Bedeutung« keine Fehlbezeichnung, kein Produkt einer illegitimen Erweiterung des Begriffs in diesem Kontext von Erfahrung und Verhalten ist.

Es gibt also einen ganz legitimen Begriff von Bedeutung, den wir verwenden, wenn wir von der Bedeutung einer Situation für einen Handelnden sprechen. Und daß dieser Begriff statthat, ist integraler Bestandteil unseres Bewußtseins von und daher unserer Sprache über unsere Handlungen. Unsere Handlungen sind für gewöhnlich durch die mit ihnen verfolgten Zwecke charakterisiert und durch Wünsche, Gefühle und Emotionen erklärt. Aber die Sprache, mit der wir unsere Ziele, Gefühle, Wünsche beschreiben, ist ebenfalls eine Definition der Bedeutung, welche die Dinge für uns haben. Der Wortschatz, der Bedeutung definiert – Wörter wie »beängstigend«, »attraktiv« –, ist mit dem Vokabular verbunden, das Gefühle beschreibt – »Furcht«, »Wunsch« – sowie mit demjenigen, das Ziele beschreibt – »Sicherheit«, »Besitz«.

Außerdem bewegt sich unser Verstehen dieser Begriffe unausweichlich in einem hermeneutischen Zirkel. Ein Gefühlswort wie z. B. »Scham« verweist uns im wesentlichen auf eine bestimmte – »beschämende« oder »demütigende« – Situation sowie auf einen gewissen Reaktionsmodus – sich verstecken, den dunklen Fleck bemänteln oder sonstwie »auslöschen«. Das heißt: damit dieses Gefühl als Scham identifiziert wird, ist es wesentlich, daß es zu dieser Situation in Beziehung gesetzt wird und diese Art der Disposition verursacht. Aber diese Situation wiederum kann nur in Beziehung zu den Gefühlen, die sie hervorruft, identifiziert werden; und die Disposition ist auf ein Ziel gerichtet, das ähnlich nur unter Bezug auf die erlebten Gefühle verstanden werden kann: Das besagte »Verstecken« soll meine Schande bemänteln; es ist nicht dasselbe, wie wenn ich mich vor einem bewaffneten Verfolger verstecke; was das »Verstecken« bedeutet, ist nur zu verstehen, wenn wir verstehen, von welcher Art Gefühl oder Situation die Rede ist. Wir müssen innerhalb des Zirkels sein.

Ein Gefühlswort wie »Scham« läßt sich nur unter Bezug auf andere Begriffe erklären, die wiederum nicht ohne den Bezug auf Scham verstanden werden können. Um diese Begriffe zu verstehen, müssen wir uns mit einer bestimmten Erfahrung auskennen, wir müssen eine bestimmte Sprache verstehen, nicht nur die der Worte, sondern auch eine bestimmte Sprache der wechselseitigen Aktion und Kommunikation, durch welche wir einander tadeln, ermahnen, bewundern, wertschätzen. Schließlich kennen wir uns damit aus, weil wir im Bereich gewisser gemeinsamer Bedeutungen aufwachsen. Aber wir machen häufig die Erfahrung, wie es ist, außen zu stehen, wenn wir der Sprache der Gefühle, Handlungen und empirischen Bedeutungen einer anderen Zivilisation begegnen. Hier gibt es keine Übersetzung, keine Möglichkeit der Erklärung in anderen, zugänglicheren Begriffen. Wir können derlei nur erfassen, wenn wir uns irgendwie, und sei es in der Phantasie, in deren Lebensart hineinversetzen. So werden wir, wenn wir menschliches Verhalten als ein vor einem Hintergrund von Wunsch, Gefühl und Emotion geschehendes Handeln auffassen, eine Realität vor uns haben, die mit Hilfe von Bedeutung charakterisiert werden muß. Aber besagt dies schon, daß sie der Gegenstand einer hermeneutischen Wissenschaft sein kann, wie sie oben skizziert wurde?

Es gibt, erinnern wir uns, drei Charakteristika, die der Gegenstand einer wissenschaftlichen Interpretation hat: er muß Bedeutung oder Kohärenz haben; diese muß von ihrem Ausdruck unterscheidbar sein; und diese Bedeutung muß für ein Subjekt bestehen.

Insofern wir nun über Verhalten als Handlung, mithin in Begriffen von Bedeutung sprechen, muß für dieses die Kategorie Sinn oder Kohärenz gelten. Dies besagt nicht, daß unser gesamtes Verhalten »sinnvoll« sein muß, wenn wir damit meinen, daß es rational sein, Widersprüche, Verwechslung von Zwecken usw. vermeiden muß. Eindeutig bleibt ein großer Teil unserer Handlungen hinter diesem Ziel zurück. Aber in einem anderen Sinn wird sogar widersprüchliches, irrationales Handeln »sinnvoll«, wenn wir verstehen, warum es unternommen wurde. Wir verstehen den Sinn einer Handlung, wenn zwischen den Handlungen des Handelnden und der Bedeutung, die seine Situation für ihn hat, Kohärenz besteht. Solange wir keine solche Kohärenz feststellen, werden wir sein Handeln verwirrend finden. Vielleicht sollte an dieser Stelle wiederholt werden, daß die Kohärenz keineswegs impliziert, daß die Handlung rational ist: die Bedeutung, welche die Situation für einen Handelnden hat, kann voller Verwirrung und Widersprüche sein; aber die adäquate Beschreibung dieser Widersprüche macht sie sinnvoll und verständlich.

Ein solches Sinnvollmachen mittels der Kohärenz von Bedeutung und Handlung, der Bedeutungen von Handlung und Situation, kann sich nur in einem hermeneutischen Zirkel bewegen. Unsere Überzeugung, daß die Erklärung sinnvoll ist, hängt von unserer Lesart der Handlung und Situation ab. Aber diese Lesarten können nur durch den Bezug auf andere solche Lesarten und ihren Zusammenhang mit dem Ganzen erklärt und gerechtfertigt werden. Wenn ein Gesprächspartner diese Lesart nicht versteht oder sie nicht als valide akzeptiert, dann ist jede weitere Argumentation abgeschnitten. Eine gute Erklärung ist schließlich eine solche, die ein Verhalten sinnvoll erscheinen läßt; um aber eine gute Erklärung anzunehmen, muß man darin übereinstimmen, was sinnvoll ist; was sinnvoll ist, hängt von den jeweiligen Lesarten ab; und diese wiederum beruhen auf dem, was man unter Sinn versteht.

Wie verhält es sich aber mit dem zweiten Charakteristikum, nämlich daß der Sinn von seiner Verkörperung unterscheidbar sein sollte? Dies ist notwendig für eine Wissenschaft der Interpretation, weil die Interpretation den Anspruch erhebt, eine verworrene Bedeutung zu klären; in gewissem Sinn muß daher die »selbe« Bedeutung – aber anders – ausgedrückt werden.

Daraus ergibt sich unmittelbar eine weitere Schwierigkeit. Als oben von der empirischen Bedeutung die Rede war, erwähnte ich, daß wir zwischen einem gegebenen Element und seiner Bedeutung, zwischen Bedeutung und Substratum unterscheiden können. Dies führte zu der Behauptung, daß eine gegebene Bedeutung in einem anderen Substratum realisiert sein *kann*. Aber heißt dies, daß wir *immer* dieselbe Bedeutung in einer anderen Situation verkörpern können? Vielleicht gibt es Situationen, z. B. wenn einem der Tod bevorsteht, die eine Bedeutung haben, welche nicht anders verkörpert werden kann.

Aber glücklicherweise ist diese schwierige Frage für unsere Zwecke unerheblich. Denn hier haben wir einen Sachverhalt, bei dem die im Begriff einer hermeneutischen Wissenschaft vom Menschen implizierte Analogie von Text und Verhalten nur mit entscheidenden Modifikationen gilt. Bei der Interpretation wird der Text durch einen anderen Text ersetzt, welcher klarer ist. Das Text-Analogon Verhalten wird nicht durch ein anderes solches Text-Analogon ersetzt. Wo dies geschieht, da haben wir es mit revolutionärem Theater oder Terrorakten im Dienste einer Propaganda der Tat zu tun, wobei die versteckten Beziehungen einer Gesellschaft angeblich in einer dramatischen Konfrontation aufgezeigt werden. Doch dies ist kein wissenschaftliches Verstehen, auch wenn es vielleicht auf einem solchen Verstehen beruhen oder dies beanspruchen mag.

In der Wissenschaft aber wird das Text-Analogon durch einen Text, eine Erklärung ersetzt. Dies könnte Anlaß zu der Frage geben, wie wir hier auch nur ansatzweise von Interpretation, von einem klareren Ausdruck derselben Bedeutung sprechen können, wenn wir es mit zwei so äußerst verschiedenen Vergleichsgegenständen, einem Text und einem Verhaltensakt, zu tun haben. Ist das ganze nicht nur ein schlechtes Spiel mit Worten?

Diese Frage eröffnet uns einen weiteren Aspekt der empirischen Bedeutung, von dem wir vorhin abstrahierten. Empirische Bedeutungen sind in Kontrastfeldern definiert, gerade so wie Worte in semantischen Feldern.

Was aber oben nicht erwähnt wurde, ist der Umstand, daß diese beiden Arten der Definition nicht unabhängig voneinander sind. Die Skala der menschlichen Wünsche, Gefühle, Emotionen und mithin Bedeutungen ist an den jeweiligen Grad und Typ der Kultur gebunden, der wiederum von den durch die Sprache, die die Menschen sprechen, bezeichneten Unterscheidungen und Kategorien untrennbar ist. Das Feld von Bedeutungen, in dem eine gegebene Situation statthaben kann, ist an das semantische Feld der Begriffe gebunden, welche diese Bedeutungen und die ihnen zugehörigen Gefühle, Wünsche und Schwierigkeiten charakterisieren.

Aber die hier vorliegende Beziehung ist keine einfache. Es gibt zwei einfache Modelltypen von Beziehung, die hier angeboten werden könnten, aber beide sind inadäquat. Wir könnten uns vorstellen, daß das Gefühlsvokabular einfach prä-existente Gefühle beschreibt, Unterscheidungen bezeichnet, die auch ohne es vorhanden wären. Dies trifft jedoch nicht zu, denn wir erleben häufig bei uns selbst oder bei anderen, wie z. B. der Erwerb eines komplizierteren Vokabulars der Emotionen unser Gefühlsleben, und nicht unsere Beschreibungen desselben, komplizierter macht. Die Lektüre eines guten, eindringlichen Romans kann mir das Bild eines Gefühls vermitteln, dessen ich mir vorher nicht bewußt war. Aber wir können keine klare Trennlinie ziehen zwischen einer gesteigerten Fähigkeit, Emotionen zu identifizieren, und einer veränderten Schwierigkeit, Emotionen zu fühlen, welche dies ermöglicht.

Das andere einfache, inadäquate Modell der Beziehung besteht darin, daß man vom oben Gesagten zu der Schlußfolgerung springt, daß das Denken dies bewirke. Aber auch dieses ist sichtlich nicht geeignet, denn es kann uns nicht einfach jede neue Definition aufgezwungen werden, noch können wir sie uns selbst aufzwingen; und einige, die wir gern übernähmen, können als inauthentisch oder als von anderen in böser Absicht oder einfach irrtümlich abgegeben beurteilt werden. Diese Urteile können falsch sein, aber sie sind nicht prinzipiell unzulässig. Lieber sollten wir uns bemühen, Klarheit über uns und unsere Gefühle zu gewinnen und einen Menschen, der dies erreicht, bewundern.

Also ist weder die Auffassung von einer einfachen Entsprechung, noch die Auffassung, daß das Denken diese herstellt, richtig. Aber beide haben *prima facie*-Rechtfertigungsgründe für sich. Es gibt so etwas wie Klarheit über sich selbst, die uns auf die Auffassung einer Entsprechung hinweist; aber das Erreichen einer solchen Klarheit bedeutet moralische Veränderung, d. h. es verändert den bekannten Gegenstand. Und gleichzeitig ist der Irrtum über sich selbst nicht einfach das Fehlen einer Entsprechung; er ist auch eine Form der Inauthentizität, der bösen Absicht, der Selbsttäuschung, der Unterdrückung der eigenen menschlichen Gefühle oder etwas dieser Art; genau wie die Selbst-Kenntnis, ist es ebenso eine Frage der Qualität dessen, was wir fühlen, wie dessen, was wir darüber wissen.

Wenn dies zutrifft, dann müssen wir den Menschen als ein sich selbst interpretierendes Tier vorstellen. Er ist dies notwendig, denn es kann keine Struktur von Bedeutungen für ihn unabhängig von seiner Interpretation derselben geben: die eine ist in die andere verwoben. Aber dann ist der Text der Interpretation nicht so sehr heterogen gegenüber dem, was interpretiert wird; denn was interpretiert wird, ist selbst eine Interpretation, eine Selbst-Interpretation, die in einen Fluß von Handlungen eingebettet ist. Es ist eine Interpretation der empirischen Bedeutung, welche zu der Entstehung dieser Bedeutung beiträgt. Oder anders gesagt: dasjenige, bei dem wir die Kohärenz feststellen wollen, entsteht selbst zum Teil durch Selbst-Interpretation.

Unser Ziel ist nun, diese verworrene, unvollständige, zum Teil irrige Selbst-Interpretation durch eine richtige zu ersetzen. Und indem wir dies tun, untersuchen wir nicht nur die Selbst-Interpretation, sondern auch den Verhaltensfluß, in welchen diese eingebettet ist; genau wie wir bei der Interpretation des historischen Dokuments dieses in den Fluß der Ereignisse, auf die es sich bezieht, stellen müssen. Aber diese Analogie ist selbstverständlich nicht exakt, denn hier interpretieren wir die Interpretation und den Verhaltensstrom, in den sie eingelagert ist, gemeinsam, und nicht nur die eine oder den anderen.

Es besteht also letzten Endes keine Heterogenität zwischen der Interpretation und dem, wovon sie handelt; vielmehr ist der Begriff der Interpretation fließend. Ein lebendiger Handelnder zu sein heißt ja schon, die eigene Situation in Form gewisser Bedeutungen zu erfahren; und dies kann in gewissem Sinn als eine Art Proto-»Interpretation« aufgefaßt werden. Diese wiederum wird interpretiert und geformt durch die Sprache, in welcher der Handelnde diese Bedeutungen erlebt. Dieses Ganze ist also eine dritte Ebene, welche durch die Erklärung interpretiert wird, die wir für seine Handlungen anbieten.

Auf diese Weise wird die zweite Bedingung einer hermeneutischen Wissenschaft erfüllt. Aber diese Erklärung zeigt die eingangs gestellte Frage, ob die Interpretation jemals dieselbe Bedeutung ausdrücken kann wie das Interpretierte, in einem neuen Licht. Und in diesem Fall gibt es tatsächlich einen Betracht, in dem die beiden nicht kongruent sind. Denn wenn die Erklärung wirklich klarer ist als die erlebte Interpretation, dann wird sie dazu angetan sein, das Verhalten irgendwie zu verändern, wenn der Handelnde es als seine Selbst-Interpretation verinnerlichen würde. Daher muß eine hermeneutische Wissenschaft, welche ihr Ziel erreicht, d. h. mehr Klarheit erbringt als das unmittelbare Verstehen des Handelnden oder des Beobachters, uns eine Interpretation bieten, die folglich in wesentlicher Hinsicht nicht mit dem Explicandum übereinstimmt.

So bietet das menschliche Verhalten, verstanden als Handlung von Handelnden, die Wünsche und Motive, Ziele und Bestrebungen haben, notwendig einen Gewinn für Beschreibungen durch Bedeutung – jene, die ich als »empirische Bedeutung« bezeichnet habe. Die postulierte Norm der Erklärung verlangt, daß diese das Verhalten »sinnvoll« macht und eine Bedeutungskohärenz nachweist. Dieses »Sinnvollmachen von« ist das Anbieten einer Interpretation; und wir sahen, daß das, was interpretiert wird, die Bedingungen einer Wissenschaft der Interpretation erfüllt: erstens, daß wir von ihrem Sinn oder ihrer Kohärenz sprechen können; und zweitens, daß dieser Sinn in einer anderen Form ausgedrückt werden kann, so daß wir davon sprechen können, daß die Interpretation einen klareren Ausdruck dessen bietet, was im Explicandum nur implizit enthalten ist. Die dritte Bedingung, nämlich daß dieser Sinn für ein Subjekt sein muß, ist in diesem Fall offensichtlich erfüllt, wenngleich die Frage, wer dieses Subjekt ist, keineswegs unproblematisch ist, wie wir später sehen werden.

Dies sollte genügen, um zu zeigen, daß es gute *prima facie*-Gründe gibt, die besagen, daß Menschen und ihre Handlungen Erklärungen hermeneutischer Art zugänglich sind. Es ist daher begründet, die Frage aufzuwerfen und die epistemologische Richtung zu bezweifeln, welche die Interpretation aus den Wissenschaften vom Menschen verbannen möchte. Es muß noch sehr viel mehr gesagt werden, damit wir erkennen, um was es bei den hermeneutischen Wissenschaften vom Menschen geht. Aber bevor wir zu diesem Thema kommen, mag es hilfreich sein, das Problem durch einige Beispiele aus einem spezifischen Feld, nämlich dem der Politik, zu verdeutlichen.

II.

1.

Auch in der Politik führte das Ziel einer verifizierbaren Wissenschaft zur Konzentration auf Merkmale, die angeblich unter Abstraktion von unserem Verstehen oder Nicht-Verstehen empirischer Bedeutung identifiziert werden können. Diese – nennen wir sie *data-bruta*-Identifikationen – sind das, was uns angeblich befähigt, aus dem hermeneutischen Zirkel auszubrechen und unsere Wissenschaft von Grund auf in einem Verifikationsverfahren zu begründen, das die Anforderungen der empiristischen Tradition erfüllt.

Aber in der Politik wurde die Suche nach solchen *data bruta* nicht so weit getrieben wie in der Psychologie, wo viele den Gegenstand der Wissenschaft im Verhalten qua »farbloser Bewegung« oder in maschinenlesbaren Eigenschaften sehen. In der Politik ist man geneigt, sich mit etwas weniger Fundamentalem zu begnügen als – so glaubt man – der Identifikation dessen, was nicht durch das Aufgebot einer anderen Interpretation oder Lesart der betreffenden Daten in Zweifel gezogen werden kann (S. 160-163 oben). Dies ist es, was in der Rhetorik der politischen Wissenschaft als »Verhalten« bezeichnet wird, aber es hat nicht dieselbe Eigenschaft eines felsenfesten Grundsteins wie sein psychologisches Homonym.

Zum politischen Verhalten gehört das, was wir für gewöhnlich als Handlungen bezeichnen, allerdings solche, die angeblich identifizierbare *data bruta* sind. Wie kann dies sein? Nun, Handlungen werden für gewöhnlich durch die erreichten Zwecke oder Endzustände beschrieben. Aber die Zwecke mancher Handlungen können durch das bestimmt sein, was man als *data bruta* bezeichnen mag; manche Handlungen z. B. haben physische Endzustände, etwa wenn man das Auto in die Garage fährt oder einen Berg besteigt. Andere haben Endzustände, welche eng an institutionelle Regeln für irgendeine unmißverständliche physische Bewegung gebunden sind; wenn ich etwa in der Parteiversammlung meine Hand zum richtigen Zeitpunkt hebe, dann stimme ich für den Antrag. Solche Bewegungen oder die Verwirklichung solcher Endzustände vorausgesetzt, können wir bezüglich der korrespondierenden Handlungen nur solche Fragen stellen, wie etwa, ob der Handelnde sich dessen bewußt war, was er tat, ob er handelte – im Gegensatz zur Bekundung einfachen Reflexverhaltens –, ob er die institutionelle Bedeutung seines Schrittes kannte, usw. Alle Fragen zu diesem Thema erweisen sich in den Kontexten, mit denen die politische Wissenschaft befaßt ist, als ziemlich künstlich; und wo sie wirklich auftreten, können sie durch relativ einfache Mittel überprüft werden, z. B. die Frage an das Subjekt: beabsichtigten Sie, für den Antrag zu stimmen?

Daher gibt es offenbar Handlungen, die identifiziert werden können, ohne daß ein Disput um Interpretationen zu befürchten wäre; und dies bietet die Begründung der Kategorie »Politisches Verhalten«. Es gibt also Akte von offensichtlich politischer Relevanz, die folglich in physikalischen Begriffen spezifiziert werden können, wie etwa das »Töten«, die Entsendung von Panzern in die Straßen, die Verhaftung von Menschen und ihre Einweisung in Gefängniszellen; und es gibt eine gewaltige Skala von anderen, die von physikalischen Akten durch institutionelle Regeln unterschieden werden können, wie z. B. die Abstimmung. Diese können der Gegenstand einer Wissenschaft von der Politik sein, die hoffen darf, die stringente Anforderung der Verifikation zu erfüllen. Insbesondere die letztere Gruppe bot in den letzten Jahrzehnten das Material für Untersuchungen – vor allem Untersuchungen des Wählerverhaltens.

Aber selbstverständlich wäre eine auf solche Akte beschränkte Wissenschaft von der Politik viel zu eng gefaßt. Denn auf einer anderen Ebene haben diese Handlungen auch für die Handelnden eine Bedeutung, die sich nicht in den *data-bruta*-Beschreibungen erschöpft und die häufig wesentliche Voraussetzung ist, um zu verstehen, warum sie getan wurden. Indem ich für den Antrag stimme, wahre ich daher auch die Ehre meiner Partei, verteidige den Wert der Redefreiheit, trete für die öffentliche Moral ein oder rette die Zivilisation vor dem Zusammenbruch. Genau in diesem Sinn sprechen die Handelnden über die Motivation eines großen Teils ihres politischen Handelns, und es läßt sich schwerlich eine Wissenschaft von der Politik vorstellen, die sich damit nicht auseinandersetzen würde.

Die behavioristische Politische Wissenschaft geht diese Frage an, indem sie die im Handeln enthaltenen Bedeutungen als Fakten über den Handelnden, seine Überzeugungen, seine affektiven Reaktionen, seine »Werte«, wie der häufig verwandte Ausdruck lautet, ansehen. Denn im Sinne von *data bruta* läßt sich als verifizierbar vorstellen, daß Menschen bereit wären, einer bestimmten Form von Wörtern (die z. B. eine Überzeugung ausdrücken), beizupflichten oder nicht; eine positive oder negative Reaktion auf gewisse Ereignisse oder Symbole zum Ausdruck zu bringen; oder mit der Behauptung, daß irgendeine Handlung richtig oder falsch ist, übereinzustimmen. Durch die Techniken der Meinungsumfrage und der Inhaltsanalyse können wir daher Meinungen einfach als eine andere Form von *data bruta* erfassen.

Dagegen drängt sich unmittelbar ein Einwand auf. Wenn wir versuchen, den Bedeutungen, die das politische Handeln beseelen, gerecht zu werden, dann bedarf es zweifellos scharfsinniger Interpretation. Nehmen wir an, wir versuchten, die Ziele und Werte einer gewissen Gruppe zu verstehen oder ihre Vision der politischen Gemeinschaft zu begreifen; wir könnten versuchen, dies durch einen Fragebogen zu ermitteln, in dem wir sie fragen, ob sie einer Reihe von Aussagen, welche verschiedene Ziele, Wertungen und Überzeugungen ausdrücken sollen, zustimmen oder nicht. Aber wie würden wir diesen Fragebogen entwerfen? Wie würden wir diese Aussagen auswählen? Hier müßten wir uns auf unser Verständnis der betreffenden Ziele, Werte und Visionen verlassen. Aber dann kann dieses Verständnis, und mithin die Signifikanz unserer Befragungsergebnisse, in Zweifel gezogen werden. Vielleicht ist das Resultat unserer Studie, die Kompilation der Bejahungen und Verneinungen dieser Aussagen irrelevant und ohne jede Signifikanz für das Verständnis der betreffenden Handelnden oder der politischen Gemeinschaft. Ein solcher Angriff wird häufig von den Kritikern der Hauptströmung der Politischen Wissenschaft, oder in diesem Fall der Sozialwissenschaft im allgemeinen, vorgetragen.

Hierauf antworten die Repräsentanten dieser Hauptströmung mit einem Standardargument des logischen Empirismus: sie trennen den Prozeß der Entdeckung von der Logik der Verifikation. Gewiß befähigt unser Verstehen dieser Bedeutungen uns, den Fragebogen zu entwerfen, welcher die Einstellung der Leute bezüglich jener Bedeutungen testen soll. Und gewiß ist die Debatte um die Interpretation dieser Bedeutungen potentiell endlos; auf dieser Ebene gibt es keine *data bruta,* jede Behauptung kann durch eine konkurrierende Interpretation bezweifelt werden. Aber dies hat nichts mit verifizierbarer Wissenschaft zu tun. Was eindeutig verifiziert wird, das sind die Korrelationen z. B. zwischen der Zustimmung zu gewissen Aussagen und zu gewissen Verhaltensweisen. Wir entdecken z. B., daß Menschen, die politisch aktiv sind (definiert durch die Beteiligung an einer gewissen Reihe von Institutionen), eher bereit sind, einer gewissen Reihe von Aussagen zuzustimmen, welche vermutlich die dem System zugrunde liegenden Werte ausdrücken.[6] Dieser Befund ist eine eindeutig verifizierte Korrelation, ganz gleich was man über die Schlußfolgerungen oder über die simplen Ahnungen denken mag, die in die Planung der Untersuchung, welche jene Korrelation feststellte, eingegangen sein mögen. Politische Wissenschaft als ein Wissenskodex besteht aus solchen Korrelationen. Sie verleiht den hinter ihr stehenden Schlußfolgerungen oder Ahnungen keinen Wahrheitswert. Ein guter Riecher für die Interpretation kann nützlich sein, um die richtigen Korrelationen aufzuspüren, die überprüft werden sollen, aber es ist nie Aufgabe der Wissenschaft, den Disput zwischen Interpretationen zu schlichten.

Zusätzlich zu jenen offenen Akten, die physikalisch oder institutionell definierbar sind, umfaßt die Kategorie des politischen Verhaltens auch die Zustimmung zu oder Ablehnung von verbalen Formeln, das Vorkommen oder Nicht-Vorkommen verbaler Formeln in der Rede oder Beifalls- bzw. Mißfallenskundgebungen zu gewissen, im institutionell definierten Verhalten beobachteten Vorgängen oder Maßnahmen (z. B. der Aufmarsch zu einer Demonstration).

Gegen diese Auffassung von politischem Verhalten kann nun

6 Vgl. H. McClosky, »Consensus and Ideology in American Politics«, *American Political Science Review,* Vol. 58, 1964, S. 361-382.

eine Reihe von Einwänden erhoben werden; man könnte auf jede erdenkliche Weise fragen, wie frei von Interpretation sie tatsächlich sei. Aber ich möchte sie unter einem anderen Gesichtspunkt in Frage stellen. Eines unserer fundamentalen Charakteristika der Politischen Wissenschaft ist, daß sie die Realität in Übereinstimmung mit gewissen kategorialen Prinzipien rekonstruiert. Diese ermöglichen eine intersubjektive soziale Realität, welche aus *data bruta*, identifizierbaren Fakten und Strukturen, gewissen Institutionen, Verfahren und Handlungen besteht. Sie berücksichtigt Überzeugungen, affektive Reaktionen und Wertungen als psychologische Eigenschaften von Individuen. Und sie ermöglicht Korrelationen zwischen diesen beiden Ordnungen der Realität: z. B. daß gewisse Überzeugungen mit gewissen Handlungen, gewisse Werte mit bestimmten Institutionen übereinstimmen, usw.

Anders gesagt, was objektiv (intersubjektiv) real ist, das sind die identifizierbaren *data bruta*. Diese *sind* die soziale Realität. Soziale Realität, beschrieben im Rahmen ihrer Bedeutung für die Handelnden, so daß Streit über die Interpretation ausbrechen könnte, der nicht durch *data bruta* beigelegt werden könnte (z. B. rotten die Menschen sich zusammen, um ein Hearing zu erzwingen, oder rotten sie sich zusammen, um ihre Erniedrigung zu beenden, oder aus blinder Wut, oder weil sie im Aufstand ihre Menschenwürde wiederfinden?) – dies ist die gegebene subjektive Realität, d. h. es gibt gewisse Überzeugungen, affektive Reaktionen und Wertungen, welche die Individuen in bezug auf die soziale Realität haben oder machen. Diese Überzeugungen oder Reaktionen können einen Effekt auf diese Realität haben; und die Tatsache, daß solch eine Überzeugung vertreten wird, ist eine Tatsache von objektiver sozialer Realität. Aber die soziale Realität, welche der Gegenstand dieser Einstellungen, Überzeugungen und Reaktionen ist, kann nur aus *data bruta* bestehen. So kann jede Beschreibung der Realität durch Bedeutungen, die der Interpretation offensteht, nur dann in dieser wissenschaftlichen Auseinandersetzung zugelassen werden, wenn sie sozusagen in Anführungszeichen gesetzt

178

und Individuen als deren Meinung, Überzeugung, Einstellung zugeschrieben wird. Daß diese Meinung, Überzeugung usw. vertreten wird, wird als *datum brutum* angesprochen, denn sie wird als eine bestimmte Antwort des Befragten auf den Fragebogen umdefiniert.

Dieser Aspekt der sozialen Realität, welcher deren Bedeutung für die Handelnden betrifft, wurde in verschiedener Weise abgehandelt, aber in jüngster Zeit spricht man von ihm als der politischen Kultur. Die Art, wie diese definiert und studiert wird, illustriert anschaulich die oben genannten kategorialen Prinzipien. Almond und Powell[7] z. B. bezeichnen die politische Kultur als die »psychologische Dimension des politischen Systems« (23). Weiter führen sie aus: »Politische Kultur ist die Struktur der individuellen Einstellungen und Orientierungen gegenüber der Politik bei den Angehörigen eines politischen Systems. Es ist der subjektive Bereich, welcher politischem Handeln zugrunde liegt und ihm Sinn verleiht« (50). In der Folge unterscheiden die Autoren drei verschiedene Arten der Orientierung: die kognitive (Wissen und Überzeugungen), die affektive (Gefühle) und die wertende (Urteile und Meinungen). Unter dem Gesichtspunkt der empiristischen Epistemologie läßt dieses System von kategorialen Prinzipien nichts aus. Sowohl die Realität als auch die Bedeutungen, die sie für die Handelnden hat, werden einbezogen. Was es aber tatsächlich nicht berücksichtigen kann, das sind die intersubjektiven Bedeutungen, d. h. es kann die Validität von Beschreibungen der sozialen Realität durch Bedeutungen, mithin als *data bruta,* die nicht in Anführungszeichen gesetzt und Individuen als Meinung, Einstellung usw. zugeschrieben werden, nicht gelten lassen. Gerade diese Ausschließung aber möchte ich im Namen eines anderen Systems von kategorialen Prinzipien, die durch eine ganz andere Epistemologie inspiriert sind, in Frage stellen.

---

7 Gabriel A. Almond und G. Bingham Powell, *Comparative Politics: a Developmental Approach,* Boston und Toronto, 1966. Seitenverweise hier und im folgenden beziehen sich auf dieses Werk.

2.

An früherer Stelle sprachen wir von der Identifikation von Handlungen als *data bruta* mittels institutioneller Regeln. Kreuzt man auf einem Stück Papier einen Namen an und steckt es in einen Kasten, so gilt dies im richtigen Kontext als Stimmabgabe für diese Person; verläßt man den Raum, indem man eine gewisse Formel von Worten sagt oder schreibt, so gilt dies als Abbruch der Verhandlungen; schreibt man seinen Namen auf ein Stück Papier, so gilt dies als Unterzeichnung einer Petition usw. Was aber wirklich wert wäre untersucht zu werden, ist das, was diesen Identifikationen jeweils zugrunde liegt. Diese Identifikationen sind die Anwendung einer Sprache auf das soziale Leben, einer Sprache, welche Unterscheidungen zwischen verschiedenen möglichen sozialen Handlungen, Beziehungen und Strukturen bezeichnet. Aber was liegt dieser Sprache zugrunde? Nehmen wir z. B. den obengenannten Abbruch von Verhandlungen. Die Sprache unserer Gesellschaft kennt Zustände oder Handlungen wie die folgenden: Aufnahme der Verhandlungen, Abbruch der Verhandlungen, Verhandlungsangebot, Verhandlung in guter (böser) Absicht, Beendigung der Verhandlungen, Abgabe eines neuen Angebots, usw. In einer eher jargonverseuchten Sprache ist der semantische »Raum« dieser Skala der sozialen Aktivität in gewisser Weise, durch eine gewisse Reihe von Unterscheidungen, die unser Wortschatz bezeichnet, zerstückelt; und Form und Wesen dieser Unterscheidungen machen das Wesen unserer Sprache auf diesem Gebiet aus. Diese Unterscheidungen werden in unserer Gesellschaft in verschiedenen Kontexten mehr oder minder formalisiert verwendet.

Aber selbstverständlich gilt dies nicht für jede Gesellschaft. Unsere ganze Auffassung von Verhandlung ist z. B. an die besondere Identität und Autonomie der Parteien, an den Willenscharakter ihrer Beziehungen gebunden; diese Auffassung ist sehr am Vertrag orientiert. Aber andere Gesellschaften haben keine solche Konzeption. Über das traditionale japanische Dorf wird berichtet, daß die Grundlage des sozialen Lebens dort eine starke Form des Konsensus war, die einstimmige Entscheidungen hoch prämierte.[8] Dieser Konsensus müßte als zerstört gelten, wenn zwei klar artikulierte Parteien sich absonderten, einander entgegengesetzte Ziele verfolgten und versuchten, entweder den Gegner niederzustimmen oder ihn zu einer Vereinbarung zu für sie selbst möglichst günstigen Bedingungen zu zwingen. Hier muß eine Diskussion und irgendeine Art des Ausgleichs von Unterschieden stattfinden. Aber unsere Vorstellung von Verhandlung, die von der Annahme verschiedener, autonomer Parteien in einer willensmäßigen Beziehung ausgeht, ist dort nicht am Platze; dies trifft auf eine Reihe von Unterscheidungen zu, wie: in Verhandlungen eintreten oder sie verlassen, oder mit guter Absicht verhandeln (nämlich mit der echten Absicht, eine Vereinbarung anzustreben). Der Unterschied zwischen unserer Gesellschaft und einer Gesellschaft der eben beschriebenen Art ließe sich nicht gut ausdrücken, wenn wir sagten, daß wir ein Vokabular benutzen, um Verhandlungen zu beschreiben, das den anderen fehlt. Wir könnten z. B. sagen, daß wir über ein Vokabular verfügen, um den Himmel zu beschreiben, das ihnen fehlt, nämlich das der Newtonschen Mechanik. Denn hier unterstellen wir, daß sie unter demselben Himmel leben wie wir und ihn lediglich anders verstehen. Aber es trifft nicht zu, daß sie dieselbe Form der Verhandlung kennen wie wir. Das Wort »verhandeln«, oder welches Wort ihrer Sprache wir immer damit übersetzen, muß einen völlig anderen Beigeschmack haben, welcher durch die Unterscheidungen bezeichnet wird, die ihr Vokabular im Gegensatz zu den von unserem bezeichneten ermöglicht. Aber diese unterschiedliche Konnotation ist nicht nur ein Unterschied des Wortschatzes, sondern auch einer der sozialen Realität. Aber diese Art, den Unterschied darzustellen, mag immer noch irreführend sein. Denn daraus könnte folgen, daß es eine soziale

8 Vgl. Thomas C. Smith, *The Agrarian Origins of Modern Japan*, Stanford, 1959, Kap. 5. Diese Form von Konsensus findet sich auch in anderen traditionalen Gesellschaften. Vgl. z. B. das *Desa*-System des indonesischen Dorfes.

Realität gibt, die in jeder Gesellschaft entdeckt werden kann und die ganz unabhängig von dem Vokabular dieser Gesellschaft oder sogar von jedem Vokabular existieren könnte, etwa wie der Himmel existiert, ganz gleich was die Menschen über ihn theoretisieren oder nicht. Aber das ist nicht der Fall; die hier gemeinten Realitäten sind Praktiken; und diese können nicht unter Absehung von der Sprache identifiziert werden, welche wir verwenden, um sie zu beschreiben, uns auf sie zu berufen oder uns ihrer zu bedienen. Daß die Praxis der Verhandlung es uns ermöglicht, zwischen Verhandeln mit guter oder böser Absicht, zwischen dem Eintreten in und dem Abbruch von Verhandlungen zu unterscheiden, setzt voraus, daß unsere Handlungen und unsere Situation eine gewisse Beschreibung für uns enthalten, d. h. daß wir einzelne Parteien sind, die in Willensbeziehungen eintreten. Aber sie können nur dann diese Beschreibungen für uns haben, wenn das irgendwie im Vokabular dieser Praxis zum Ausdruck gebracht wird; wenn nicht in unseren Beschreibungen der Praktiken (denn wir sind uns vielleicht gewisser bedeutsamer Unterscheidungen unbewußt), dann in der für ihre Ausführung geeigneten Sprache. (So kann die Sprache, welche einen Unterschied zwischen öffentlichen und privaten Akten oder Kontexten bezeichnet, selbst dort existieren, wo diese Begriffe oder ihre Äquivalente nicht Bestandteil dieser Sprache sind; denn der Unterschied wird durch die andere Sprache bezeichnet, welche in dem einen oder anderen Kontext angemessen ist, sei es vielleicht ein Unterschied des Stils oder des Dialekts, und zwar selbst dann, wenn der Unterschied nicht durch spezifische beschreibende Ausdrücke bezeichnet wird.)

Wir haben es hier mit einer Situation zu tun, in der das Vokabular einer gegebenen sozialen Dimension durch die Form der sozialen Praxis in dieser Dimension begründet ist; das heißt, das Vokabular wäre nicht sinnvoll, könnte nicht sinnvoll verwendet werden, wo diese Skala von Praktiken nicht vorherrschen würde. Und doch könnte diese Skala von Praktiken nicht ohne das Vorhandensein dieses oder eines verwandten Vokabulars existieren. Hier besteht keine einfache, einseitige Abhängigkeit. Wir können meinetwegen von wechselseitiger Abhängigkeit sprechen, aber eigentlich geht es hier um den künstlichen Charakter der Unterscheidung zwischen Realität und der Sprache der Beschreibung dieser sozialen Realität. Die Sprache ist konstitutiver Bestandteil der Realität, ist wesentlich Voraussetzung dafür, daß die Realität so ist, wie sie ist. Trennt man die beiden und unterscheidet sie, wie wir mit vollem Recht den Himmel von unseren Theorien über ihn unterscheiden, so wird man stets den eigentlichen Sachverhalt verfehlen.

Diese Form der Beziehung wurde in jüngster Zeit, z. B. von John Searle, mit Hilfe seines Begriffs einer konstitutiven Regel erforscht. Wie Searle ausführt[9], haben wir für gewöhnlich Anlaß anzunehmen, daß Regeln für ein Verhalten gelten, das uns zugänglich wäre, ganz gleich ob die Regel besteht oder nicht. Manche Regeln sind so geartet, sie sind regulativ, wie das Gebot »Du sollst nicht stehlen«. Aber es gibt andere Regeln, z. B. diejenigen, welche die Züge der Königin beim Schach festlegen, die sich nicht in dieser Weise von ihrem Gegenstand trennen lassen. Wenn man diese Regeln aufhebt oder sich einen Zustand vorstellt, in dem sie noch nicht eingeführt sind, dann würde die ganze Skala des betreffenden Verhaltens, in diesem Fall das Schachspiel, nicht existieren. Gewiß gäbe es noch irgendeine Aktivität, bei der ein Stück Holz auf einem aus 8 x 8 Quadraten bestehenden Brett herumgeschoben wird; aber dies wäre kein Schach mehr. Regeln dieser Art sind konstitutive Regeln. Hingegen gibt es wiederum andere Regeln des Schach, etwa daß man »j'adoube« sagt, wenn man eine Figur, ohne die Absicht sie zu spielen, berührt, welche eindeutig regulativ sind.[10]

Ich schlage vor, diese Auffassung von konstitutiv über den Bereich des von Regeln beherrschten Verhaltens hinaus zu erwei-

9 J. Searle, *Speech Acts: an Essay in the Philosophy of Language,* Cambridge 1969, S. 33-42 (dt.: *Sprechakte,* Frankfurt: Suhrkamp, 1971, S. 54 bis 67).
10 Vgl. die Diskussion bei Stanley Cavell, *Must We Mean What We Say?,* New York 1969, S. 21-31.

tern. Daher schlage ich das unbestimmtere Wort »Praxis« vor.
Selbst auf Gebieten, wo keine klar definierten Regeln bestehen,
gibt es Unterscheidungen zwischen verschiedenen Arten des
Verhaltens, so daß die eine Art als angemessene Form für eine
Handlung oder einen Kontext, die andere für eine andere
Handlung oder einen anderen Kontext angesehen wird; tut
oder sagt man z. B. gewisse Dinge, so kommt dies einem Abbruch der Verhandlungen gleich, tut oder sagt man andere
Dinge, so kommt dies der Abgabe eines neuen Angebots gleich.
Aber genau wie es konstitutive Regeln gibt, d. h. Regeln, ohne
die das Verhalten, z. B. das Dirigieren, nicht existieren könnte,
und die in diesem Sinne untrennbar von diesem Verhalten sind,
so schlage ich vor, daß es konstitutive Unterscheidungen, konstitutive Sprachbereiche gebe, die insofern untrennbar von gewissen Praktiken sind, als diese ohne sie nicht existieren.
Wir können diese Beziehung umkehren und feststellen, daß
alle Institutionen und Praktiken, mittels derer wir leben,
durch gewisse Unterscheidungen und mithin durch eine gewisse Sprache konstituiert sind, welche daher für sie wesentlich
ist. Nehmen wir also die Stimmabgabe als eine Praxis, die wesentlich für eine große Zahl von Institutionen in einer demokratischen Gesellschaft ist. Wesentlich für die Praxis der Stimmabgabe ist, daß irgendeine Entscheidung gefällt (ein Mann gewählt, eine Maßnahme beschlossen) wird, und zwar mittels
eines Kriteriums der Präponderanz (einfache Mehrheit, Zwei-
drittelmehrheit oder dergleichen) aus einem System von Mikro-
Entscheidungen (die Stimmabgaben von Bürgern, Parlaments-
mitgliedern, Delegierten). Wenn unser Verhalten nicht mit
einer solchen Signifikanz verbunden ist, dann könnten wir Zet-
tel markieren und zählen, Hände heben oder beim Hammel-
sprung in die Lobby hinausgehen, soviel wir wollen, ohne daß
dies einer Stimmabgabe gleichkäme. Daraus folgt, daß die Institution der Stimmabgabe so geartet sein muß, daß gewisse
Unterscheidungen Anwendung finden: z. B. zwischen der Tatsache, daß jemand gewählt oder ein Gesetz verabschiedet wird,
und der Tatsache, daß diese bei der Wahl oder Verabschiedung

durchfallen; zwischen einem gültigen Votum und einem ungültigen, was wiederum die Unterscheidung zwischen einer wirklichen Wahl und einer erzwungenen oder vorgetäuschten voraussetzt. Denn ganz gleich, wieweit wir uns von der Rousseauschen Auffassung entfernen, daß jedermann in voller Autonomie entscheide, setzt die Institution der Stimmabgabe doch voraus, daß die Stimmberechtigten entscheiden. Damit es überhaupt eine Stimmabgabe in unserem Sinn geben kann, muß es in den Selbst-Interpretationen der Menschen eine Unterscheidung zwischen Autonomie und erzwungener Wahl geben.

Dies besagt, daß die Aktivität des Markierens und Zählens von Zetteln mit intentionalen Beschreibungen verbunden sein muß, die in einen gewissen Bereich fallen, genau wie die Begegnung zweier Männer oder Delegationen mit Beschreibungen gewisser Art verbunden sein muß, bevor wir sie als Verhandlung bezeichnen. Oder mit anderen Worten, die Tatsache, daß irgendeine Praxis eine Stimmabgabe oder eine Verhandlung ist, ist zum Teil durch das Vokabular bedingt, das in einer Gesellschaft als geeignet gilt, diese durchzuführen oder sie zu beschreiben.

Diesen Praktiken ist daher eine gewisse Auffassung vom Handelnden und seiner Beziehung zu anderen und zur Gesellschaft implizit. Im Zusammenhang mit der Verhandlung in unserer Gesellschaft sahen wir, daß sie ein Bild von in gewissem Sinn autonomen Parteien, welche in Willensbeziehungen eintreten, voraussetzt. Und dieses Bild enthält gewisse implizite Normen, etwa die der oben erwähnten guten Absicht, oder eine Norm der Rationalität, die besagt, daß die Vereinbarung, so weit wie möglich, den eigenen Zielen entsprechen soll, oder die Norm, daß so weit wie möglich Handlungsfreiheit gewährleistet sein soll. Diese Praktiken setzen voraus, daß die Handlungen und Beziehungen eines Menschen im Licht dieses Bildes und der dazugehörigen Normen: gute Absicht, Autonomie und Rationalität gesehen werden. Aber weder sehen die Menschen sich in allen Gesellschaften so, noch verstehen sie diese Normen in allen Gesellschaften. Die Erfahrung von Autonomie, wie wir sie kennen, der Sinn rationalen Handelns und die daraus resultierende Befriedigung sind ihnen nicht zugänglich. Die Bedeutung dieser Begriffe bleibt ihnen verborgen, weil die ihnen zugängliche empirische Bedeutung anders strukturiert ist.

Den Unterschied zwischen unserer Gesellschaft und der vereinfachten Version des traditionalen japanischen Dorfes können wir uns als darin bestehend vorstellen, daß die Skala der Bedeutungen, die den Mitgliedern der beiden Gesellschaften offen steht, sehr verschieden ist. Aber wir haben es hier nicht mit einer subjektiven Bedeutung zu tun, die sich dem kategorialen Raster der behavioristischen politischen Wissenschaft einfügen würde, sondern vielmehr mit intersubjektiven Bedeutungen. Es ist nicht einfach so, daß alle oder die meisten Leute in unserer Gesellschaft einen gegebenen Zyklus von Ideen in ihren Köpfen hätten und sich für eine gegebene Reihe von Zielen einsetzten. Die diesen Praktiken impliziten Bedeutungen und Normen sind nicht einfach in den Köpfen der Handelnden, sondern draußen, in den Praktiken selbst – Praktiken, die nicht als eine Reihe von individuellen Handlungen anzusehen sind, sondern die im wesentlichen Modi der sozialen Beziehung, des wechselseitigen Handelns sind.

Die Handelnden mögen alle möglichen Überzeugungen und Einstellungen haben, die mit Recht als ihre individuellen Überzeugungen und Einstellungen gelten können, selbst wenn andere sie teilen; sie mögen sich für gewisse politische Ziele oder für gewisse Formen der Theorie über die politische Gemeinschaft einsetzen oder gewisse andere Dinge ablehnen. Diese Einstellungen bringen sie in ihre Verhandlungen mit und versuchen ihnen gerecht zu werden. Was sie aber nicht in die Verhandlungen mitbringen, das ist das System von Ideen und Normen, welche für die Verhandlungen selbst konstitutiv sind. Diese müssen der gemeinsame Besitz der Gesellschaft sein, bevor es überhaupt in Frage kommt, daß jemand in Verhandlungen eintritt oder nicht. Es handelt sich also nicht um subjektive Bedeutungen, das Eigentum eines oder mehrerer Individuen, vielmehr um intersubjektive Bedeutungen, welche konstitutiv für die soziale Matrix sind, in der die Individuen sich befinden und handeln.

Die intersubjektiven Bedeutungen, welche den Hintergrund des sozialen Handelns bilden, werden von der politischen Wissenschaft häufig unter dem Titel »Konsensus« behandelt. Darunter versteht man die Konvergenz von Überzeugungen bezüglich gewisser fundamentaler Dinge, oder von Einstellungen. Dabei geht es jedoch nicht um ein und dasselbe. Ob ein Konsensus vorliegt oder nicht, stets ist die Bedingung für das eine wie für das andere das Vorhandensein gewisser gemeinsamer Bezugspunkte. Eine Gesellschaft, in der diese fehlten, wäre keine Gesellschaft im normalen Sinn des Wortes, sondern es wären mehrere. Vielleicht nähern sich gewisse, aus mehreren Rassen oder Stämmen gebildete Staaten dieser Grenze an. Manche multinationale Staaten leiden unter stetigen Widersprüchen, z. B. mein eigenes Land. Aber Konsensus als eine Konvergenz von Überzeugungen und Werten ist nicht das Gegenteil dieser Form der fundamentalen Vielfalt. Das Gegenteil von Vielfalt ist vielmehr ein hohes Maß an intersubjektiven Bedeutungen. Und dieses kann mit profundem Zwiespalt einhergehen. Tatsächlich sind intersubjektive Bedeutungen eine Bedingung für eine gewisse Form sehr tiefer Spaltung, wie sie sich etwa in der Reformation, im amerikanischen Bürgerkrieg oder in den Spaltungen von Linksparteien zeigt, wo der Streit gerade deshalb so hohe Wellen schlägt, weil beide Seiten die andere vollkommen verstehen.

Mit anderen Worten, die Konvergenz von Überzeugungen oder Einstellungen bzw. deren Fehlen setzt eine gemeinsame Sprache voraus, in der diese Überzeugungen formuliert werden können und in der diese Formulierungen bekämpft werden können. Diese gemeinsame Sprache wurzelt in jeder Gesellschaft weitgehend in ihren Institutionen und Praktiken; sie ist konstitutiv für diese Institutionen und Praktiken. Sie ist Teil der intersubjektiven Bedeutungen. Anders gesagt: unabhängig von der Frage, wie sehr die Überzeugungen der Menschen konvergieren, ist die Frage, in welchem Maß sie eine gemeinsame Sprache der sozialen und politischen Realität besitzen, in welcher diese Überzeugungen ausgedrückt werden. Diese zweite Frage kann nicht auf die erste zurückgeführt werden; intersubjektive Bedeutung hat nichts mit der Konvergenz von Überzeugungen oder Werten zu tun. Wenn wir von Konsensus sprechen, dann sprechen wir von Überzeugungen und Werten, die der Besitz einer einzelnen Person oder vieler oder aller sein könnten; aber intersubjektive Bedeutungen könnten nicht der Besitz einer einzelnen Person sein, weil sie in der sozialen Praxis verwurzelt sind.

Vielleicht erkennen wir dies besser, wenn wir uns eine Situation vor Augen führen, in der die einer Praxis zugrunde liegenden Ideen und Normen der Besitz einzelner Individuen sind. Dies ist der Fall, wenn einzelne Individuen aus einer Gesellschaft die Begriffe und Werte einer anderen verinnerlichen, z. B. Kinder in Missionsschulen. Hier haben wir eine völlig andere Situation vor uns. Nunmehr sprechen wir tatsächlich von subjektiven Überzeugungen und Einstellungen. Die Ideen sind abstrakt, sie sind bloße soziale »Ideale«. Wohingegen diese Ideen und Normen in der Ursprungsgesellschaft in deren sozialen Beziehungen verwurzelt sind, und dies aufgrund der Tatsache, daß sie geeignet sind, Meinungen und Ideale zu formulieren.

Dies erkennen wir in Verbindung mit dem Beispiel, das wir schon die ganze Zeit verwenden, nämlich der Verhandlung. Die Vision einer auf Verhandlungen beruhenden Gesellschaft sowie auch die damit verbundenen Normen der Rationalität und die Definition der Autonomie sind heute schweren Angriffen von seiten eines wachsenden Teils der Jugend ausgesetzt. Dies ist ein dramatisches Scheitern des »Konsensus«. Aber diese Spaltung findet im Bereich jener intersubjektiven Deutung statt – der sozialen Praxis der Verhandlung, wie sie in unserer Gesellschaft erlebt wird. Die Ablehnung hätte nicht jene bittere Qualität, die sie hat, wenn das, was abgelehnt wird, nicht allgemein verstanden würde, denn es ist Teil einer sozialen Praxis, die zu umgehen uns schwerfällt, da unsere Gesellschaft so gründlich von ihr durchdrungen ist. Gleichzeitig strebt man nach anderen Formen, die noch die »abstrakte« Qualität von Idealen haben, welche in diesem Sinn subjektiv, d. h. nicht in der Praxis verwurzelt sind; und dies bewirkt, daß die Rebellion für Außenstehende so »unwirklich« und so irrational erscheint.

3.

Intersubjektive Bedeutungen, Erfahrungsweisen von Handeln in einer Gesellschaft, die in der für Institutionen und Praktiken konstitutiven Sprache und deren Beschreibungen ausgedrückt werden, fügen sich nicht dem kategorialen Raster der Hauptströmung der Politischen Wissenschaft ein. Diese läßt nur eine intersubjektive Realität gelten, welche sie als identifizierbare *data bruta* erkennt. Aber solche sozialen Praktiken und Institutionen, die zum Teil durch gewisse Formen, über sie zu sprechen, konstituiert werden, sind nicht so leicht identifizierbar. Wir müssen die Sprache, die ihnen zugrunde liegenden Bedeutungen verstehen, welche sie konstituieren.

Sobald wir ein gewisses System von Institutionen oder Praktiken als Ausgangspunkt und nicht als Gegenstand weiterer Fragestellungen akzeptieren, können wir gelten lassen, daß der Umstand, daß gewisse Handlungen oder gewisse Zustände, von denen wir feststellen, daß sie innerhalb des semantischen Felds dieser Praktiken stattfinden, ohne weiteres als *datum brutum* angesehen werden kann. Z. B. die Tatsache, daß jemand die Liberalen gewählt oder eine Petition unterzeichnet hat. Daran anschließend können wir gewisse subjektive Bedeutungen – Überzeugungen, Einstellungen usw. – mit seinem Verhalten oder dem Fehlen solchen Verhaltens korrelieren. Aber dies bedeutet, daß wir den Versuch aufgeben, weiterhin zu definieren, was diese Praktiken und Institutionen sind, welche Bedeutungen sie voraussetzen und mithin bestätigen. Denn diese Bedeutungen fügen sich nicht in den Raster ein; sie sind keine subjektiven Überzeugungen oder Werte, sondern für die soziale Realität konstitutiv. Um sie zu erfassen, müssen wir die Grundprämisse aufgeben, nach der die soziale Realität einzig aus *data bruta* besteht. Denn jede Charakterisierung der diesen

Praktiken zugrunde liegenden Bedeutungen kann von jemandem, der eine alternative Interpretation anbietet, in Frage gestellt werden. Die Negation dessen ist das, was wir unter *data bruta* verstehen. Wir müssen zugeben, daß die intersubjektive soziale Realität zum Teil durch Bedeutungen definiert sein muß; daß Bedeutungen als subjektive nicht nur in kausaler Wechselwirkung mit einer aus *data bruta* bestehenden sozialen Realität stehen, sondern daß sie als intersubjektive konstitutiv für diese Realität sind.

Wir sprachen hier dauernd von intersubjektiven Bedeutungen. Und an früherer Stelle brachte ich das Problem der intersubjektiven Bedeutung in einen Gegensatz zu dem des Konsensus als Konvergenz von Meinungen. Aber es gibt noch eine andere Art der nicht-subjektiven Bedeutung, die ebenfalls häufig inadäquat unter dem Titel »Konsensus« behandelt wird. In einer Gesellschaft mit einem dichten Netz intersubjektiver Bedeutungen kann es ein mehr oder minder starkes System von gemeinsamen Bedeutungen geben. Damit meine ich Vorstellungen über das, was signifikant ist, die aber nicht nur in dem Sinne geteilt werden, daß jedermann sie hat, sondern auch insofern allgemein sind, als sie das gemeinsame Bezugssystem darstellen. So teilt wohl jeder Mann in unserer Gesellschaft die Empfänglichkeit für eine gewisse Art weiblicher Schönheit, aber dies braucht keine gemeinsame Bedeutung zu sein. Vielleicht weiß niemand etwas davon, außer den Marktforschern, die in ihrer Werbung damit arbeiten. Aber das Überleben der nationalen Identität als frankophone Volksgruppe ist für die Bewohner *Quebecs* von gemeinsamer Bedeutung; denn diese wird nicht nur allgemein geteilt, sondern dieses gemeinsame Streben ist einer der allgemeinen Bezugspunkte aller Diskussion, Kommunikation und des ganzen öffentlichen Lebens der Gesellschaft.

Wir können von geteilten Überzeugungen, Bestrebungen usw. sprechen, wenn eine Konvergenz zwischen den subjektiven Überzeugungen und Bestrebungen vieler Individuen vorliegt. Aber zu der Bedeutung einer gemeinsamen Bestrebung, Überzeugung, Feier usw. gehört, daß sie nicht nur geteilt wird, sondern Bestandteil des gemeinsamen Bezugssystems ist. Oder anders gesagt: die Tatsache, daß sie geteilt wird, ist ein kollektiver Akt, sie ist ein gemeinsam getragenes Bewußtsein, während das Teilen von Überzeugungen usw. etwas ist, das jeder sozusagen für sich tut, selbst wenn jeder von uns durch andere beeinflußt ist.

Gemeinsame Bedeutungen sind die Basis der Gemeinschaft. Intersubjektive Bedeutung gibt einem Volk eine gemeinsame Sprache, in der es sich über die soziale Realität verständigt, sowie ein gemeinsames Verständnis gewisser Normen, aber erst mit den gemeinsamen Bedeutungen enthält dieser gemeinsame Bezug signifikante gemeinsame Handlungen, Feiern und Gefühle. Diese sind Gegenstände des Systems, an dem jedermann teilhat. Dadurch entsteht Gemeinschaft.

Und abermals können wir dieses Phänomen nicht wirklich mit Hilfe der üblichen Definition von Konsensus als Konvergenz von Meinungen und Werten verstehen. Denn hier geht es um mehr als Konvergenz. Konvergenz ist das, was geschieht, wenn unsere Werte geteilt werden. Aber die Voraussetzung für gemeinsame Bedeutungen ist, daß diese geteilten Werte Bestandteil der gemeinsamen Welt sind, daß dieses Teilen geteilt wird. Aber wir könnten auch sagen, daß die gemeinsamen Bedeutungen etwas ganz anderes sind als der Konsensus, denn sie können neben einem hohen Maß an Spaltung bestehen; dies ist der Fall, wenn eine gemeinsame Bedeutung von verschiedenen Gruppen innerhalb einer Gesellschaft verschieden erlebt und verstanden wird. Sie bleibt eine gemeinsame Bedeutung, weil es einen Bezugspunkt gibt, nämlich den gemeinsamen Zweck, das gemeinsame Streben, die gemeinsame Feier. Beispiele dafür sind der *American Way* oder die Freiheit, wie sie in den USA verstanden wird. Aber diese gemeinsame Bedeutung wird von verschiedenen Gruppen verschieden artikuliert. Dies ist der Grund heftigster Kämpfe in einer Gesellschaft, und wir erleben dies auch heute in den Vereinigten Staaten. Vielleicht könnte man sagen, daß eine gemeinsame Bedeutung sehr häufig die Ursache eines empfindlichen Mangels an Konsensus ist. Sie darf daher nicht mit der Konvergenz von Meinung, Wert und Einstellung verwechselt werden.

Gewiß sind gemeinsame Bedeutungen und intersubjektive Bedeutungen eng miteinander verwoben. Damit es gemeinsame Bedeutungen geben kann, muß ein enges Netz von intersubjektiven Bedeutungen bestehen; und die Folge nachhaltiger gemeinsamer Bedeutungen ist die Entwicklung eines noch stärkeren Netzes von intersubjektiven Bedeutungen, wie die Menschen sie in der Gemeinschaft erleben. Wenn hingegen die gemeinsamen Bedeutungen absterben, was durch die früher beschriebene Form eines tiefen Dissens geschehen kann, dann tendieren die Gruppen dazu, auseinanderzufallen und verschiedene Sprachen der sozialen Realität zu entwickeln, mithin weniger intersubjektive Meinungen zu teilen.

Um unser obiges Beispiel wieder aufzunehmen, besteht also in unserer Zivilisation eine starke gemeinsame Bedeutung bezüglich einer gewissen Vision von der freien Gesellschaft, in welcher die Verhandlung einen zentralen Platz einnimmt. Dies trug dazu bei, daß sich eine soziale Praxis der Verhandlung durchgesetzt hat, die uns an dieser intersubjektiven Bedeutung teilhaben läßt. Heute aber wird diese gemeinsame Bedeutung stark in Frage gestellt, wie wir gesehen haben. Sollte es denen, die sie bestreiten, wirklich gelingen, eine alternative Gesellschaft aufzubauen, dann würde sich zwischen denen, die in der gegenwärtigen Gesellschaftsform verbleiben, und denen, die eine neue begründet hätten, eine Kluft entwickeln.

Wie die intersubjektiven Bedeutungen, so fallen auch die gemeinsamen Bedeutungen durch das Netz der Hauptströmung der Sozialwissenschaft. Sie finden keinen Platz in ihren Kategorien. Denn sie sind nicht einfach eine Reihe konvergierender subjektiver Reaktionen, sondern Bestandteil der gemeinsamen Welt. Woran es der Ontologie der Hauptströmung der Sozialwissenschaft fehlt, ist ein Begriff von Bedeutung, die nicht einfach für ein individuelles Subjekt gegeben wäre, sondern für ein Subjekt, das sowohl »wir« als auch »ich« sein kann. Der

Ausschluß dieser Möglichkeit, des Gemeinschaftlichen, resultiert wiederum aus dem verhängnisvollen Einfluß der epistemologischen Tradition, für die alles Wissen aus den dem individuellen Subjekt eingeprägten Eindrücken rekonstruiert werden muß. Aber wenn wir uns vom Einfluß dieser Vorurteile befreien, dann wird uns dies als eine äußerst implausible Auffassung von der Entwicklung des menschlichen Bewußtseins erscheinen; wir sind uns der Welt durch ein »Wir« bewußt, bevor wir es durch ein »Ich« sind. Daher brauchen wir die Unterscheidung zwischen dem, was bloß in dem Sinne geteilt wird, daß wir alle es in unseren individuellen Welten haben, und dem, was in der gemeinsamen Welt ist. Doch die bloße Idee von etwas, das in der gemeinsamen Welt enthalten wäre, im Gegensatz zu dem, was in allen individuellen Welten besteht, ist der empiristischen Epistemologie völlig unzugänglich. Daher findet es keinen Platz in der Hauptströmung der Sozialwissenschaft. Wohin dies führt, müssen wir nun zu erkennen suchen.

III.

1.

Fassen wir die letzten Seiten also zusammen: eine Sozialwissenschaft, welche die Voraussetzungen der empiristischen Tradition erfüllen will, versucht natürlich, die soziale Realität als einzig aus *data bruta* bestehend zu rekonstruieren. Diese *data* sind die Akte von Menschen (Verhalten), wie sie – angeblich der Interpretation unzugänglich – durch physikalische Beschreibungen oder durch eindeutig durch Institutionen und Praktiken definierte Beschreibungen identifiziert werden; und zweitens, sie beinhalten die subjektive Realität der Überzeugungen, wie diese durch deren Reaktionen auf bestimmte Wortformen oder in manchen Fällen durch ihr offenes nicht-verbales Verhalten attestiert sind.

Ausgeschlossen bleibt dabei die Betrachtung der sozialen Realität, wie sie durch intersubjektive und gemeinsame Bedeutungen charakterisiert ist. Ausgeschlossen bleibt z. B. auch der Versuch, unsere Zivilisation, in der die Verhandlung sowohl in der Praxis als auch in der sie legitimierenden Theorie eine so zentrale Rolle spielt, durch die Untersuchung der Selbst-Definitionen des Handelnden, der anderen sowie der in ihr verkörperten sozialen Bezüge zu verstehen. Solche Definitionen, welche die Bedeutung des eigenen und des Handelns anderer für die Handelnden sowie die sozialen Beziehungen, in denen sie stehen, betreffen, registrieren keineswegs *data bruta* in dem Sinn, wie dieser Terminus in solcher Argumentation verwendet wird; das heißt, sie sind keineswegs dagegen gefeit, von jenen in Frage gestellt zu werden, die unsere Interpretationen dieser Bedeutungen bestreiten. Oben habe ich versucht, die dieser Verhandlungspraxis implizite Vision zu skizzieren, indem ich auf bestimmte Begriffe wie Autonomie und Rationalität hinwies. Aber diese Lesart wird zweifellos von jenen angezweifelt werden, die andere Grundkonzeptionen vom Menschen, von der menschlichen Motivation, von der Conditio humana haben; oder sogar von jenen, die andere Aspekte des Problems, mit dem wir uns befassen, für wichtiger halten. Wenn wir solche Auseinandersetzungen vermeiden und eine Wissenschaft haben wollen, die auf der Verifikation, wie diese vom logischen Empirismus verstanden wird, begründet ist, dann müssen wir diese Forschungsebene überhaupt meiden und hoffen, uns mit einer Korrelation von als *data bruta* identifizierbaren Verhaltensweisen zu behelfen.

Ähnliches gilt für die Unterscheidung zwischen gemeinsamen Bedeutungen und geteilten subjektiven Bedeutungen. Wir können darauf hoffen, die subjektiven Bedeutungen von Individuen insoweit zu identifizieren, als es dafür adäquate Kriterien gibt in der Zustimmung zu oder der Ablehnung von verbalen Formeln oder in ihrem als *data bruta* identifizierbaren Verhalten. Aber sobald wir die Unterscheidung zwischen solchen subjektiven Bedeutungen, die allgemein geteilt werden, und genuinen gemeinsamen Bedeutungen gelten lassen, können wir uns nicht mehr mit der Identifikation von *data bruta* begnügen. Wir befinden uns auf einem Gebiet, wo unsere Definitionen von denen, die andere Lesarten vertreten, bezweifelt werden können.

Die grundsätzliche Entscheidung der Vertreter der sozialwissenschaftlichen Hauptströmung für die empiristische Konzeption von Wissen und Wissenschaft macht es unvermeidlich, daß sie das Verifikationsmodell der Politischen Wissenschaft und die kategorialen Prinzipien, die dieses zur Folge hat, akzeptieren. Dies wiederum bedeutet, daß eine Untersuchung unserer Zivilisation in bezug auf intersubjektive und gemeinsame Bedeutungen ausgeschlossen wird. Diese ganze Forschungsebene wird vielmehr unsichtbar gemacht.

Nach der Auffassung dieser Hauptströmung werden die verschiedenen Praktiken und Institutionen verschiedener Gesellschaften daher nicht im Zusammenhang mit verschiedenen *clusters* von intersubjektiven oder gemeinsamen Bedeutungen gesehen, vielmehr sollten wir imstande sein, sie nach verschiedenen *clusters* von »Verhalten« und/oder subjektiver Bedeutung zu unterscheiden. Der Vergleich zwischen Gesellschaften setzt nach dieser Auffassung voraus, daß wir ein universales Vokabular des Verhaltens entwickeln, welches uns ermöglichen soll, die verschiedenen Formen und Praktiken verschiedener Gesellschaften durch das gleiche Begriffsgefüge darzustellen.

Die heutige Politische Wissenschaft verachtet daher die älteren Versuche einer komparativen Politikwissenschaft via Vergleich von Institutionen. Eine einflußreiche heutige Schule ist deshalb zum Vergleich gewisser Praktiken oder ganz allgemeiner Klassen von Praktiken übergegangen und schlägt vor, Gesellschaften nach den verschiedenen Arten, wie diese Praktiken ausgeübt werden, zu unterscheiden. Diese sind die »Funktionen« der einflußreichen »Entwicklungstheorie«.[11] Es kommt aber epistemologisch entscheidend darauf an, daß solche Funktionen unabhängig von jenen in verschiedenen Gesellschaften verschiedenen intersubjektiven Bedeutungen identifiziert werden; oder sie wären nur in jenem lockeren und wenig aufschluß-

11 Vgl. Almond and Powell, op. cit.

reichen Sinn universal, in dem auch die Bezeichnung »Funktion« in jeder Gesellschaft, allerdings mit variierender, häufig sogar stark variierender Bedeutung Anwendung finden kann – wobei derselbe Begriff durch die verschiedenen Praktiken und intersubjektiven Bedeutungen sehr verschieden »gedeutet« wird. Die Gefahr, daß solche Universalität vielleicht nichts besagt, wird von den Vertretern der politikwissenschaftlichen Hauptströmung nicht einmal vermutet, denn sie nehmen nicht wahr, daß es eine Ebene der Beschreibung wie diejenige gibt, welche die intersubjektiven Bedeutungen definiert, und sind davon überzeugt, daß Funktionen und die verschiedenen Strukturen, welche diese erfüllen, durch *data-bruta*-Verhalten identifiziert werden können.

Doch die Folgen solcher Ignoranz gegenüber den Unterschieden in intersubjektiven Bedeutungen kann für eine vergleichende Politikwissenschaft verhängnisvoll sein, nämlich insofern, als wir dann alle anderen Gesellschaften in den Kategorien unserer eigenen interpretieren. Gerade dies widerfuhr offenbar ironischerweise der amerikanischen Politikwissenschaft. Nachdem sie die ältere Politikwissenschaft, die sich auf den Institutionenvergleich konzentrierte, heftig wegen deren Ethnozentrizität (oder westlichem Vorurteil) kritisiert hat, schlägt sie nun vor, die Politik jeglicher Gesellschaft mit Hilfe solcher Funktionen wie z. B. »Interessen-Artikulation« und »Interessen-Aggregation« zu verstehen, deren Definition stark durch die Verhandlungs-Kultur unserer Zivilisation beeinflußt ist, deren Gültigkeit aber anderswo alles andere als gesichert ist. Die kaum überraschende Folge ist eine Theorie der politischen Entwicklung, welche den atlantischen Verfassungstyp als den Gipfel der politischen Errungenschaften des Menschen darstellt.

Über dieses Feld der komparativen Politikwissenschaft (über das Alasdair MacIntyre in einem kürzlich veröffentlichten Aufsatz eine interessante Untersuchung anstellte)[12] ließe sich noch viel sagen. Aber ich möchte lieber die Signifikanz dieser beiden

12 »How is a Comparative Science of Politics Possible?«, in Alasdair MacIntyre, *Against the Self-Images of the Age,* London 1971.

konkurrierenden Ansätze in Verbindung mit einem anderen allgemeinen Problembereich der Politik illustrieren, nämlich dem Problem der »Legitimität«.[13]

2.

Es ist eine offensichtliche Tatsache, mit der die Politik sich zumindest seit Platon befaßt, daß manche Gesellschaften sich eines leichteren, spontaneren, weniger auf Zwang beruhenden Zusammenhalts erfreuen als andere. Eine wichtige Frage der politischen Theorie bestand darin, zu verstehen, was diesem Unterschied zugrunde liegt. Unter anderem haben Aristoteles, Machiavelli, Montesquieu und Tocqueville sich damit befaßt. Die zeitgenössischen Vertreter der politikwissenschaftlichen Hauptströmung gehen an diese Frage mit dem Begriff »Legitimität« heran. Die Verwendung dieses Wortes ist hier leicht zu verstehen. Von jenen Gesellschaften, die spontaner zusammenhalten, kann angenommen werden, daß unter ihren Mitgliedern ein stärkeres Gefühl für Legitimität besteht. Aber die Verwendung des Begriffs hat sich gewandelt. »Legitimität« ist ein Begriff, mit dessen Hilfe wir die Autorität des Staates oder der Regierung, ihr Recht auf unsere Gefolgschaft diskutieren. Wie wir uns diese Legitimität auch vorstellen mögen, sie kann einer politischen Ordnung nur im Lichte einer Anzahl benachbarter Vorstellungen zugeschrieben werden – z. B. daß sie den Menschen Freiheit gewährt, daß sie aus deren Willen hervorgeht, daß sie ihnen Ordnung und die Herrschaft des Rechts zusichert, daß sie auf Tradition begründet ist oder aufgrund ihrer erhabenen Eigenschaften Gehorsam befiehlt. Von allen diesen Vorstellungen gilt, daß sie auf Definitionen dessen beruhen, was für die Menschen im allgemeinen oder in einer besonderen Gesellschaft oder unter besonderen Umständen signifikant ist – Definitionen der pragmatischen Bedeutung, die nicht als *data bruta* identifiziert werden können. Selbst wenn einigen dieser

13 MacIntyres Aufsatz enthält auch eine interessante Erörterung des Begriffs »Legitimität« aus einem anderen, wenngleich, wie ich glaube, verwandten Gesichtswinkel.

Begriffe eine »operationale Definition« als *data bruta* gegeben würde – ein Begriff wie z. B. »Freiheit« kann, nach Hobbes, als das Fehlen legaler Restriktion definiert werden –, würde diese Definition nicht der vollen Bedeutung des Begriffs gerecht, besonders nicht derjenigen, die für Menschen als signifikant betrachtet werden kann.

Gemäß dem empiristischen Paradigma wird dieser letztere Aspekt der Bedeutung eines solchen Begriffs als »evaluativ« bezeichnet und als äußerst heterogen gegenüber dem »deskriptiven« Aspekt aufgefaßt. Aber diese Analyse ist alles andere als fest begründet; und dies tatsächlich ebensowenig wie das empiristische Paradigma des Wissens selbst, an das sie eng gebunden ist. Ein Zweifel an diesem Paradigma im Namen einer hermeneutischen Wissenschaft ist auch ein Zweifel an der Unterscheidung zwischen »deskriptiv« und »evaluativ« sowie an der ganzen damit einhergehenden Konzeption von »Wertfreiheit«[14].

Auf jeden Fall darf das Wort »legitim« – sei es, weil es »evaluativ« ist, sei es, weil es nur in Verbindung mit Sinn-Definitionen verwendet werden kann – nach den Vorstellungen der sozialwissenschaftlichen Hauptströmung in Beschreibungen der sozialen Realität nicht verwendet werden. Es darf nur als Beschreibung von subjektiver Bedeutung verwendet werden. Gegenstand der wissenschaftlichen Erörterung ist also nicht die Legitimität einer politischen Ordnung, sondern es sind die Meinungen und Gefühle ihrer individuellen Mitglieder bezüglich deren Legitimität. Die Unterschiede zwischen verschiedenen Gesellschaften in ihrer jeweiligen Art des spontanen Zusammenhalts und Gemeinschaftssinnes müßten demnach aus Korrelationen zwischen den Überzeugungen und Gefühlen ihrer Mitglieder ihnen gegenüber einerseits und dem Vorhandensein gewisser als *data bruta* identifizierbarer Indizes für Stabilität in ihnen andererseits verstanden werden.

So spricht Robert Dahl in *Modern Political Analysis*[15] (31–32)

14 deutsch i. Orig. (d. Ü.).
15 Englewood Cliffs, 1963. Foundation of Modern Political Science Series.

von den verschiedenen Arten, wie Führer »Zustimmung« für ihre politischen Maßnahmen erhalten. Je mehr die Bürger aufgrund »innerer Belohnungen und Entsagungen« zustimmen, desto weniger brauchen die Führer »äußere Belohnungen und Versagungen« einzusetzen. Aber wenn die Bürger glauben, eine Regierung sei legitim, dann wird ihr Gewissen sie anhalten, ihr zu gehorchen; sie werden sich innerlich bestraft fühlen, wenn sie ungehorsam sind; daher wird die Regierung weniger äußere Mittel, einschließlich Gewalt, einsetzen müssen.

Weniger grobschlächtig argumentiert Seymour Lipset in *Political Man*[16] (Kap. 3). Aber er bezieht sich auf dieselben Grundideen, nämlich, daß Legitimität, als subjektive Bedeutung definiert, mit Stabilität korreliert. »Legitimität impliziert die Fähigkeit des Systems, den Glauben hervorzurufen und zu nähren, daß die bestehenden politischen Institutionen die für die Gesellschaft angemessensten sind« (64).

Lipset erörtert die Determinanten der Stabilität in modernen politischen Ordnungen. Im genannten Kapitel behandelt er zwei der wichtigsten, nämlich Effektivität und Legitimität. »Effektivität heißt tatsächliche Leistung, das Maß, in dem das System die Grundfunktionen der Regierung so erfüllt, wie die Bevölkerung und mächtige Gruppen in dieser, etwa die Großwirtschaft und die Streitkräfte sie auffassen« (loc. cit.). So gewinnen wir einen Faktor, bei dem es um die objektive Realität geht, um das, was die Regierung tatsächlich tut; und einen weiteren, bei dem es um subjektive Überzeugungen und »Werte« geht. »Während Effektivität primär instrumental ist, ist Legitimität evaluativ« (loc. cit). Von Anfang an ist also der Rahmen abgesteckt durch eine Unterscheidung zwischen sozialer Realität und dem, was die Menschen darüber denken und fühlen.

Lipset sieht zwei Formen der Legitimitätskrise, mit denen moderne Gesellschaften sich mehr oder minder gut auseinandersetzen. Die eine betrifft den Status der wichtigsten konservativen Institutionen, welche durch die Entwicklung moderner

16 New York 1963. Seitenverweise beziehen sich auf diese Ausgabe.

Industrie-Demokratien in Gefahr geraten. Die zweite betrifft das Maß, in dem alle politischen Gruppen Zugang zum politischen Prozeß haben. So wurden – unter dem ersten Titel – manche traditionellen Gruppen, etwa die landbesitzende Aristokratie oder der Klerus, in einer Gesellschaft wie Frankreich unsanft behandelt und blieben noch Jahrzehnte danach dem demokratischen System entfremdet; wohingegen in England die traditionellen Klassen behutsamer behandelt wurden, selbst zu Kompromissen bereit waren und allmählich in die neue Ordnung integriert und transformiert wurden. Unter dem zweiten Titel gelang es manchen Gesellschaften, die Arbeiterklasse oder die Bourgeoisie zu einem frühen Zeitpunkt in den politischen Prozeß zu integrieren, während diese in anderen bis vor ganz kurzem ausgeschlossen blieben und folglich eine starke Entfremdung vom System entwickelten, zur Übernahme extremistischer Ideologien neigten und ganz allgemein zur Instabilität beitrugen. Eine der Determinanten für die Leistung einer Gesellschaft gemäß diesen beiden Titeln ist, ob sie gezwungen ist oder nicht, die verschiedenen Konflikte einer demokratischen Entwicklung alle gleichzeitig oder einen nach dem anderen zu bewältigen. Eine weitere wichtige Determinante der Legitimität ist die Effektivität.

Diese Theorie, welche Stabilität zum Teil als Folge von Legitimitätsüberzeugungen auffaßt und meint, daß diese wiederum zum Teil aus der Beschaffenheit von Status, Wohlfahrt und politischer Beteiligung verschiedener Gruppen resultieren, erscheint auf den ersten Blick sehr vernünftig und gut geeignet, unser Verständnis für die Geschichte der letzten ein oder zwei Jahrhunderte zu fördern. Aber diese Theorie räumt der Untersuchung der intersubjektiven und gemeinsamen Bedeutungen, welche für die moderne Zivilisation konstitutiv sind, keinen Platz ein. Und wir dürfen bezweifeln, ob wir den Zusammenhalt moderner Gesellschaften oder ihre gegenwärtige Krise verstehen können, wenn wir diese außer Betracht lassen.

Untersuchen wir einmal, wie die neuen industriellen Regimes

im 19. und frühen 20. Jahrhundert die Gefolgschaft der Arbeiterklasse gewannen. Dies ist alles andere als nur – oder vielleicht sogar überwiegend – eine Frage des Tempos, mit dem diese Klasse in den politischen Prozeß und das Funktionieren des Regimes integriert wurde. Vielmehr kann es irreführend sein, die Gewährung des Zugangs zum politischen Prozeß als eine unabhängige Variable zu betrachten.

Nicht nur, daß wir uns häufig von Historikern aufgerufen sehen, den Klassenzusammenhalt in einzelnen Ländern aus anderen Faktoren zu erklären, etwa dem Einfluß des Methodismus im England des frühen 19. Jahrhunderts (Elie Halévy)[17] oder der Anziehungskraft des neuerlich erfolgreichen Nationalismus in Deutschland. Diese Faktoren könnten dem Raster der Sozialwissenschaft angepaßt werden, indem man sie als »Ideologien« oder allgemein vertretene »Wert-Systeme« oder irgendwelche andere Verknüpfungen von subjektiver Bedeutung dieser Art klassifiziert.

Aber die vielleicht wichtigste dieser »Ideologien«, mit denen der Zusammenhalt industrieller demokratischer Gesellschaften erklärt wird, ist die Gesellschaft der Arbeit, die Vision der Gesellschaft als eines großen Produktionsunternehmens, in dem höchst verschiedene Funktionen interdependent integriert sind; eine Vision der Gesellschaft, in der die ökonomischen Verhältnisse als primär angesehen werden, wie dies nicht nur im Marxismus (und in gewissem Sinn nicht eigentlich im Marxismus), sondern vor allem in der Tradition des klassischen Utilitarismus geschieht. Zu dieser Vision gehört auch eine fundamentale Solidarität zwischen allen Mitgliedern der Gesellschaft, die arbeiten (um es mit Arendts Worten auszudrücken)[18], denn sie sind alle an der Produktion dessen beteiligt, was, in allgemeiner Interdependenz, zum Leben und zum Glück unerläßlich ist.

Dies ist die »Ideologie«, welche häufig die Integration der Arbeiterklasse in die Industrie-Demokratien anführte, wobei sie

---

17 *Histoire du Peuple anglais au XIX. siècle*, Paris 1913.
18 Hannah Arendt, *The Human Condition*, New York 1959.

zuerst polemisch gegen die »unproduktiven« Klassen gerichtet war, z. B. in England mit der Anti-Corn-Law-League und später mit den Kampagnen von Joseph Chamberlain (»als Adam pflügte und Eva spann/wer war denn da der Edelmann?«), dann aber zur sozialen Kohäsion und Solidarität beitrug.

Doch der Grund, »Ideologie« oben in Anführungszeichen zu setzen, ist natürlich, daß diese Definition der Dinge, die in jene Konzeption, welche das soziale Leben als auf Verhandlung beruhend ansieht, gut integriert ist, in den Begriffen der sozialwissenschaftlichen Hauptströmung nicht als von einer Vielzahl von Individuen vertretene Überzeugungen und »Werte« verstanden werden kann. Denn die große interdependente Matrix der Arbeit ist nicht einfach ein System von Ideen in den Köpfen der Leute, sondern ein wichtiger Aspekt der Realität, in der wir in der modernen Gesellschaft leben. Und gleichzeitig sind diese Ideen insofern in diese Matrix eingelagert, als sie für dieselbe konstitutiv sind. Das heißt, wir wären nicht fähig, unter dieser Gesellschaftsform zu leben, wären wir nicht von diesen oder manchen anderen Ideen durchdrungen, die geeignet sind, die zum Funktionieren einer solchen Wirtschaft notwendige Disziplin und freiwillige Koordination hervorzurufen. Alle Industrie-Zivilisationen verlangten von den traditionellen bäuerlichen Bevölkerungen, denen sie aufgezwungen wurden, gewaltige Umstellungen; denn sie erfordern ein nie dagewesenes Maß an diszipliniert, anhaltender, monotoner Anstrengung – über lange Stunden hinweg, die durch keinen sinnvollen Rhythmus, wie ihn etwa Jahreszeiten oder Feste setzen, gegliedert ist. Schließlich kann diese Lebensweise nur akzeptiert werden, wenn die Vorstellung, den Lebensunterhalt zu verdienen, mit mehr Signifikanz als der bloßen Vermeidung des Verhungerns ausgestattet wird; und dies geschieht in der Arbeitskultur.

Nun ist diese Arbeitskultur aber nur ein Aspekt moderner Gesellschaften neben der auf Verhandlung und Willensbeziehungen (in den angelsächsischen Ländern) beruhenden Gesellschaft und anderen gemeinsamen und intersubjektiven Bedeutungen, welche in verschiedenen Ländern von verschiedener Wichtigkeit sind. Ich meine nun, daß es gewiß nicht implausibel ist, dieser Arbeitskultur bei der Erklärung der Integration der Arbeiterklasse in die moderne demokratische Industriegesellschaft einige Bedeutung beizumessen. Sie kann jedoch nur als ein *cluster* intersubjektiver Bedeutungen bezeichnet werden. Und als solches kann sie nicht ins Blickfeld der politikwissenschaftlichen Hauptströmung gelangen; ein Autor wie Lipset kann sie, wenn er gerade dieses Problem diskutiert, nicht in seine Erörterung einbeziehen.

Selbstverständlich bleibt ein so massives Faktum nicht gänzlich unbemerkt. Was vielmehr geschieht, ist, daß es uminterpretiert wird. Im allgemeinen war es so, daß die interdependente Produktions- und Vertragsgesellschaft von der Politischen Wissenschaft anerkannt wurde, aber nicht als eine Struktur intersubjektiver Bedeutung unter anderen, sondern als ein unumgänglicher Hintergrund des sozialen Handelns an sich. In dieser Maske braucht sie nicht mehr Gegenstand wissenschaftlicher Forschung zu sein. Vielmehr wird sie in eine mittlere Distanz gerückt, wo ihre allgemeinen Merkmale die Rolle eines universalen Bezugsrahmens spielen, innerhalb dessen (wie man hofft) Handlungen und Strukturen identifizierbare *data bruta* seien, und dies für jede Gesellschaft und zu jedem Zeitpunkt. Man ist also der Auffassung, daß die politischen Handlungen von Menschen in allen Gesellschaften als Varianten der Verarbeitung von »Forderungen« verstanden werden können, die einen wichtigen Bestandteil unseres politischen Lebens ausmacht. Die Unfähigkeit, das Spezifische unserer intersubjektiven Meinungen zu erkennen, ist also untrennbar mit dem Glauben an die Universalität nordatlantischer Verhaltensformen oder »Funktionen« verbunden, der die zeitgenössische vergleichende Politikwissenschaft so weitgehend beeinträchtigt.

Diese Ansicht besagt, daß das, worum es bei der Politik gehe, der fortwährende Ausgleich von Unterschieden oder die Produktion von symbolischen und effektiven »Outputs« auf der Basis von Forderungs- und Bestätigungs-»Inputs« sei. Das Entstehen der intersubjektiven Bedeutung in der Arbeitskultur wird als ein Zunehmen der richtigen Wahrnehmung des politischen Prozesses auf Kosten der »Ideologie« angesehen. So führen Almond und Powell den Begriff »Politische Säkularisierung« ein, um das »Entstehen einer pragmatischen, empirischen Orientierung« an Politik zu beschreiben (58).[19] Eine säkulare politische Kultur ist nicht nur ein Gegensatz zu einer traditionellen, sondern auch zu einer »ideologischen« Kultur, welche charakterisiert ist durch ein »unflexibles Bild vom politischen Leben, das sich gegen konfligierende Informationen abschließt« und »keine offenen Vertrags-Einstellungen entwickelt, wie sie mit einer vollen Säkularisierung verbunden sind« (61). Dies ist eindeutig so zu verstehen, daß eine säkularisierte Kultur eine solche ist, die wesentlich weniger auf Illusionen beruht, die Dinge so sieht wie sie sind und nicht vom »falschen Bewußtsein« der traditionellen oder ideologischen Kultur infiziert ist (um einen Ausdruck zu verwenden, der nicht zum Vokabular jener Hauptströmung gehört).

3.

Diese Auffassung, nach der die Arbeitskultur aus dem Rückzug der Illusion vor der richtigen Wahrnehmung dessen, was Politik fortwährend und in Wirklichkeit ist, hervorgeht, ist daher eng an die epistemologischen Prämissen der politikwissenschaftlichen Hauptströmung und ihre daraus resultierende Unfähigkeit gebunden, das historisch Spezifische der intersubjektiven Bedeutungen dieser Kultur zu erkennen. Aber die Schwäche dieses Ansatzes, die bereits in den Versuchen, die Entstehung dieser Kultur und ihre Beziehung zu anderen zu erklären, sichtbar wird, wird noch peinlicher, wenn wir versuchen, ihr gegenwärtiges Unbehagen, ja sogar ihre Krise zu erklären.

Die Spannungen in der gegenwärtigen Gesellschaft, der Zusammenbruch der guten Lebensart, die Entstehung einer tiefen Entfremdung, die sich in noch mehr Destruktion umsetzt – all

19 Op. cit.

dies tendiert dazu, die Grundkategorien unserer Sozialwissenschaft zu erschüttern. Es geht nicht nur darum, daß eine solche
Entwicklung ganz unvorhersehbar für diese Wissenschaft war,
die in der Zunahme des Überflusses eher eine Ursache für das
weitere Fußfassen der Vertragskultur, für die Verringerung
irrationaler Spaltungen, für die Zunahme der Toleranz, kurz,
für das »Ende der Ideologie« sah. Denn die Vorhersage kann,
wie wir unten sehen werden, nicht das Ziel der Sozialwissenschaft sein, wie sie es für die Naturwissenschaft ist. Vielmehr
ist es so, daß diese wissenschaftliche Hauptströmung nicht über
die Kategorien verfügt, um diesen Zusammenbruch zu erklären. Sie ist gezwungen, den Extremismus entweder als eine Ver-
handlungseröffnung der Verzweifelten aufzufassen, die den
Einsatz absichtlich hochtreiben, um sich Gehör zu verschaffen;
oder aber sie kann das Neue der Rebellion anerkennen, indem
sie die Hypothese akzeptiert, daß aufgrund der Revolution
der »Erwartungen« oder aber des Ausbruchs neuer Wünsche
und Bestrebungen, die bislang im Verhandlungsprozeß keinen
Platz fanden, gesteigerte Erwartungen an das System herangetragen werden. Aber diese neuen Wünsche oder Bestrebungen
müssen dem Bereich der Individualpsychologie zugeordnet werden, d. h. sie müssen so beschaffen sein, daß ihre Weckung und
Befriedigung eher aus den Zuständen der Individuen als aus
den intersubjektiven Bedeutungen, in denen diese leben, zu verstehen sind. Denn diese letzteren finden keinen Platz in den
Kategorien jener Hauptströmung, die daher mit einer genuin
historischen Psychologie völlig unvereinbar ist.
Aber gewisse extremere Proteste und Akte der Rebellion, die
in unserer Gesellschaft stattfinden, können nicht als Verhand-
lungseröffnung im Namen irgendwelcher – alter oder neuer –
Forderungen interpretiert werden. Innerhalb des akzeptierten
Bezugsrahmens unserer Sozialwissenschaft können sie nur als
eine Rückkehr zur Ideologie, und mithin als irrational, interpretiert werden. Anläßlich gewisser ausgefallener und blutiger
Formen des Protests gibt es wohl wenig Meinungsverschiedenheit; sie werden wohl von allen, außer ihren Protagonisten,

als irrational beurteilt. Aber innerhalb der akzeptierten Kategorien ist diese Irrationalität nur mit Hilfe der Individualpsychologie zu verstehen; sie ist der öffentliche Ausbruch privater Pathologie; sie kann nicht als eine Krankheit der Gesellschaft selbst, als ein Unbehagen, welches ihre konstitutiven Bedeutungen befällt, aufgefaßt werden.[20]

Niemand kann behaupten, er stünde im Begriff, eine adäquate Erklärung für diese großen Veränderungen zu liefern, die unsere Zivilisation durchmacht. Aber im Gegensatz zu der Unfähigkeit einer Wissenschaft, die innerhalb der akzeptierten Kategorien bleibt, kann eine hermeneutische Wissenschaft vom Menschen, welche der Untersuchung der intersubjektiven Bedeutung Raum bietet, zumindest einen Anfang machen, fruchtbare Wege der Forschung zu eröffnen. Offenbar beginnt die Disziplin, die integraler Bestandteil der Arbeits- und Vertragskultur war, sich aufzulösen. Die Strukturen dieser Zivilisation, interdependente Arbeit, Verhandlung, gegenseitige Abstimmung der individuellen Ziele, beginnen für viele ihre Bedeutung zu verändern und fangen an, nicht mehr als normal und dem Menschen angemessen, sondern als häßlich und leer empfunden zu werden. Und doch sind wir alle insofern in diesen intersubjektiven Bedeutungen befangen, als wir in dieser Gesellschaft leben – und in dem Maß, wie diese sich fortentwickelt, sind wir immer mehr von ihnen durchdrungen. Daher die Virulenz und Spannung der Kritik an unserer Gesellschaft, die

20 So versucht Lewis Feuer in *The Conflict of Generations*, New York 1969, die »falsche Wahrnehmung der sozialen Realität« in der Studentenrevolte von Berkeley aus einem Generationenkonflikt zu erklären (S. 466-470), der wiederum in der Psychologie der Adoleszenz und des beginnenden Erwachsenenalters wurzele. Doch Feuer selbst stellt in seinem ersten Kapitel fest, daß sich selbst definierende politische Generationen eine vergleichsweise junge Erscheinung seien, ein Phänomen, das aus der nach-napoleonischen Epoche datiere (S. 33). Aber jeder adäquate Versuch, diesen historischen Wandel zu erklären, der immerhin der Berkeley-Revolte und vielen anderen zugrunde liegt, müßte uns, so glaube ich, über den Bereich der Individualpsychologie in den der Psycho-Historie führen, zu einer Untersuchung der Verwicklung psychologischer Konflikte und intersubjektiver Bedeutungen. Eine Variante dieser Art Wissenschaft ist in dem Werk eines Erik H. Erikson skizziert.

stets ganz real eine Selbst-Ablehnung ist (in einer Art, wie es die alte sozialistische Opposition niemals war).

Warum sind diese Bedeutungen schal geworden? Offenkundig müssen wir die Tatsache akzeptieren, daß sie nicht aus ihrem Anschein her verstanden werden können. Die freie, produktive Vertragskultur behauptete, dem Menschen Genüge zu tun. Wenn sie dies nicht tut, dann müssen wir annehmen, daß sie, während sie unsere Gefolgschaft beanspruchte, auch andere Bedeutungen für uns hatte, welche diese Gefolgschaft forderten und die nunmehr verschwunden sind.

Dies ist der Ausgangspunkt einer Reihe von Hypothesen, die unsere Vergangenheit neu zu definieren suchen, um unsere Gegenwart und Zukunft intelligibel zu machen. Man könnte glauben, daß die Produktions- und Vertragskultur in der Vergangenheit gemeinsame Bedeutungen (wenngleich in ihrer Philosophie für diese kein Platz war) – und mithin eine Basis der Gemeinsamkeit – anbot, welche wesentlich mit der Tatsache verbunden waren, daß sie sich im Aufbauprozeß befand. Sie verband Menschen, die von sich annehmen konnten, daß sie mit der Vergangenheit gebrochen hatten, um z. B. in Amerika ein neues Glück aufzubauen. Aber diese Zukunft ist nun in jeder wesentlichen Hinsicht verbaut. Die Vorstellung eines Horizonts, der durch eine zukünftige noch größere Produktion (im Gegensatz zur sozialen Transformation) erreicht werden könnte, grenzt im heutigen Amerika an das Absurde. Plötzlich ist der Horizont, der so wesentlich für das Gefühl eines sinnvollen Zwecks war, zusammengebrochen, was doch beweist, daß die freie Produktions- und Vertragsgesellschaft, wie so viele andere von der Aufklärung ausgehende Träume, für den Menschen nur ein Ziel, nicht aber eine Realität sein kann.

Oder aber wir betrachten diese Entwicklung unter dem Gesichtspunkt der Identität. Das Gefühl, durch die Arbeitskultur die eigene Zukunft aufzubauen, kann Menschen so lange tragen, wie sie von sich glauben, sie hätten mit einer Jahrtausende währenden Vergangenheit der Ungerechtigkeit und Mühsal gebrochen, um qualitativ andere Bedingungen für ihre Kinder zu schaffen. Alle Voraussetzungen einer menschlich akzeptablen Identität werden in dieser Kategorie erfüllt: die Beziehung zur Vergangenheit (man erhebt sich über sie, bewahrt sie aber in folkloristischen Erinnerungen), zur sozialen Welt (die interdependente Welt freier, produktiver Menschen), zur Erde (der Rohstoff, der darauf wartet, geformt zu werden), zur Zukunft und zum eigenen Tode (das immer während Denkmal in Gestalt des Lebens wohlhabender Kinder), zum Absoluten (die absoluten Werte der Freiheit, Integrität und Menschenwürde).

Aber an einem gewissen Punkt sind die Kinder nicht mehr imstande, dieses Vorwärtsdrängen in die Zukunft weiterzuführen. Diese Anstrengung hat sie in einen privaten Himmel der Sicherheit versetzt, in dem es ihnen nicht mehr gelingt, den Bezug zu den großen Realitäten zu gewinnen und wiederzugewinnen: ihre Eltern hatten nur eine negierte Vergangenheit, ein Leben, das völlig an der Zukunft orientiert war; die soziale Welt ist entfernt und formlos; eher könnte man Zugang zu ihr gewinnen, indem man seinen Platz innerhalb des zukunftsorientierten Produktionsmolochs einnimmt. Aber dies erscheint heute sinnlos. Die Beziehung zur Erde als dem Rohstoff wird daher als leer und entfremdet erfahren, aber die Wiedergewinnung einer tragenden Beziehung zur Erde ist, einmal verloren, das Schwerste überhaupt; und wo wir in einem Netz von für uns abgestorbenen Bedeutungen gefangen sind, da gibt es keine Beziehung zum Absoluten. Vergangenheit, Zukunft, Erde, Welt und das Absolute sind uns daher so oder so verschlossen; und was daraus notwendig resultiert, ist eine Identitätskrise von beängstigenden Ausmaßen.

Diese beiden Hypothesen konzentrieren sich hauptsächlich auf die Krise der US-amerikanischen Zivilisation, und sie tragen vielleicht dazu bei, die Tatsache zu erklären, daß die USA in gewissem Sinn als erste von allen atlantischen Nationen diese Krise durchmachen; nämlich nicht nur, weil sie den größten Überfluß haben, sondern mehr noch, weil sie in vollerem Umfang auf der Arbeitskultur basieren als die europäischen Länder, die sich mehr an traditionellen gemeinsamen Bedeutungen erhalten haben.

Aber diese Hypothesen könnten uns auch helfen zu verstehen, warum die Entfremdung bei den Gruppen am stärksten ist, die in den vertragsbegründeten Gesellschaften des Überflusses nur eine marginale Stellung einnehmen. Deren Leben in dieser Zivilisation unterlag den größten Belastungen, während ihre Identität in mancher Hinsicht antithetisch gegen diese war. So etwa die Schwarzen in den USA und die französisch sprechende Gemeinschaft in Canada, jede Gruppe auf ihre Weise. Auch für viele Immigrantengruppen war die Belastung groß, aber sie zwangen sich, die Hindernisse zu überwinden, und die neue Identität ist sozusagen mit dem Blut der alten besiegelt. Aber für diejenigen, die eine solche erfolgreiche Transformation nicht durchmachen wollten oder konnten, sondern stets ein belastungsreiches Leben in der Defensive führten, ist der Zusammenbruch der zentralen, starken Identität der Auslöser für tiefgreifende Umwälzungen. Diese können als eine Befreiung aufgefaßt werden, aber zugleich sind sie tief beunruhigend, denn die fundamentalen Maßstäbe des früheren Lebens befinden sich im Wandel, und neue Vorbilder und Definitionen eines Lebens in einer neuen, voll akzeptierten Identität sind noch nicht in Sicht. Im gewissen Sinn befinden wir uns in einem Zustand, wo es nötig wäre, daß ein neuer Sozialvertrag (vielmehr der erste *soziale* Vertrag) zwischen diesen Gruppen und denen, mit denen sie zusammenleben, geschlossen würde – und niemand weiß, wo beginnen.

Auf den letzten Seiten habe ich einige Hypothesen vorgestellt, die vielleicht sehr spekulativ erscheinen; und möglicherweise stellen sie sich sogar als unbegründet, ja, als einigermaßen uninteressant heraus. Doch sie sollten hauptsächlich zur Illustration dienen. In erster Linie behaupte ich nämlich, daß wir dieses Phänomen des Zusammenbruchs nur dann in den Griff bekommen können, wenn wir die gemeinsamen und intersubjektiven Bedeutungen der Gesellschaft, in der wir leben, klarer und gründlicher zu verstehen suchen. Denn sie sind es, die uns im Stich gelassen haben, und um diesen Wandel zu verstehen, brauchen wir ein adäquates Verständnis dieser Bedeutungen. Aber dies kann uns nicht gelingen, solange wir im Einflußbereich der sozialwissenschaftlichen Hauptströmung verharren, denn diese weigert sich, intersubjektive Bedeutungen anzuerkennen, und ist gezwungen, die für unsere Gesellschaft zentralen so aufzufassen, als wären sie der unumgängliche Hintergrund allen politischen Handelns. Der Zusammenbruch ist somit in politischen Begriffen nicht zu erklären; er ist ein Ausbruch der Irrationalität, der letzten Endes durch irgendeine Form der psychischen Krankheit erklärt werden muß.

Die wissenschaftliche Hauptströmung wagt sich vielleicht auf das mit Hilfe obiger Hypothesen untersuchte Gebiet vor, tut dies aber auf ihre Weise, indem sie die psycho-historischen Fakten der Identität in den Raster der Individualpsychologie zwängt, kurz, indem sie alle Bedeutungen als subjektiv uminterpretiert. Das Ergebnis könnte eine psychologische Theorie der emotionalen Fehlanpassung sein, die auf gewisse Merkmale des Familienhintergrunds zurückzuführen wäre – analog den Theorien der Autoritären Persönlichkeit und der kalifornischen F-Skala. Aber dies wäre keine politische oder soziale Theorie mehr. Wir würden auf den Versuch verzichten, den Wandel der sozialen Realität auf der Ebene ihrer konstitutiven intersubjektiven Bedeutungen zu verstehen.

IV.

Es kann also gefolgert werden, daß die sozialwissenschaftliche Hauptströmung durch ihre kategorialen Prinzipien, die in der traditionellen Epistemologie des Empirismus wurzeln, gewissen Schranken unterliegt; und zweitens, daß diese Beschränkungen ein schweres Handicap sind und uns hindern, uns mit wichtigen Problemen unserer Zeit auseinanderzusetzen, welche Gegenstand der politischen Wissenschaft sein sollten. Wir müssen über die Grenzen einer auf der Verifikation basierenden Wissenschaft hinaus und zu einer Wissenschaft gelangen, welche die in die soziale Realität eingebetteten intersubjektiven und gemeinsamen Bedeutungen untersuchen würde.

Aber diese Wissenschaft wäre hermeneutisch in dem Sinn, wie dies im vorliegenden Aufsatz entwickelt wurde. Sie wäre nicht auf *data bruta* gegründet; ihre primitivsten Daten wären Lesarten von Bedeutungen, und ihr Gegenstand hätte die drei obengenannten Eigenschaften: die Bedeutungen bestehen für ein Subjekt in einem Feld oder Feldern; sie sind darüber hinaus Bedeutungen, die zum Teil aus Selbst-Definitionen bestehen, die also in diesem Sinn bereits Interpretationen sind und die folglich durch eine Wissenschaft der Politik neu ausgedrückt oder expliziert werden können. In unserem Fall mag das Subjekt eine Gesellschaft oder Gemeinschaft sein; aber die intersubjektiven Bedeutungen verkörpern, wie wir sahen, eine gewisse Selbst-Definition, eine Vision vom Handelnden und seiner Gesellschaft, die von der Gesellschaft oder Gemeinschaft aufrechterhalten wird.

Aber dann würden sich die Schwierigkeiten ergeben, welche die Befürworter des Verifikationsmodells vorhersehen. Wenn wir eine Wissenschaft haben, die über keine *data bruta* verfügt, die also auf Lesarten beruht, dann kann diese sich nur in einem hermeneutischen Zirkel bewegen. Eine gegebene Lesart der intersubjektiven Bedeutungen einer Gesellschaft – oder von gewissen Institutionen oder Praktiken – mag wohlbegründet erscheinen, weil sie diese Praktiken oder die Entwicklung dieser Gesellschaft verständlich macht. Aber die Überzeugung, daß sie tatsächlich die Geschichte selbst verständlich mache, beruht auf weiteren, verwandten Lesarten. So ist das, was wir oben über die von unserer Gesellschaft hervorgerufene Identitätskrise sagten, nur dann sinnvoll und bündig, wenn man diese Lesart der intersubjektiven Bedeutungen unserer Gesellschaft akzeptiert und wenn man diese Lesart der Rebellion vieler junger Menschen unserer Gesellschaft akzeptiert (nämlich die Lesart als Identitätskrise). Diese beiden Lesarten zusammen sind sinnvoll, so daß in gewisser Hinsicht die Erklärung als ganze auf den Lesarten beruht und die Lesarten wiederum durch die Erklärung als ganze bestärkt werden.

Aber wenn diese Lesarten wenig plausibel erscheinen oder sogar, wenn sie von unserem Gesprächspartner nicht verstanden werden, dann gibt es kein Verfahren der Verifikation, auf das wir zurückgreifen könnten. Wir können lediglich weiterhin Interpretationen geben; wir befinden uns dann in einem Interpretationszirkel.

Aber das Ideal einer Wissenschaft der Verifikation muß jenseits von Unterschieden der Interpretation Anklang finden. Einsicht wird bei unseren Ermittlungen stets nützlich sein, doch sie dürfte bei der Feststellung der Wahrheit von deren Befunden keine Rolle spielen. Dieses Ideal, so kann man sagen, wird von unseren Naturwissenschaften erfüllt. Doch eine hermeneutische Wissenschaft kann sich nur auf die Einsicht verlassen. Sie setzt voraus, daß man die notwendige Sensibilität und das notwendige Verständnis hat, um die Lesarten schaffen und begreifen zu können, die uns erlauben, die betreffende Realität zu erklären. Wenn jemand in der Physik eine richtige Theorie nicht akzeptiert, so könnte man sagen, dann sind ihm dafür nicht genügend *(data bruta)* Beweise vorgeführt worden (vielleicht gibt es noch nicht genügend Beweise), oder er kann eine gewisse formalisierte Sprache nicht verstehen und anwenden. Aber in den als hermeneutisch begriffenen Wissenschaften vom Menschen ist die Tatsache, daß eine richtige oder erhellende Theorie nicht akzeptiert wird, vielleicht durch keinen dieser beiden Sachverhalte bedingt – ja, dies ist sogar unwahrscheinlich –, sondern vielmehr durch ein Nichtbegreifen des fraglichen Bedeutungsfeldes oder die Unfähigkeit, Lesarten von diesem Feld herzustellen und zu verstehen.

Mit anderen Worten, in einer hermeneutischen Wissenschaft ist ein gewisses Maß an Einsicht unerläßlich, und diese Einsicht kann nicht durch die Ansammlung von *data bruta* oder die Einweihung in formale Denkweisen oder durch eine Kombination aus beidem vermittelt werden. Sie ist nicht formalisierbar. Aber gemäß der autoritativen Wissenschaftskonzeption

unserer Tradition, die sogar von vielen geteilt wird, die sonst
dem Vorgehen der psychologischen, soziologischen oder politikwissenschaftlichen Hauptströmung höchst kritisch gegenüberstehen, ist dies ein skandalöser Befund. Denn er besagt, daß es
sich hier um eine Wissenschaft handelt, an der sich nicht jeder,
ungeachtet seines Maßes an Einsicht, beteiligen kann; daß gewisse Behauptungen der Form: »Wenn du nicht verstehst, dann
ist deine Intuition falsch, blind oder inadäquat« gerechtfertigt
wären; daß gewisse Meinungsverschiedenheiten durch weitere
Beweise nicht beizulegen wären, sondern daß jede Seite lediglich an die bessere Einsicht der anderen appellieren könnte. Die
Überlegenheit eines Standpunkts über einen anderen würde
daher darin bestehen, daß man von einem adäquateren Standpunkt her sowohl den eigenen als auch den des Gegners verstehen könnte, nicht aber umgekehrt. Es versteht sich von selbst,
daß dieses Argument nur denen einleuchten wird, die den über-
legenen Standpunkt einnehmen.
Eine hermeneutische Wissenschaft trifft also auf eine Intui-
tionslücke, welche sozusagen die andere Seite des hermeneutischen Zirkels ist. Doch die Situation ist noch ernster: denn diese
Lücke trennt auch unsere divergierenden Entscheidungen in
der Politik und im Leben.
Wir sprechen von einer Lücke, wenn jemand nicht die Art
Selbst-Definition verstehen kann, von der andere behaupten,
daß sie einer gewissen Gesellschaft oder einem System von
Institutionen zugrunde liege. So werden manche positivistisch
orientierte Denker die Sprache der Identitätstheorie als recht
uneinsichtig empfinden; und manche Denker werden keine
andere Theorie anerkennen, die nicht mit den kategorialen
Voraussetzungen des Empirismus übereinstimmt. Aber Selbst-
Definitionen sind nicht nur für uns als Wissenschaftler wichtig,
die wir versuchen, eine, vielleicht entfernte, soziale Realität zu
verstehen. Als Menschen sind wir Wesen, die sich selbst definieren, und zum Teil sind wir das, was wir kraft der von uns
akzeptierten Selbst-Definitionen sind, ganz gleich wie wir zu
ihnen gelangt sind. Welche Selbst-Definitionen wir verstehen,

und welche wir nicht verstehen, ist eng an die Selbst-Definitionen gebunden, die zur Konstituierung dessen beitragen, was wir sind. Wenn es auch zu einfach wäre zu sagen, daß jemand nur eine »Ideologie« versteht, zu der er sich bekennt, so ist gleichwohl schwerlich zu leugnen, daß wir große Schwierigkeiten haben, Definitionen zu begreifen, deren Begriffe die Welt in einer Weise strukturieren, die ganz verschieden von, ja, unvereinbar mit unserer eigenen ist.

Die Kluft der Intuition trennt daher nicht nur verschiedene theoretische Standpunkte, sie tendiert auch dazu, verschiedene grundsätzliche Optionen im Leben voneinander zu trennen. Das Praktische und das Theoretische sind hier unentwirrbar verbunden. Vielleicht ist es nicht nur so, daß man, um eine gewisse Erklärung zu verstehen, seine Intuition schärfen muß, sondern es könnte sein, daß man seine Richtung ändern muß – wenn schon nicht, indem man eine andere Richtung einschlägt, so doch, indem man seine eigene so lebt, daß sie ein besseres Verständnis der übrigen erlaubt. So kann es in den Wissenschaften vom Menschen, insoweit sie hermeneutisch sind, eine triftige Antwort auf den Satz »Ich verstehe nicht« geben, die nicht nur lautet: »entwickle deine Intuition«, sondern radikaler: »ändere dich«. Dies ist der Schlußpunkt jeglichen Strebens nach einer wertfreien oder »ideologiefreien« Wissenschaft vom Menschen. Das Studium der Wissenschaft vom Menschen ist von der Überprüfung dieser Optionen, zwischen denen die Menschen wählen müssen, nicht zu trennen.

Dies bedeutet, daß wir hier nicht nur von Irrtum, sondern von Illusion sprechen. Wir sprechen von »Illusion«, wenn wir es mit etwas Substantiellerem als dem Irrtum zu tun haben – einem Irrtum, der gewissermaßen ein eigenes falsches Bild von der Realität entwirft. Aber Irrtümer bei der Interpretation von Bedeutung, die zugleich auch Selbstdefinitionen dessen sind, der interpretiert, und mithin sein Leben leiten, sind mehr als Irrtümer in diesem Sinne: Sie stützen sich auf gewisse Praktiken, für welche sie konstitutiv sind. Es ist ganz plausibel, zwei grassierende Illusionen unserer heutigen Gesellschaft als Beispiele herauszugreifen. Die eine ist die Illusion der Befürworter der Vertragsgesellschaft, die bei denen, die gegen diese Gesellschaft rebellieren, nichts als Verhandlungseröffnungen oder Verrücktheit wahrnehmen wollen. Der Irrtum wird hier durch die Praktiken der Vertragskultur und, ein gewisser Anschein der Realität vorausgesetzt, die Weigerung, Proteste irgend anders zu verstehen, aufrechterhalten; er gewinnt daher die substantiellere Realität einer Illusion. Das zweite Beispiel bieten große Teile der »revolutionären« Aktivitäten in unserer Gesellschaft, die im verzweifelten Streben nach einer alternativen Lebensweise vorgeben, die eigene Situation mit derjenigen eines südamerikanischen Guerillas oder eines chinesischen Bauern gleichzusetzen. Die eine Illusion erkennt nicht die Möglichkeit menschlicher Vielfalt, die andere sieht nicht die Grenzen der Wandlungsfähigkeit des Menschen. Beide machen eine gültige Wissenschaft vom Menschen unmöglich.

In Anbetracht all dessen sind wir vielleicht bei der Aussicht auf eine solche hermeneutische Wissenschaft so entsetzt, daß wir gern zum Verifikationsmodell zurückkehren würden. Warum können wir unser Verständnis der Bedeutung nicht als Teil der Forschungslogik auffassen, wie die logischen Empiristen es für unsere nicht-formalisierbaren Einsichten vorschlagen, und dennoch unsere Wissenschaft auf die Exaktheit unserer Vorhersagen gründen? Unser einsichtiges Verständnis der intersubjektiven Bedeutungen unserer Gesellschaft würde dann dazu dienen, fruchtbare Hypothesen zu entwickeln, aber erweisen müßten sich diese – Probieren geht über Studieren – daran, inwieweit sie uns zu Vorhersagen befähigen.

Die Antwort lautet, daß solche exakten Vorhersagen, falls die der interpretierenden Wissenschaft zugrunde liegenden epistemologischen Auffassungen richtig sind, absolut unmöglich sind. Und dies aus drei Gründen, die ich hier in der Reihenfolge ihres zunehmend elementaren Charakters aufführen will:

Der erste ist das allbekannte Dilemma »offener Systeme«, das dem menschlichen Leben wie der Meteorologie gemeinsam eignet, nämlich daß wir einen gewissen Bereich menschlicher Vorgänge, den psychologischen, ökonomischen, politischen, nicht gegen äußere Einflüsse abschirmen können; es ist unmöglich, ein geschlossenes System zu entwerfen.

Der zweite, elementarere Grund ist, daß wir, wenn wir die Menschen mit Hilfe einer Wissenschaft der Interpretation verstehen wollen, nicht jenes Maß an Exaktheit einer auf *data bruta* basierenden Wissenschaft erreichen können. Die Daten der Naturwissenschaft lassen Messungen mit praktisch jedem Exaktheitsgrad zu. Aber unterschiedliche Interpretationen lassen sich nicht auf diese Weise beurteilen. Gleichzeitig können unterschiedliche Nuancen der Interpretation unter gewissen Bedingungen zu verschiedenen Vorhersagen führen, und diese unterschiedlichen Ergebnisse können schließlich stark variierende Zukunftsbilder hervorrufen. Daher ist es mehr als leicht, das Ziel zu verfehlen.

Aber der dritte und elementarste Grund für die Unmöglichkeit harter Voraussagen ist die Tatsache, daß der Mensch ein sich selbst definierendes Tier ist. Veränderungen der Selbst-Definition des Menschen bedingen Veränderung dessen, was der Mensch ist, und folglich muß er anders verstanden werden. Aber die begrifflichen Mutationen im Lauf der menschlichen Geschichte können – und tun dies häufig – Begriffsnetze hervorbringen, die inkommensurabel sind, d. h. innerhalb derer die Begriffe nicht in bezug auf ein allgemeines Ausdrucksstratum definiert werden können. Die völlig verschiedenen Auffassungen von Verhandlung, die in unserer und in mancher primitiven Gesellschaft bestehen, bieten ein Beispiel dafür. Jede von ihnen wird durch die in jeder Gesellschaft bestehenden Praktiken, Institutionen und Ideen ausgedeutet, die in der anderen keine Entsprechung finden.

In den Naturwissenschaften ist der Erfolg der Voraussage an die Tatsache gebunden, daß alle Zustände des Systems, Vergangenheit und Zukunft, durch die gleiche Skala von Begriffen, z. B. als Werte derselben Variablen beschrieben werden können. Folglich können alle zukünftigen Zustände des Sonnensystems, wie auch alle vergangenen, in der Sprache der Newtonschen Mechanik charakterisiert werden. Dies ist alles andere als eine zureichende Bedingung exakter Vorhersagen, aber es ist insofern eine notwendige, als man nur dann, wenn Vergangenheit und Zukunft durch das gleiche Begriffsnetz erfaßt werden, die Zustände der letzteren als Funktion der Zustände der ersteren verstehen und mithin Vorhersagen treffen kann.

Diese begriffliche Einheit wird in den Wissenschaften vom Menschen durch die Tatsache des Begriffswandels beeinträchtigt, welcher wiederum die menschliche Realität verändert. Gerade jene Begriffe, in denen die Zukunft charakterisiert werden müßte, wenn wir sie richtig verstehen wollen, sind uns gegenwärtig überhaupt nicht verfügbar. Daher gibt es so absolut unvorhersehbare Ereignisse, wie die heutige Jugend-Kultur, die puritanische Rebellion des 16. und 17. Jahrhunderts, die Entstehung der Sowjetgesellschaft, usw.

Und daher ist es viel leichter, post factum zu verstehen, als vorherzusagen. Humanwissenschaft ist weitgehend Verstehen *ex post*. Oder, man hat häufig das Gefühl eines bevorstehenden Wandels, irgendeiner großen Reorganisation, ist aber unfähig zu klären, worin diese bestehen wird: Es fehlt einem der Wortschatz. Doch hier liegt eindeutig eine Asymmetrie vor, die es in der Naturwissenschaft nicht gibt (oder nicht geben sollte), in der die Ereignisse, wie behauptet wird, aufgrund der Theorie mit genau derselben Leichtigkeit vorhergesagt werden, mit der vergangene Ereignisse durch eben dasselbe Verfahren erklärt werden. In der Wissenschaft vom Menschen wird dies nie der Fall sein.

Gewiß sind wir bestrebt, die Veränderungen *ex post* zu verstehen, und zu diesem Zweck versuchen wir, eine Sprache zu entwickeln, in der wir die inkommensurablen Begriffsgefüge festmachen können. Den Aufstieg des Puritanismus z. B. erkennen wir als einen Wechsel in der Haltung des Menschen zum Sakralen; und daher haben wir eine Sprache, in der wir beide Haltungen – die frühere, mittelalterlich katholische und die der puritanischen Rebellion – als »Ausdeutungen« dieses fundamentalen Begriffs ausdrücken können. So verfügen wir über eine Sprache, in der wir den Übergang behandeln können. Aber man bedenke, wie diese erworben wurde. Jene allgemeine Kategorie des Sakralen verdanken wir nicht nur unserer Erfahrung des Wechsels, der mit der Reformation eintrat, sondern dem Studium menschlicher Religionen im allgemeinen, einschließlich der primitiven Religionen, sowie der Objektivität, die sich mit der Säkularisierung einstellte. Es wäre zwar vorstellbar, doch undenkbar, daß ein mittelalterlicher Katholik – oder meinetwegen ein Puritaner – diese Vorstellung entwickelt hätte. Diese beiden Protagonisten kannten nur eine Sprache der gegenseitigen Verdammung: »Ketzer«, »Götzendiener«. Der Ort für einen solchen Begriff war durch eine gewisse Art und Weise, das Sakrale zu erleben, vorgeschrieben. Nachdem eine große Veränderung eingetreten und das Trauma verarbeitet ist, ist der Versuch möglich, diese zu verstehen, denn nun verfügt man über die neue Sprache, die gewandelte Welt der Bedeutungen. Aber harte Vorhersagen im vorhinein geben einen nur dem Gespött preis. Wirklich die Zukunft vorhersagen zu können, würde heißen, die Conditio humana so klar expliziert zu haben, daß alle kulturellen Neuerungen und Transformationen bereits vorgezeichnet wären. Doch dies liegt kaum im Rahmen des Möglichen. Zuweilen beweist der Mensch eine verblüffende Voraussicht: z. B. im Faust-Mythos, der zu Beginn der Neuzeit gleich mehrmals bearbeitet wurde. Hier haben wir es mit einer Art Prophetie, einer Vorahnung zu tun. Doch solche plötzlichen Fälle von Vorausschau sind dadurch gekennzeichnet, daß sie sozusagen durch eine rußgeschwärzte Scheibe sehen, denn ihre Optik ist die der alten Sprache: Faust verkauft seine Seele an den Teufel. Dergleichen sind keineswegs harte Vorhersagen. Die Humanwissenschaft schaut rückwärts. Sie ist unabänderlich historisch.

Sowohl die epistemologischen Argumente selbst als auch ihre größere Fruchtbarkeit bieten gute Gründe, für eine hermeneutische Wissenschaft vom Menschen zu optieren. Aber wir können uns nicht verheimlichen, wie sehr diese Option einen Bruch mit gewissen allgemein vertretenen Auffassungen von unserer wissenschaftlichen Tradition bedeutet. Wir können diese Wissenschaft nicht gegen die Voraussetzungen einer verifizierenden Wissenschaft abwägen: wir können sie nicht nach ihrer Fähigkeit zur Vorhersage beurteilen. Wir müssen akzeptieren, daß sie auf Intuition beruht, die nicht uns allen gemeinsam ist, und daß, was noch schlimmer ist, diese Intuition eng an unsere elementaren Optionen gebunden ist. Diese Wissenschaft kann nicht »wertfrei« sein; sie ist moralische Wissenschaft in einem radikaleren Sinn, als das 18. Jahrhundert sie auffaßte. Und schließlich verlangt sie, um erfolgreich betrieben zu werden, ein hohes Maß an Selbsterkenntnis, die Freiheit von Illusionen – im Sinne von Irrtümern, die in der eigenen Lebensart verwurzelt sind und zum Ausdruck kommen; denn unsere Unfähigkeit, zu verstehen, wurzelt in unseren eigenen Selbst-Definitionen, folglich in dem, was wir sind. Damit sagen wir nichts Neues: eine ähnliche Feststellung machte Aristoteles im Ersten Buch der *Ethik*. Doch für die Hauptströmung der modernen Wissenschaft ist dies immer noch eine anstößige und unannehmbare Wahrheit.

Worum geht es bei einer genetischen Psychologie?

Die genetische Psychologie wird von der Gestalt Piagets beherrscht, und kein Philosoph kann ohne eine gewisse Befangenheit seine Gedanken zu diesem Thema vortragen, da die ätzenden, wenig schmeichelhaften Bemerkungen des großen alten Mannes über die Philosophen als solche ihm noch im Ohr klingen. Daher möchte ich den folgenden Ausführungen einige entschuldigende oder einschränkende Worte vorausschicken. Jene Reflexion, die wir als eigentlich philosophische bezeichnen, kann nicht einfach der empirischen Entdeckung vorausgehen und den Bereich des Möglichen und Unmöglichen abstecken. Sie kann nur eine Reflexion über empirische Befunde sein, welche Fragen stellt nach deren Interpretation, nach den zwischen ihnen bestehenden Verbindungen, nach den Problemen, die sie aufgeben oder zu deren Lösung sie beitragen. So verstanden, wird »Philosophie« zu jener Art Reflexion und Diskussion, an der jeder schöpferische Empiriker sich beteiligen muß. Wir könnten die Philosophie, wenn überhaupt, nur dann als isolierte Disziplin absondern, wenn wir es vorziehen, ihren Namen der Erörterung von eher grundsätzlichen Fragen vorzubehalten. Doch wo immer man die Grenze ziehen mag – ich bin davon überzeugt, daß es vertretbar ist, von den philosophischen Ansichten und Gedanken Piagets zu sprechen. Und in diesem Sinn glaube ich, daß eine philosophische Reflexion der genetischen Psychologie nützlich sein könnte, selbst wenn sie insofern einigen Wert verliert, als sie nicht auf jenem umfangreichen empirischen Wissen beruht, das empirischen Forschern zu Gebote steht.

I. Drei Merkmale der genetischen Psychologie

Was ist genetische Psychologie? Man könnte diesen Terminus einem bestimmten Gebiet innerhalb der Psychologie vorbehalten, demjenigen, das alle mit der Ontogenese verbundenen Fragen behandelt. Weitaus sinnvoller ist es aber, mit diesem Namen eine Methode oder eine Gruppe von Methoden der Behandlung dieses Themas zu bezeichnen, statt einfach eine neutrale Spezifikation dieses Feldes der Wissenschaft zu geben. Und tatsächlich gewinnt das Thema der Ontogenese nur dann ein überragendes Interesse, wenn wir mit einer bestimmten Methode an es herangehen.

Die genetische Psychologie geht also von der Auffassung aus, daß es einen speziellen Komplex von Problemen der Ontogenese gibt. Dies steht im Widerspruch zu einer Auffassung, welche in der angelsächsischen Psychologie seit einiger Zeit vorherrscht; diese hält Wachstum im allgemeinen und das Wachstum der kognitiven Funktionen im besonderen für erklärbar durch ganz unspezifische Mechanismen, die überall dort wirksam sind, wo »Lernen« oder Verhaltensänderung stattfindet. Der moderne Behaviorismus – der Nachfahr des klassischen Empirismus – unternahm daher den Versuch, eine Erklärung jeglichen Lernens durch irgendeinen, in manchen Fällen mit Belohnung verbundenen Assoziationsmechanismus zu entdecken, von dem angenommen wurde, daß er den gesamten Bereich des Lernens regiere – ohne Unterscheidung zwischen dem Lernen des Erwachsenen und der kindlichen Entwicklung, ja sogar ohne Unterscheidung zwischen verschiedenen Spezies. (Diese beiden Unterscheidungen stehen und fallen miteinander, wie ich unten ausführen werde.)

Den Hauptwiderspruch zu einer genetischen Psychologie bildet also eine Auffassung des Lernens als Zuwachs, nach der jegliche Entwicklung als Addition (oder manchmal Subtraktion) homogener Einheiten – etwa Hulls sHr's (oder Stimuli und Reaktionen verbindende »Gewohnheiten«) – aufgefaßt wird. Von diesem Glauben an die Ubiquität einfacher Mechanismen ging der Behaviorismus aus, wenn er versuchte, durch das Studium des Verhaltens von Ratten in einem Labyrinth oder von Tauben in einer Skinner-Box eine Theorie der menschlichen Intelligenz zu gewinnen. Und dieser Glaube beschränkte zudem das Studium des Verhaltens dieser Tiere auf höchst artifizielle Milieus, so daß die wirklich interessanten und aufschlußreichen Entdeckungen über tierisches Verhalten von einer formal separaten Disziplin, der Ethologie, geliefert werden mußten. Gut möglich, daß künftige Generationen für derlei Irrtümer (was sie, wie ich glaube, sind) nur ein Kopfschütteln übrig haben werden, doch im Rahmen der Prämissen der traditionellen Lerntheorie erscheinen sie mitnichten befremdlich oder unsinnig. Wenn alles Lernen auf den gleichen Mechanismen beruhen soll, dann lassen diese sich überall nachweisen; da kein Ort den Vorrang hat, warum sollte man da nicht die in praktischer Hinsicht am leichtesten operablen Kontexte untersuchen – also nicht-menschliche Organismen in einem artifiziell vereinfachten Milieu?

Mit anderen Worten, die Form oder Struktur der Intelligenz oder Lernfähigkeit einer gegebenen Spezies oder in einem gegebenen Reifestadium braucht nicht von Grund auf untersucht zu werden, weil sie sich schließlich durch eine spezifische, charakteristische Verknüpfung der gleichen Grundbausteine erklären läßt, die dem Verhalten aller anderen Spezies oder Entwicklungsstufen zugrunde liegen. Nach dieser atomistischen Auffassung sind Spezies- und Stufen-Unterschiede *Explicanda,* auf denen unsere Erörterung schließlich aufbaut; sie sind nicht selbst eigentliche Objekte der Forschung.

Dies steht im klaren Widerspruch zu einer genetischen Psychologie, für welche die Struktur der Intelligenz, des Lernens, des Gefühlslebens usw. auf jeder Entwicklungsstufe verschieden ist, und zwar in einer Weise, die nicht durch die Addition oder Subtraktion von einzelnen Elementen erklärbar ist. Für die genetische Psychologie sind dies Unterschiede der Struktur oder der Gesamtorganisation, und wo der Behaviorismus atomistisch verfährt, verfährt die genetische Psychologie ganzheitlich (holistisch).

Doch der Unterschied zwischen diesen beiden Auffassungen ist mehr als ein Unterschied zwischen Atomismus und Holismus. Die genetische Psychologie erschöpft sich nicht in einer simplen Katalogisierung von Entwicklungsstufen; sie zielt darüber hinaus auf die Erklärung jener Unterschiede und mithin des Wachstums überhaupt. Wenn wir jedoch mit atomistisch irreduziblen Strukturen arbeiten, dann können wir Wachstum lediglich als strukturelle Transformation auffassen; das heißt, der Beginn einer neuen, höher entwickelten Struktur muß aus dem Erfahrungszusammenhang mit einer früheren Struktur erklärt werden, sofern sie sich nicht durch die Reifung einer angeborenen Struktur selbst erklärt. Zu den erklärenden Grundbegriffen dieser Theorie gehören also notwendig gewisse Charakteristika einer angeborenen Struktur, ererbte Formen der Auseinandersetzung mit der Welt, die bei der Geburt offenkundig sind oder später durch die Reifung hervortreten.

Jenseits der Frage Holismus *versus* Atomismus unterscheidet die genetische Psychologie sich daher von der traditionellen Lerntheorie in der Frage der angeborenen Strukturen. Getreu seiner empiristischen Herkunft vertrat der Behaviorismus in der Regel eine nachdrückliche Milieutheorie. Selbstverständlich mußte er eine gewisse spontane, nicht gelernte Aktivität annehmen, damit es Assoziation und mithin Lernen geben könne, und selbstverständlich mußte er angeborene Verhaltensmuster unterstellen, für gewöhnlich als »Triebe« bezeichnet (z. B. das Saugen beim menschlichen Neugeborenen, das Nestbauen bei gewissen Vogelarten); aber die erstere sollte lediglich förderliche Bedingungen des Lernens bieten, während die letzteren in einfacher Koexistenz mit dem Lernen, als eine Reihe von nicht gelernten sHr's neben den durch die Erfahrung »eingeprägten« vorgestellt wurden. Im einen wie im anderen Fall ist nicht die Rede davon, daß die gegenwärtige Struktur der Intelligenz oder des Lernens unter anderem durch den Bezug auf eine angeborene Struktur erklärt würde. Nach dieser Auffassung sind angeborene Verhaltensmuster also von geringer Bedeutung für das Verhalten, und soweit sie vorliegen, werden sie lediglich als Komponenten neben den gelernten Verhaltenssegmenten erachtet.

In der genetischen Psychologie spielen die angeborenen Strukturen eine ganz andere Rolle. Soweit höhere Strukturen durch die Transformation angeborener Strukturen entstehen, ist die Triebstruktur nicht nur als originelle Verknüpfung von Elementen interessant. Wichtiger ist die grundlegende Struktur, die in der Transformation wieder erscheint. Transformation ist daher ein zentraler Begriff der genetischen Psychologie. Dies erfordert eine Unterscheidung analog jener zwischen »Oberflächen«- und »Tiefen«-Struktur, die ich der von Chomsky und seinen Mitarbeitern entwickelten Transformations-Syntax entlehnen möchte; die letztere liefert jenes identische Element, das zwei an der Oberfläche sehr verschiedenen Strukturen zugrunde liegt, und gestattet uns daher, die charakteristischen Faktoren zu beschreiben, welche die Transformation der einen in die andere erklären. (In Chomskys Theorie handelt es sich gewiß um Transformationen zwischen Tiefen- und Oberflächen-Strukturen, und nicht zwischen zwei Oberflächen-Strukturen, doch die Unterscheidung zwischen den beiden ist in jedem Fall notwendig.)

In Piagets Theorie ergibt sich der Begriff der Transformation aus seiner Theorie der Anpassung. Diese hat zwei Dimensionen: Assimilation und Akkommodation; erstere bewahrt eine gewisse Identität über die durch letztere eingeräumten Veränderungen hinweg. Dies erlaubt es uns, Identität oder zumindest Verwandtschaft zwischen Schemata auf verschiedenen Stufen festzustellen, die, oberflächlich betrachtet, sehr unähnlich sind – etwa das Spielverhalten des Kleinkindes und seine spätere Fähigkeit zur Deduktion als Heranwachsender. Gerade aufgrund der Assimilation ist die frühere Struktur wichtig für die Erklärung der späteren; die eine ist eine Transformation der anderen. Wegen dieser Transformation interessiert das Angeborene nicht nur als eine besondere Struktur, sondern vielmehr als eine Tiefen-Struktur, in welcher Form es mit der Erfahrung eine Kombination eingeht, statt lediglich neben ihr zu bestehen. Die Kontroverse Natur/Erziehung in ihrer rein traditionellen Form wird dabei irrelevant.

Die entscheidende Rolle der Transformationen bietet den Ausgangspunkt für Piagets Angriff gegen die anderen drei Standpunkte, die er, neben dem Assoziationismus, als Alternativen zu seinem eigenen ansieht. Zu Recht oder zu Unrecht wirft er der Gestalt-Psychologie einen statischen, nicht entwicklungsorientierten Form-Begriff vor, welcher der Entwicklung keinen Platz in der Erfahrung einräumt; und der Vitalismus zieht sich einen ähnlichen Vorwurf zu; die »trial-and-error«-Theorie dagegen sündigt in der entgegengesetzten Richtung – sie erkennt in dem Umhertasten, das einer richtigen Lösung und mithin dem Erwerb eines neuen Verhaltens vorausgeht, keine Methode, während der Begriff der Transformation impliziert, daß diese Zwischenphasen in der Weise strukturiert sind, daß wir sie von der beteiligten Tiefen-Struktur her verstehen können (d. h. das »umhertastende« Verhalten unterliegt jenen Schemata, nach denen der Prozeß der Transformation abläuft).

Nach Piaget sind die Transformationen letzten Endes durch eine Gleichgewichts-Theorie zu erklären. Gegen diese, so wie sie in Piagets Werk erscheint, lassen sich eine Reihe von Einwänden machen, einschließlich dessen der Inhaltslosigkeit: nämlich, daß die Spezifizierung mit Hilfe von Gleichgewichtszuständen unser Verständnis der Prozesse um nichts erweitert, was nicht bereits in unseren Bezeichnungen durch Begriffe wie Widerspruch, Zusammenhang usw. enthalten wäre, denn wir können erstere Bezeichnungen nur aufgrund von letzteren anwenden. Doch es ist nicht so, als stünde oder fiele der allgemeine theoretische Ansatz, den wir als einen transformationistischen bezeichnen können, mit der Gleichgewichtstheorie.

In unserem hier verfolgten Sinn können wir daher drei wichtige Merkmale der genetischen Psychologie herausstellen: (a) sie ist holistisch im Gegensatz zu atomistisch, (b) sie operiert mit Transformation anstelle von Zuwachs, und (c) sie beruft sich auf angeborene Strukturen, welche die Bedeutung von

Erfahrung bestimmen, statt Entwicklung linear aus dem Milieu herzuleiten.

Diese dritte Feststellung erinnert uns an die heftige Kontroverse zwischen den Nachfahren des »Cartesianismus« und des »Empirismus« in der Linguistik und der Sprachphilosophie; das Wort »transformationistisch« hingegen scheint auf die Verbindung hinzudeuten.

Die transformationistische Grammatik geht von der Idee aus, daß ein Verständnis der Tiefen-Strukturen und ihrer Beziehung zu den Oberflächen-Strukturen Bestandteil des kognitiven Repertoires des Menschen, in diesem Fall seiner linguistischen Fähigkeiten ist. Lenneberg behauptet, diese Fähigkeit, mit Tiefen- und Oberflächen-Strukturen zu operieren, gehe weit über den linguistischen Bereich hinaus und sei ebenfalls bei unserem Erkennen von Objekten wirksam (siehe Lenneberg, 1967, S. 296–299). Aber wir sprachen oben von Transformationen zwischen verschiedenen Stufen des Repertoires, und nicht von solchen, die auf einer bestimmten Stufe zu diesem Repertoire gehören. Diese beiden Verhandlungsebenen sind auseinanderzuhalten, aber tatsächlich sind sie so eng miteinander verwandt, daß sie oft ohne weiteres verwechselt werden.

Ein bestimmtes Repertoire, d. h. eine Intelligenz- und Lern-Struktur zu charakterisieren, ist nur möglich anhand der Charakterisierungen und Unterscheidungen, welche ein Individuum mit diesem Repertoire anstellen kann, sowie anhand der Schlußfolgerungen und Verbindungen, die es aus ihnen ableiten kann. Das Bild einer bestimmten Stufe der kognitiven Entwicklung ist ganz einfach ein Bild von in gewisser Weise charakterisierten, unterschiedenen und miteinander verbundenen Dingen. Dies stellt die genetische Psychologie vor eine Reihe von Problemen, auf die ich später noch eingehen möchte, insbesondere die Schwierigkeit, dieses Bild bestimmter Fähigkeiten aus bestimmten Leistungen zusammenzusetzen, sowie eine für uns irgendwie »unlogische« Stufe des Repertoires zu beschreiben.

An dieser Stelle möchte ich lediglich auf folgendes hinweisen:

das auf einer bestimmten Stufe gegebene Repertoire ist gekennzeichnet durch eine Reihe von verwandten Fertigkeiten und Fähigkeiten, die Außenwelt zu manipulieren, zu bezeichnen und Schlußfolgerungen über sie anzustellen; das Repertoire ist also durch das Bild von der Welt definiert, welches das über dieses Repertoire gebietende Individuum erschafft. Transformationen zwischen verschiedenen Stufen des Repertoires sind also Transformationen von einem solchen Komplex zusammenhängender Fähigkeiten zu einem anderen, und mithin von einem Bild der Welt (d. h. der in gewisser Weise charakterisierten und gefolgerten Welt) zu einem anderen. Dann aber überrascht es nicht, wenn das Repertoire jenseits einer gewissen Stufe auch die Fähigkeit einschließt, die Welt auf mehr als eine Weise zu manipulieren, zu beschreiben und aus ihr zu schlußfolgern, sowie ferner die Fähigkeit, ein Bild auf ein anderes zu beziehen und mithin Transformationen herzustellen. Das Konzept von Kompetenzstrukturen, zu denen auch die Fähigkeit gehört, Dinge mit Hilfe von Transformationen intellektuell zu erfassen, ist also mit einer Theorie, welche transformationelle Relationen zwischen diesen Strukturen postuliert, gut vereinbar.

Besteht aber ein Zusammenhang zwischen der linguistischen Diskussion und jener der genetischen Psychologie hinsichtlich der Frage des Angeborenen? Ich versuchte bereits nachzuweisen, daß die genetische Psychologie, wie ich glaube, sich auf angeborene Strukturen berufen und mithin, anders als die traditionelle Lerntheorie, nicht nur Unterschiede zwischen einzelnen Stufen, sondern auch zwischen verschiedenen Spezies untersuchen muß. Außerdem gemahnt der Unterschied zwischen dem von Chomsky und seinen Mitarbeitern vertretenen Begriff des Angeborenen und jenem, der die traditionelle Zielscheibe der Empiristen war, an die Kluft zwischen den Auffassungen der genetischen und der traditionellen Lernpsychologie. Die Empiristen richten seit jeher ihren Angriff gegen »angeborene Ideen« als spezifische, gesondert von der Erfahrung in der Seele existierende Inhalte (das Analogon hierzu beim Verhalten wären rigide, durch keinerlei Lernen vermittelte Triebmuster). Was aber Chomsky, zusammen mit den meisten historischen Befürwortern eines Angeborenen, vertritt, ist eher das Vorhandensein angeborener Schemata, die, um aktiviert zu werden, nicht nur äußerer Stimulation bedürfen, sondern deren Inhalt ganz entscheidend durch Erfahrung bestimmt sein muß. Angeboren sind nicht die Inhalte, sondern die Formen des Umgangs mit den Inhalten. Betrachtet man diese historische Debatte eingehender, dann ergibt sich der starke Eindruck, daß es im Grunde nicht so sehr um die Frage Natur *versus* Erziehung geht, sondern eher um eine atomistische, zuwachsorientierte Auffassung von Intelligenz gegenüber einer strukturellen Konzeption von Bündeln *(clusters)* von Fertigkeiten. Akzeptiert man erstere Auffassung, dann muß es sich beim Angeborenen um spezifische Inhalte handeln; bezieht man letzteren Standpunkt, dann geht es um Strukturen. In dieser Debatte können die beiden Seiten sich nie wirklich auf einen gemeinsamen Nenner einigen, da sie verschiedene Auffassungen von den seelischen Prozessen vertreten. Doch diese konkurrierenden Auffassungen trennen auch die genetische Psychologie von der traditionellen Lerntheorie.

Wir stellen also eine enge Beziehung zwischen diesen beiden Diskussionen, nicht aber notwendig eine perfekte Überlagerung der entsprechenden Standpunkte fest. Der Grund dafür ist, daß die exakte Rolle der angeborenen Strukturen ein wichtiges Problem der genetischen Psychologie darstellen kann. So möchte ich, ohne dessen völlig sicher zu sein, z. B. meinen, daß Chomsky und Piaget in diesem Punkt verschiedener Meinung sein werden. Eine genetische Psychologie muß von gewissen angeborenen Strukturen ausgehen; doch hinsichtlich der Rolle, die später reifende angeborene Strukturen bei den folgenden Transformationen spielen, ist eine Vielzahl von Annahmen möglich. Piaget scheint dem insgesamt wenig Bedeutung beizumessen, während Chomsky behauptet, daß dem Lernen von Sprache eine höchst selektive angeborene Struktur zugrunde liege. Da diese beiden Standpunkte sich jeweils auf verschiedene Sachverhalte beziehen, sind sie einander nicht geradezu diametral entgegengesetzt, doch es besteht ein wichtiger Unterschied in den Akzenten, oder wenigstens erscheint es mir so. Vielleicht sollte man besser sagen, daß Piaget sich für die Rolle anderer angeborener Strukturen als jener, die in der frühen Kindheit Ausgangspunkte der Entwicklung bieten, wenig zu interessieren scheint. Wohl ermöglicht die Reifung gewisse Transformationen, doch die weitere Entwicklung der Schemata wird fast gänzlich aus früheren Schemata und der Erfahrung erklärt. Für später sich entwickelnde angeborene Schemata hoch spezialisierter Art gibt es in Piagets Denken offenbar wenig Raum. Die Reifung ist eine notwendige Bedingung der Entwicklung, aber sie bestimmt nicht deren Richtung.

Die genetische Psychologie ist also durch die Begriffe der Ganzheit, der Transformation und (mehr oder minder ausgeprägt) des Angeborenen charakterisiert. Hieraus folgen jedoch zwei weitere, ganz und gar nicht cartesianische Eigenschaften. Indem die genetische Psychologie die Entwicklung der Intelligenz von ihren primitivsten bis zu ihren fortgeschrittensten Formen aufzeigt, führt sie (d) fast unvermeidlich zu dem Versuch, das Bindeglied zwischen Intelligenz und biologischer Funktion im allgemeinen nachzuweisen. Es erübrigt sich festzustellen, welch wichtigen Platz dieses Thema in Piagets Werk einnimmt. Und im Zusammenhang damit steht (e) die Auffassung, daß das reife Bewußtsein sich aus niedrigeren Formen des Bewußtseins und aus den übrigen Lebensprozessen entwickelt. Ich spreche hier nicht einfach von einer Auffassung bezüglich ihres Ursprungs – im Gegensatz zu ihrer gegenwärtigen Form beim ausgereiften Erwachsenen; denn nach den oben skizzierten Prinzipien lassen die beiden Aspekte sich nicht trennen. Die reife Form ist das Produkt einer Reihe von Transformationen primitiverer Formen und läßt sich ohne eine Vorstellung von diesen primitiven Formen nicht gänzlich verstehen.

Dieser Sachverhalt wird uns im Zusammenhang mit einem der Hauptprobleme der traditionellen Epistemologie klar. Die Theorie der »Ideen« sowohl des traditionellen Cartesianismus als auch des Empirismus, die in unserem Jahrhundert in der Form der *sense-datum*-Theorie fortlebt, bietet uns das Beispiel einer Theorie des Bewußtseins, die mit jenen oben dargestellten Vorstellungen über dessen Genese nicht vereinbar ist. Vom Standpunkt der genetischen Psychologie aus betrachtet, faßt diese Theorie unsere Kenntnis der Welt, die doch nur als Funktion von Wahrnehmungsschemata zu verstehen ist, fälschlich als ein System von Quasi-Objekten auf, von Bildern, die sich aus kleineren Elementen zusammensetzen. Wenn wir unsere Wahrnehmung von Objekten, von Raum, Kausalität usw. als Fähigkeiten auffassen, die wir erwerben müssen und die wir – als Lebewesen, die fähig sind, Dinge zu manipulieren und von ihnen affiziert zu werden – teilweise durch unseren Umgang mit den Objekten erwerben, dann ist schon die bloße Vorstellung eines Grundbausteins der Wahrnehmung sinnlos. Die Wahrnehmung wird aus der Kategorie dessen, was uns widerfährt, in die Kategorie des Handelns übertragen; sie ist die Ausübung einer Fähigkeit, und demgemäß müssen auch die pathologischen Deformationen, die sie erleiden kann, verstanden werden. Das unmittelbar Geschehene kann nun nicht mehr als ablösbar von den Interpretationen betrachtet werden, die das Individuum aufgrund seines Wissens, seines Verständnisses und seiner Kultur mitbringt; und daher ist die Idee einer über die Veränderungen der Interpretation hinweg identischen Wahrnehmung außerhalb ihrer Verwendung im alltäglichen Bereich nicht anwendbar.[1]

1 Diese Auffassung von Wahrnehmung als einem Bündel (*cluster*) von Kenntnissen, die sich ihrerseits im Verhältnis zu den motorischen Fähigkeiten entwickeln, mittels derer wir die Objekte unserer Umwelt handhaben, macht eine sonst nicht völlig explizite Konzeption unserer Kenntnis der Welt verständlich. Es ist dies die Vorstellung, wie sie von der modernen Phänomenologie (z. B. von Heidegger und Merleau-Ponty) und von Karl Polanyi (1958, 1966) entwickelt wurde: Eine motorische Fähigkeit ist nicht scharf begrenzt; vielmehr ist sie die Fähigkeit, eine relativ unbegrenzte Reihe von Objekten auf relativ unbegrenzt vielfältige Weise zu handhaben. Das auf solche Fähigkeiten gegründete Wissen um die Dinge ist so geartet, daß dessen expliziter Kern in ein implizites Begreifen der Situation, welches sich der Reduktion auf einen definitiven Katalog widersetzt, eingebettet und von diesem beeinflußt sein kann. Diese Auffassung von Wissen wider-

An diesem Beispiel sehen wir, wie unser Begriff von Bewußtsein unauflöslich mit unserer Vorstellung von der Art und Weise, wie dieses sich entwickelt, verbunden ist. Doch dieser Zusammenhang ist auch innerhalb der Grenzen der genetischen Psychologie von Bedeutung. Sobald wir das ausgereifte Bewußtsein durch gewisse Fähigkeiten charakterisieren, Dinge zu bezeichnen und Schlußfolgerungen über sie anzustellen, ist es unmöglich, diese Fähigkeiten ohne Bezug auf die weniger adäquaten »Clusters« zu definieren, welche sie ersetzen; denn die Eigenschaften der Reife definieren sich zum Teil durch die Fähigkeit, über die weniger adäquaten Formen der Erschaffung eines Bildes von den Dingen, die ihr vorausgehen, hinauszugelangen. Mit anderen Worten, wenn eine Struktur von erworbenen Kenntnissen das Kennzeichen des reifen Bewußtseins ist, dann können wir dieses nicht ohne Bezug auf dasjenige charakterisieren, dessen Überwindung den Vorgang des Erwerbens darstellt.

So verstanden, kann eine genetische Psychologie mit Recht als solche bezeichnet werden, insofern sie behauptet, der gegenwärtige Zustand der Reife könne nur aufgrund seiner ontogenetischen Vergangenheit verstanden werden. In diesem weiteren Sinn kann gewiß auch die Psychoanalyse als eine genetische Psychologie aufgefaßt werden, und die letztlich adäquate genetische Psychologie müßte die gültigen Bestandteile der Theorien von Piaget wie von Freud umfassen. In der Zwischenzeit müssen wir uns mit dem Risiko abfinden, daß jede partielle Theorie – die sich auf die Erkenntnis, die emotionale Entwicklung oder was auch immer bezieht – gewissermaßen durch ihr Bezugssystem gehindert wird, die wirklich fruchtbaren Zusammenhänge festzustellen.

Wenn wir die genetische Psychologie durch ihre oben genannten drei Grundeigenschaften und die beiden soeben dargestell-

spricht natürlich der philosophischen Tradition – wobei Cartesianismus wie Empirismus in diesem Punkt übereinstimmen –, welche den meisten modernen Versuchen, eine Wissenschaft der Psychologie zu entwickeln, zugrunde liegt.

ten Nebenmerkmale definieren, dann ist sie, wie mir scheint, der traditionellen Lerntheorie, die ihr Hauptkonkurrent ist, durchaus vorzuziehen. Tatsächlich scheint mir der Versuch, einen beim Lernen wirksamen einfachen, universellen Mechanismus festzustellen, der es uns erlauben würde, von der Struktur zu abstrahieren, zu einem trostlosen Scheitern verurteilt zu sein. Überall stoßen wir auf unleugbare Beweise der Heterogenität im Intelligenz- und Lern-Repertoire, für die es keine kohärente Erklärung durch Assoziationsmechanismen gibt. Diejenigen, die solche Erklärungen versucht haben, behelfen sich mit furchtbaren Sinnverdrehungen so wesentlicher Begriffe wie »Stimulus« und »Reaktion«. Dieser Sachverhalt ist bereits gut dokumentiert (siehe Chomsky, 1959).

Man möchte sogar meinen, diese Auseinandersetzung sei vorüber, der assoziationistische Standpunkt sei endlich aufgegeben worden. Gewiß, in seiner ursprünglichen, einfachen Form scheint er im Verschwinden begriffen (wenngleich die steigende Produktion von durch Skinner inspirierten Lernmaschinen ein gewisses Unbehagen hervorruft). Doch auch wenn die meisten Psychologen des behavioristischen Lagers sich irgendeiner Art »zentralistischer« Theorie zuwenden und am Modell von Automaten künstliche Intelligenz zu demonstrieren suchen, ist die Kluft zwischen den beiden Standpunkten keineswegs geschlossen. Die Suche nach einem digitalen Computer-Modell des menschlichen Geistes ist sicher insofern mit einer nicht-additiven Lerntheorie vereinbar, als sie es uns ermöglicht, eine Vorstellung von den qualitativen Veränderungen der Intelligenz und des Lernens, wie die verwendete Denk-»Maschine« sie vermittelt, zu gewinnen. Doch die aktuelle Praxis der heutigen akademischen Psychologie bleibt weitgehend in den intellektuellen Banden der traditionellen Theorie befangen.

Unterstellen wir einmal hypothetisch, unser letztes Ziel wäre, ein mechanisches Modell des menschlichen Organismus zu finden. Dann wäre es immer noch das Anliegen der genetischen Psychologie, die Form der Strukturen bestimmter Stufen und Spezies festzustellen, um das zu entdecken, wofür wir uns ein

Maschinen-Analogon und schließlich eine mechanistische Erklärung wünschen. Dabei dürfte es uns nicht kümmern, daß diese erste Phase der Theorie unvermeidlich mit »mentalistischen« Begriffen arbeiten und auf angeborene Schemata Bezug nehmen müßte, selbst wenn wir überzeugte Mechanisten wären. Kurz, die genetische Psychologie als solche sagt nichts über die Frage der Möglichkeit oder Vorstellbarkeit von mechanistischen Erklärungen aus. Allerdings leugnet sie die Möglichkeit einer mechanistischen »Abkürzung« durch eine atomistische, additive Theorie, welche sich bei ihren Erklärungen über die kognitiven Strukturen hinwegsetzen würde. Dadurch wird die Frage, ob diese kognitiven Strukturen im Sinne einer grundsätzlich mechanistischen Theorie »reduziert« werden können, nicht präjudiziert.

Die daraus folgende Forschungsstrategie ist eindeutig: zuerst stelle man die der Intelligenz zugrunde liegenden Strukturen fest, und von da aus entwickele man jene Sprache, die, ganz gleich wie »mentalistisch«, adäquat wäre. Aber die tief verwurzelten und überall vorhandenen Vorurteile der akademischen Psychologie verbieten vielen ein solches Vorgehen. Jegliches Liebäugeln mit einem Mentalismus oder angeborenen Ideen erscheint als Sakrileg. Aber wenn man gezwungen ist, um jeden Preis nur mechanistische Erklärungen zu produzieren, kann man sich nicht der korrekten Erfassung geistiger Fähigkeiten widmen. Man kann sich nur mit methodischem Stückwerk begnügen und versuchen, gute mechanistische Analoga für einzelne intellektuelle Verhaltensweisen wie z. B. das Erkennen von Strukturen zu ersinnen, ohne jede Gewißheit, ob dieses besondere Verhalten, so wie wir es umschreiben, für die Frage mechanistischer Modelle der menschlichen Intelligenz von Belang ist – ob es z. B. nicht Teil einer allgemeineren Fähigkeit ist, zu deren Erklärung es eines ganz anderen Mechanismus bedürfte, wenn sie überhaupt mechanistisch zu erklären wäre.

Ein solches Vorgehen ist, um Dreyfus' Gleichnis zu verwenden, in Gefahr, den Irrtum jenes Mannes zu begehen, der auf einen

Baum kletterte und sich beglückwünschte, er habe den ersten Schritt auf dem Weg zum Mond zurückgelegt (Dreyfus, 1971). Dreyfus zeigt auch, welch starken Einfluß die Annahme, alles Wissen sei letztlich explizit, auf die mit der artifiziellen Intelligenz befaßten Forscher ausübt – eine Annahme, die, wie ich oben (Fußnote 1) feststellte, der empiristischen wie der rationalistischen Tradition gemeinsam ist. Tatsächlich geht Dreyfus in seiner Argumentation noch weiter und zeigt, daß ein vom Digital-Computer abgeleitetes Modell der Verstandesfunktionen sich nicht von dieser Annahme befreien kann – daß es, mit anderen Worten, unserem impliziten Verständnis unserer Situation nicht gerecht werden kann. Und hieraus ergeben sich schwerwiegende Zweifel hinsichtlich der Eignung dieses Modells, unsere fundamentalen motorischen Fähigkeiten und die Entwicklung unseres reifen Bewußtseins von den Dingen aus diesen zu erfassen; Zweifel also, ob dieses Modell, kurz gesagt, den Gegenstand der genetischen Psychologie wirklich erfassen kann. Mit dieser Fixierung auf das Explizite hängt es zusammen, daß das Digital-Computer-Modell auch seinen eigenen Atomismus bedingt, nämlich den der einzelnen Informations- »Bits«. Der Glaube, ein zur Reproduktion eines Teilverhaltens geeignetes Modell sei ein Schritt zur Erklärung menschlichen Verhaltens, ist nur dann sinnvoll, wenn wir atomistische und additionalistische Prämissen akzeptieren. Eine Maschine, welche in ein künstlich beschränktes und vereinfachtes Vokabular zu übersetzen vermag, ist vielleicht ohne Relevanz für die mit der Übersetzung natürlicher Sprachen verbundenen Probleme; wir können darüber nichts sagen, solange wir nicht etwas über jene Struktur wissen, welche das Sprachvermögen darstellt. Spekuliert man unbekümmert und im sicheren Glauben an die Relevanz darauf los, so besagt dies eigentlich, daß die Kenntnis der Struktur für die Forschung irrelevant sei, was einer additionalistischen Position gleichkäme.
Diese Frage ist also in der heutigen Psychologie keineswegs gelöst; und jene Methode, die ich denn doch für fruchtbarer halte, ist weit davon entfernt, allgemein akzeptiert zu wer-

den. Zu den Gründen für dieses Widerstreben mag wohl ein gewisses Maß an Vorurteilen gehören, doch tatsächlich fehlt es dem Kurs, den eine genetische Psychologie einzuschlagen hätte, nicht an Schwierigkeiten und Ungewißheiten; und mit diesen möchte ich mich nun eingehender befassen.

II. Die symbolische Funktion

Sobald wir die Methode der genetischen Psychologie akzeptieren, bleiben eine Reihe von Fragen ungelöst, die schwierig zu klären sind. Die erste betrifft die angeborenen Schemata, die bei der geistigen Funktion im Spiel sind. Zu diesen gehören offenbar gewisse infantile Reflexe und Reaktionen, wie Saugen, Greifen, Ansehen bestimmter Objekte, Lächeln, Laute-Ausstoßen und (später) Plappern, usw. Anders als die festen Muster gewisser niedrigerer Spezies durchlaufen diese Schemata Transformationen und entwickeln sich zu koordinierten motorischen Fähigkeiten, während das Kind gleichzeitig lernt, eine Welt von Menschen und Objekten im dreidimensionalen Raum wahrzunehmen und sich zu ihr zu verhalten. Diese Entwicklung wurde in (für mich als Laien) bewundernswerter Weise von Piaget untersucht (1952, 1954).

Gerade die Funktion dieser angeborenen Schemata bei den späteren Transformationen ist schwer zu bestimmen. Ein typischer Fall ist die Entwicklung der Sprache. Offensichtlich spielt die angeborene Neigung des Kleinkindes zum Plappern hier eine gewisse Rolle, ebenso wie die Neigung zur Imitation. Eindeutig wäre es aber unzulänglich, wollte man die Sprache aus diesen beiden Neigungen erklären; das menschliche Sprach-Lernen hat nichts mit einem höheren, flexibleren papageienhaften Nachplappern zu tun. Wir müssen versuchen zu bestimmen, welche Fähigkeiten dieser Errungenschaft zugrunde liegen, die in gewisser Weise einmaliges Merkmal der menschlichen Intelligenz ist.

Piaget scheint es entscheidend auf die Entwicklung einer symbolischen Funktion anzukommen, d. h. der Fähigkeit, Signifikanten *(signifiants)* zu benutzen, um Signifikate *(signifiés)* zu bezeichnen. Die Fähigkeit, Signifikate zu produzieren oder auf sie zu reagieren, ist etwas ganz anderes als das Erkennen von Signalen oder Indikatoren *(indices)*, wobei wir ein Ganzes an einem seiner Teile oder ein motorisches Schema an irgendeinem Begleitumstand erkennen. Eine solche Leistung liegt vollkommen im Rahmen der Fähigkeiten höherer Tierarten, was auch für das Verständnis ihrer – weitgehend »interiorisierten« – Umwelt gilt (d. h. höhere Säugetiere können häufig Problemlösungen durch »Einsicht« finden).

Signifikanten andererseits beziehen sich auf ihre Signifikate nicht mittels einer Teil-Ganzes-Beziehung oder mittels eines engen Zusammenhangs von Schemata, sondern sind in gewisser Weise artifiziell. Die symbolische Funktion ist also Repräsentation im eigentlichen Sinn: das eine steht für etwas anderes ein, von dem es klar getrennt ist. Dies gilt sogar, wiewohl für das Kind (wie auch für den Primitiven) Dinge und ihre Namen unlösbar zusammengehören, wobei der Name in gewissem Sinn das Wesen des Dinges *ist*. Denn wie unbewußt die symbolische Funktion auch sein mag, das Zusammenfügen von Name und Ding geschieht hier gänzlich im Rahmen des Benennens, Bezeichnens, Sprechens über oder Repräsentierens von Dingen, während die Beziehung eines Signals zu dem, was es bedeutet, sich für das Subjekt bei jeder einzelnen aus einer ganzen Menge anderer Aktivitäten, deren auch Tiere fähig sind, ergibt und durch diese gestützt wird; das gleiche gilt für Indikatoren. Tiere können daher lernen, mit Signalen und Indikatoren zu arbeiten, etwa wenn ein Hund bereit ist, »Gassi zu gehen«, sobald sein Herr den Hut aufsetzt; sie können lernen, eine ganze Reihe von Konkomitanzen in ihrer Umwelt zu benutzen, insofern diese für ihre Aktivität relevant sind. Mit anderen Worten, in diesen Fällen ergibt sich die Zusammenfügung von Zeichen und Ding (wobei der Ausdruck »Zeichen« als Gattungsbegriff für Signale, Indikatoren und Symbole gelten soll) aus der Form der Dinge, soweit relevant für eine motorische

Aktivität; wohingegen die Beziehung zwischen Signifikant und Signifikat nur im Hinblick auf eine Aktivität erklärbar ist, die wir (recht vage und unzulänglich) als repräsentational bezeichnen können.

Dies gilt sogar, wenn wir jene Unterscheidung berücksichtigen, die Piaget zwischen Symbol und Zeichen im engeren Sinn trifft: während letzteres insofern als »willkürlich« gedacht werden kann, als dem Signifikanten nichts eignet, was das Signifikat hervorruft, ist das echte Symbol motiviert *(motivé)*; es gleicht dem, was es bezeichnet, oder erinnert irgendwie daran. Abgesehen von gewissen Elementen der Onomatopöie, besteht der größte Teil unseres Wortschatzes aus Zeichen in diesem Sinn, wenngleich wir zweifellos eindrucksvolle »Bilder«, mithin Symbole, ohne Worte schaffen können. Aber sogar in diesem letzteren, sekundären Sinn ist das Symbol ein Signifikant. Es entsteht aus der Repräsentation, und aus nichts anderem, wie sehr seine Bedeutung auch durch seine Ähnlichkeit mit dem Signifikat gestützt werden mag.

Für Piaget ergibt sich symbolische Funktion aus den Aktivitäten von Imitation und Spiel zusammen; doch ohne tieferes Verständnis der symbolischen Funktion selbst ist es schwer, diese Theorie zu beurteilen, und im Augenblick sind wir weit davon entfernt, eine eindeutig artikulierte Vorstellung von dieser zu besitzen. Wir sahen eben, daß mit einer Vorstellung von der Sprache als einer bloßen, für das Subjekt gegebenen Beziehung zwischen Zeichen (im allgemeinen Sinn) und Dingen gar nichts gewonnen ist. Damit sind wir noch nicht in der Lage, Sprache von anderen Operationen mit Zeichen, z. B. Signalen und Indikatoren in Piagets Sinn, zu unterscheiden. Eine solche übermäßige Vereinfachung steht hinter den leichten, aber wenig aufschlußreichen Vergleichen zwischen menschlicher und tierischer »Sprache«. Dabei wird das Ergebnis betrachtet, ohne die ihm zugrunde liegende Aktivität einzubeziehen; und dies führt zu den gleichen Verzerrungen, wie wir sie oben bei der *sense-datum*-Theorie kennenlernten. Irgendwie verbindet sich im Lauf der Entwicklung oder des Lernens von Sprache »Stuhl«

mit Stühlen und »gehen« mit gehen, aber dies ist völlig verschieden von der Art, wie das Schlagen des Bibers mit dem Schwanz auf das Wasser mit dem Fluchtverhalten seiner Artgenossen verbunden ist. Um Sprache zu verstehen, müssen wir eine bessere Vorstellung von dem Komplex jener Aktivitäten gewinnen, die oben vage unter dem Oberbegriff »repräsentational« subsumiert wurden.

Aus dem gleichen Grund können wir Sprache nicht als bloßes Klassifikationssystem auffassen, denn auch Tiere »klassifizieren« insofern, als sie auf verschiedene Arten von Dingen verschieden reagieren – auch wenn beim Menschen die Klassifikation offenbar unendlich höher entwickelt ist.

Eine mögliche Annäherung an die Frage nach dem Wesen der repräsentierenden Aktivität ist vielleicht diese: Fähig zu sein, über Dinge zu sprechen, heißt, ihrer potentiell gewahr zu sein, und zwar außerhalb jeder besonderen Transaktion mit ihnen; es heißt, sie nicht nur in ihrer Relevanz für irgendein Verhalten, in welchem wir gerade befangen sind, sondern auch sozusagen »entlastet« *(disengaged)* wahrzunehmen. Die Sprache ist das wichtigste Vehikel dieser Fähigkeit, Dinge unbetroffen wahrzunehmen, doch der Benutzer der Sprache ist auch fähig, eine Reihe anderer Vehikel mit dem gleichen Effekt zu benutzen: Mimik, Agieren, Darstellen durch die Zeichnung, wahrscheinlich auch nicht-verbale geistige Bilder.

Faßt man die Repräsentation als eine »entlastete« Bewußtheit auf, so besagt dies natürlich nicht, daß die Benutzer der Sprache sich immer, wenn sie sprechen, reiner Kontemplation hingeben, obgleich so etwas wie Kontemplation anscheinend schon in frühem Alter möglich ist. Offenbar wird Sprache über die ganze Skala »zielgerichteter« *(engaged)* menschlicher Aktivität gebraucht. Ein Kind, das »auf, auf« sagt, weil es von der Mutter auf den Arm gehoben werden will, verwendet diesen linguistischen Ausdruck in ganz ähnlicher Weise wie sein kleinerer Bruder die Geste des Arme-Reckens und/oder Schreiens. Auf der Stufe, wo das Kind nur über wenige Worte verfügt, von denen »auf« im obigen Fall eines wäre, hat sich vielleicht sogar nur wenig verändert. Einzig darauf kommt es an, daß die linguistische Fähigkeit, sobald sie ein gewisses Niveau erreicht, ein Bewußtsein von etwas wie dem Aufgehobenwerden außerhalb des einzigen Kontextes, aufgehoben werden zu wollen, erlaubt; da dieses »entlastete« Bewußtsein dann ganz allgemein verfügbar wird, um bei neuen Operationen, die es voraussetzen, eingesetzt zu werden, wie etwa beim Erzählen und Hören von Geschichten über das Aufgehobenwerden, beim Rollenspiel des ganzen Dramas des Aufgehobenwerdens (oder Nicht-Aufgehobenwerdens) mit einer Puppe – und viel später beim expliziten verbalen Begreifen geometrischer und topologischer Beziehungen, usw. Alle diese Aktivitäten sind natürlich auf ihre Weise in ganz realem Sinne »belastet« *(engaged)* – der Ausdruck »entlastet« *(disengaged)* ist in diesem Zusammenhang unglücklich gewählt, wenngleich es schwerfallen dürfte, einen anderen zu finden, der nicht zu Mißverständnissen führen würde. Aber wie leidenschaftlich diese Aktivitäten auch betrieben werden mögen – und wir wissen, welch tiefe Spannungen beim kindlichen Rollenspiel entladen werden können –, sie gründen doch sämtlich auf einem Bewußtsein von dem betreffenden Objekt, welches von dessen ursprünglicher Einbettung in irgendeine Verhaltens-Transaktion abgelöst ist.

Doch die Sprache erlaubt uns noch mehr, als nur ein von besonderen Inhalten unbelastetes Bewußtsein zu erreichen; sie ist eine allgemeine Fähigkeit, die es uns ermöglicht, neue Dinge zu bezeichnen (und mithin unser Bewußtsein von ihnen zu entlasten), Dinge zu beschreiben und damit ein Bewußtsein von ihnen zu erwecken, die nicht gegenwärtig sind und vielleicht gar nicht existieren. Die Sprache ist eine Fähigkeit, die es uns gestattet, begrenzte Mittel zu unbegrenzten Zwecken einzusetzen – um mit Humboldt zu sprechen.

Diese Offenheit der Sprache läßt sich in zwei Dimensionen denken. Im Rahmen einer gegebenen Sprache oder Art des Sprechens über Dinge, wie das Kind sie von seiner Umgebung aufschnappt, kann es eine unbegrenzte Zahl von Beschreibungen geben oder verstehen, indem es über die Dinge seiner Umwelt spricht oder indem es Geschichten erzählt oder hört. Aber diese Art des Sprechens über die Dinge hat bestimmte Grenzen; manche Formen des Erfassens von Dingen werden begünstigt, andere werden schwierig, wieder andere werden unerreichbar sein. Die Entlastung des Bewußtseins, die sich aus dem Lernen der Sprache ergibt, wird also in einer Hinsicht unbegrenzt sein – diese bezieht sich nicht nur auf bestimmte Inhalte –, in anderer Hinsicht jedoch begrenzt, denn sie gestattet nur gewisse Arten von Beschreibungen.

Das Eigentümliche der sprachlichen Fähigkeit besteht jedoch darin, daß sie nicht nur in diesem Sinne unbegrenzt ist, sondern auch noch in jenem eindeutigeren Sinn, daß der Sprechende prinzipiell die Grenzen einer bestimmten Sprache oder begrifflichen Struktur transzendieren kann – indem er entweder neue Begriffe erfindet, oder indem er eine neue Sprache – eine neue natürliche Sprache oder eine neue Terminologie – lernt. Ich sage »prinzipiell«, denn nicht jede Innovation ist jedermann zugänglich, sonst wären wir alle Genies; es bestehen erhebliche Unterschiede der Intelligenz und der geistigen Flexibilität, welche die Grenzen eines jeden von uns bestimmen. Aber die Möglichkeit eines solchen Transzendierens ist der so verstandenen linguistischen Fähigkeit implizit; diese fundamentale Fähigkeit, unser Bewußtsein von den Dingen abzulösen, erlaubt es uns, ganz unabhängig von den Begriffen, welche diese Ablösung überhaupt vermitteln, jene Dinge in der Weise zu untersuchen, daß wir adäquatere Modi der Bezeichnung finden können. Mit anderen Worten, erst durch unsere Sprache, wie arm sie anfangs auch sein mag, werden die Dinge Objekte eines entlasteten Bewußtseins, und damit wird es möglich, sie in der Weise zu untersuchen, daß – je nach unserer Neigung und Fähigkeit – neue, eindringlichere Beschreibungen gefunden werden können. Diese »Entdeckung« mag natürlich ganz und gar unsere eigene sein, oder aber wir werden in der Schule, an der Universität oder sonstwo durch andere an sie herangeführt. Doch in jedem Fall ist es die gleiche »entlastende« Eigenschaft der linguistischen Fähigkeit, die diese Leistung ermöglicht, gleichgültig welche anderen Bedingungen sie sonst noch erfordern mag (und allerdings gibt es noch andere, wie die von Mensch zu Mensch verschiedene Intelligenz beweist). Diese Form der Transzendenz wird nicht nur in jenen vergleichsweise seltenen Fällen erreicht, wo wir in eine andere Kultur hinüberwechseln oder eine schwierige Wissenschaft studieren. Dieselbe Beziehung, die zwischen Sprachen oder zwischen der Alltagssprache und einer spezialisierten Terminologie besteht, gilt auch zwischen den verschiedenen Stufen des Wortschatzes und den begrifflichen und logischen Fähigkeiten eines heranwachsenden Kindes. In diesem Sinn ist Transzendenz überall vorhanden.

Die linguistische Fähigkeit ist also doppelt unbegrenzt. Sie ist die allgemeine Fähigkeit des entlasteten Bewußtseins, die auf keine bestimmte Stufe beschränkt ist; d. h. sie kann auf das einwirken, was sie bereits hervorgebracht hat, wie etwa wenn wir das, was wir bereits begrifflich zu erfassen gelernt haben, eingehender untersuchen und eine Möglichkeit finden, in anderen Worten darüber zu sprechen; und sie kann auf sich selbst einwirken, wie etwa wenn wir – auf einer höheren intellektuellen Stufe – unser Begriffsgefüge selbst untersuchen. Aber diese allgemeine und, wie uns scheint, geistige und körperlose Fähigkeit vermittelt sich durch unser Vermögen, artikulierte Klänge in bestimmter Weise auszusenden und zu hören. Diese Feststellung, wie sie hier steht, ist natürlich nicht ganz richtig; wir können Klänge in Zeichen auf dem Papier, von auditiven in visuelle Zeichen, in Handbewegungen, wie bei der Zeichensprache, oder in taktile Zeichen, wie bei der Braille-Schrift, transponieren. Und Menschen, die nicht sehen und/ oder hören können, können Sprache überhaupt erst in diesen anderen Medien lernen. Aber das Erlernen und die Ausübung der Sprachfähigkeit erfordert ein Medium dieser Art. Sie involviert eine bestimmte Form der Anwendung der Zeichen des Mediums, und daher ist unser linguistisches Bewußtsein, wie unbegrenzt es prinzipiell auch sein mag, tatsächlich stets in gewisser Hinsicht begrenzt.

Wenn wir uns die »symbolische Funktion« als eine auf keine Stufe beschränkte Fähigkeit des entlasteten Bewußtseins vorstellen, die wir durch die Anwendung von Zeichen, normalerweise artikulierten Klängen ausüben – was können wir dann als angeborene Grundlage des Erwerbs von Sprache postulieren? Die Neigung, Töne hervorzubringen und zu imitieren, reicht offenbar nicht aus, wenngleich sie notwendiger Bestandteil mancher Beschreibungen ist. Die Zeichen selbst sind offenbar nicht als angeborene determiniert, wie wir an der Vielfalt der Sprachen sehen, noch sind es die Formen von Beschreibungen (obgleich manche Unterteilungen des semantischen »Raumes« vielleicht einfacher und damit für den Menschen »natürlicher« sind als andere, z. B. gewisse Form- und Farbunterschiede). Spezifisch dem Menschen angeboren ist lediglich die Neigung, Zeichen in der Weise zu verwenden, daß er diese Entlastung des Bewußtseins erreicht. Wenn dies alles ist, was wir über die angeborene Grundlage des Spracherwerbs sagen können, dann wird dies uns nicht viel weiter helfen; wir haben damit lediglich eine vage Umschreibung des zu untersuchenden Forschungsgebietes.

Wir sind leicht bereit, die Notwendigkeit der Suche nach einer angeborenen Grundlage des Sprachlernens zu übersehen, weil das offenkundigste Merkmal der Sprache ihre Vielfalt ist; die Sprache, die ein Kind spricht, ist eine Funktion seiner sozialen Umwelt. Aber wenn wir nur feststellen, daß die Sprache eines Kindes, das in einer anglophonen Umwelt aufwächst, Englisch sein wird, sind wir noch lange nicht in das Geheimnis des Sprachlernens eingedrungen; und wir haben keinen Grund, dies anzunehmen, solange wir nicht glauben, daß der Mechanismus des Spracherwerbs ein sehr einfacher sei (z. B. ein assoziationistischer), den wir bereits völlig begreifen. Doch dies ist keineswegs der Fall. Wir verstehen immer noch nicht, warum das Kind Englisch lernt und das Schimpansenbaby nicht. Letzten Endes geht es darum, zu verstehen, wieso das Kind unsere artikulierten Töne als eine Aussage *über* etwas auffaßt und sie daher selbst als ein Vehikel seines unbefangenen Bewußtseins von diesen Dingen übernehmen und daraufhin eigene, neue Beschreibungen geben kann.

Vielleicht ist das, wonach wir hier suchen, die implizite Übereinstimmung mit den Kategorien der universalen Grammatik, die das Kind, wie Chomsky meint, besitzen muß, um Sprache zu lernen; dann könnten wir die angeborene Grundlage durch gewisse fundamentale grammatische Strukturen und gewisse Regeln ausdrücken, welche die Transformationen dieser Strukturen regieren. Aber diese Strukturen müßten ebenso in genetischer Perspektive betrachtet werden. Das Kind lernt nicht auf einmal die ganze Sprache und ihre richtige Grammatik; es durchläuft eine Reihe von Stufen, und auf den primitivsten ist sein Wortschatz sehr beschränkt; das Aufgebot an Worten erfolgt nach einigen simplen Mustern (d. h. die Syntax ist rudimentär), und dies ganz unabhängig davon, wie sorgfältig und grammatisch richtig die Eltern mit ihm sprechen. Die Strukturen, die diesem Begreifen und Wiedergeben von Sprache zugrunde liegen, sind immer noch relativ einfach. Sodann machen sie sukzessive Transformationen durch, bis das Kind im späteren Kindesalter etwa so gut wie ein Erwachsener spricht.

Könnten wir diese sukzessiven Strukturen skizzieren, dann wüßten wir vielleicht besser, was für die Transformationen, welche sie miteinander verbinden, erforderlich ist. Handelt es sich nur um eine langsam heranreifende Fähigkeit, so daß die gleiche Sprach-Umwelt zu einer immer adäquateren Grammatik in der Rede des Kindes führt, indem dieses heranwächst? Oder sind gewisse Verständnisleistungen notwendig, um von einer Stufe zur nächsten überzugehen? Oder gewisse Ich-Entwicklungen? Und was bedeutet diese Genese für die Beziehung zwischen jenen fundamentalen grammatikalischen Strukturen und der Tatsache, daß die sprachlichen Hervorbringungen, die sie regieren, Vehikel eines entlasteten Bewußtseins von den Dingen sind?

Neben diesen allgemeinen grammatikalischen Strukturen und Transformationen gehört zur angeborenen Grundlage des

Spracherwerbs auch die für den Menschen typische Form der Geselligkeit. Das Kind lernt Sprache im Rahmen einer Kommunikationsbeziehung mit anderen, und dies wiederum stellt diese Beziehung auf eine neue Basis. Zuerst spricht das Kind nicht nur mit den von seiner Umwelt übernommenen Worten, Akzenten und eigentümlichen Wendungen, es hat auch noch keine ausgeprägte Vorstellung von sich selbst als einem Subjekt von Denken gegenüber den anderen. Dies bezeichnet Piaget als »Egozentrismus«, wobei er selbst stets betont hat, daß dieses Wort irreführend sein kann, denn das, was es meint, ist eher das relative Fehlen einer Dissoziation zwischen den Standpunkten des Selbst und der anderen – »Egozentrismus« kann also ebensowohl aus übermäßiger Willfährigkeit als auch aus selbstbezogenem Verhalten entstehen. Es mag sein, daß die Fähigkeit, Sprache zu lernen, so wie das Kind es tut, d. h. eine erste Sprache zu lernen (und sogar mehrere Sprachen als »erste« zu lernen), die anscheinend auf die Periode vor der Pubertät beschränkt ist, mit einer Empfänglichkeit für diese Form der Kommunikationsbeziehung verbunden ist, wobei das Subjekt noch relativ undissoziiert ist. Das Kind »resoniert«, wie Lenneberg sagt, mit den Sprachklängen seiner Umgebung, und auf diese Weise gehen die oben behandelten, ganz allgemeinen Strukturen in das Begreifen einer bestimmten Sprache ein; wohingegen wir später zu einer solchen Resonanz unfähig sind, unser Sprachstil fixiert ist und wir erhebliche Mühe haben, eine neue Sprache zu erlernen.

III. Das Konzept der Reife

Das in Abschnitt II über die Sprache Gesagte zeigt die Schwierigkeit, die der Ontogenese zugrunde liegenden angeborenen Strukturen zu definieren. Aber noch schwierigere Fragen erheben sich in bezug auf die Richtung der Transformationen, welche diese durchmachen. Es ist möglich, die Fähigkeiten des Kindes auf verschiedenen Altersstufen im Hinblick auf die

Probleme, die es lösen kann oder nicht, und die Schlußfolgerungen, die es ziehen kann oder nicht, zu testen, wie Piaget und seine Mitarbeiter es getan haben. Piaget versuchte auch, aus diesen Experimenten gewisse allgemeine Strukturen des Denkens zu abstrahieren. Manche dieser Abstraktionen erscheinen sehr gut begründet. So kann das Kind offenbar erst zu Anfang des zweiten Lebensjahrzehnts aufgrund einer systematischen Kombination von Elementen Hypothesen aufstellen (siehe Inhelder und Piaget, 1958); und etwa um die gleiche Zeit beginnt es Bewegungen in verschiedenen Bezugssystemen zu koordinieren und die Vorstellung einer Kompensation von Bewegungen in Gleichgewichtssystemen zu begreifen.

Viel problematischer ist der Schritt von hier zum Postulat einer allgemeinen Gruppen-Gitter-Struktur, welche Piaget durch die Initialen INRC kennzeichnet. Ähnliche Fragen erheben sich in Verbindung mit einigen der »Gruppen«-Strukturen, die, wie Piaget annimmt, das kindliche Denken in der Phase der »konkreten Operationen« leiten. Die Schwierigkeit liegt in der Interpretation. Gewisse angenommene Strukturen und Verhaltensweisen sind wenig problematisch, da das Subjekt selbst explizit um sie weiß oder sie leicht als die seinen erkennen kann, wenn sie beschrieben werden. Dies trifft für das Aufstellen aller möglichen Hypothesen mittels Kombination zu, wenn es sich z. B. um die Aufgabe handelt, den Effekt mehrerer verschiedener Faktoren auf ein und dasselbe Resultat zu beurteilen. Doch dieser Fall ist sehr verschieden von der INRC-Struktur. Da diese in ein im Gleichgewicht befindliches System eingebettet ist, können wir sie vielleicht als eine allgemeine Bezeichnung für das Verstehen des Subjekts auffassen. Aber hier bedeutet sie nichts anderes, als daß das Subjekt die Beziehung zwischen der Entgegnung auf eine Bewegung durch ihre Umkehrung und der Entgegnung durch Kompensation versteht. Als allgemeine Struktur, die einen ganzen Bereich von Leistungen bei der Problemlösung und beim Denken erklären würde, ist die INRC-Struktur weitaus fragwürdiger. Was wir hier benötigen, ist eine Interpretation, die um einiges über das hinausginge, was das Subjekt sich zu erklären vermag. In gewisser Weise ist es eine ähnliche Situation wie in der Psychoanalyse: wir nehmen eine Reihe von Protokollen auf und rekonstruieren eine Kette von Folgerungen, die, wie wir behaupten, die des Subjekts sei. Nach der Natur der Sache muß die Plausibilität dieser Interpretation zum Teil auf allgemeinen Hypothesen hinsichtlich der Art beruhen, wie dieses Subjekt oder diese Kategorie von Subjekten für gewöhnlich denkt. Und diese Hypothesen wiederum werden durch die Plausibilität anderer Interpretationen, die wir aufgrund ihrer anstellen, bestärkt oder in Frage gestellt.

In dieser Hinsicht ist die genetische Psychologie »hermeneutisch«, d. h. sie beruht auf Interpretationen, ähnlich wie die Psychoanalyse und – wie ich glaube – die Wissenschaften vom Menschen im allgemeinen; und sie leidet auch an einer entsprechend beschränkten Exaktheit und Gewißheit. Doch dies ist ein schwieriges, komplexes Thema; ich möchte statt dessen auf folgendes hinaus: Da unsere Interpretationen auf allgemeinen Behauptungen hinsichtlich des Denkens auf einer bestimmten Stufe beruhen, können wir sie nicht von unseren allgemeinen Auffassungen über die Richtung der Entwicklung trennen, d. h. von dem, was bei jenen Transformationen stattfindet, die uns von einer Stufe zur nächsten führen.

Doch unsere Vorstellung von der Richtung der Entwicklung ist selbst abhängig von unserer Auffassung von menschlicher Reife und Intelligenz, so daß wir, wie sehr dies manche bekümmern mag, implizit mit einem Konzept des *terminus ad quem* der menschlichen Entwicklung, einem Begriff von geglückter Reifung arbeiten. Im Falle Piagets z. B. finden wir offenbar zwei sehr wichtige Leitvorstellungen bezüglich des Ganges der Entwicklung: das Subjekt entwickelt sich von der Egozentrizität fort, und sein Denken über die Dinge wird zunehmend umkehrbar. Auf die Egozentrizität sind wir oben bereits eingegangen; Piaget versteht sie als relativen Mangel an Dissoziation der Standpunkte des Ich und des anderen. Obgleich es nicht einfach ist, diesen Terminus mit Sicherheit exakt zu erfassen (und ein Begriff, dessen Bedeutung letzten Endes nicht exakt festgelegt werden kann, überrascht uns nicht bei einer Wissenschaft, welche mit Interpretationen arbeitet), geht es bei der Überwindung des Egozentrismus doch anscheinend darum, daß das Selbst sich allmählich als Subjekt wahrnimmt und seinen Standpunkt mit dem der anderen koordiniert – und folglich in der Lage ist, sein Begreifen der Dinge zu »dezentralisieren«; daß es, mit anderen Worten, die Dinge nicht nur in Beziehung zu sich selbst oder unter den Aspekten, die es am meisten betreffen, sondern im Hinblick auf die inneren Artikulationen des Objekts selbst zu begreifen vermag.

Dies wiederum hängt eng mit der zunehmenden Reversibilität zusammen. Eine allgemeine Charakterisierung dieses Begriffs ist noch schwieriger; aber es geht dabei offenbar um folgendes: Denken ist »reversibel«, wenn es Transformationen durchführen und gleichwohl zu seinem Ausgangspunkt zurückkehren kann. Etwas richtig verstehen heißt nun aber, daß man fähig ist, die Veränderungen, die es durchmacht oder durchmachen könnte, zu verstehen und mit hinlänglicher Klarheit zu begreifen, worum es bei diesen Veränderungen geht, so daß man zu sagen vermag, was erforderlich wäre, um das Objekt zu seinem Ausgangszustand zurückzuführen; und dies entweder durch einfache Reversion oder durch irgendwelche kompensierenden Operationen, deren Beziehung zu den ursprünglichen man versteht. Irreversibles Denken ist daher ein Denken, das seiner Implikationen unbewußt ist, das nicht mit den Transformationen operieren kann, welche die Dinge durchlaufen, und das nicht begreift, was sie beinhalten und in welchem Zusammenhang sie stehen. Es ist eine Denkweise, die sich auf statische Zustände der Dinge beschränkt, ohne ihre Beziehungen verstehen zu können.

Reversibilität ist also ein gewisses Konzept von Objektivität; es ist ein Konzept von Objektivität, das sich ganz natürlich aus einem Bild der Realität als einem System ergibt, das eine Reihe von kohärenten Transformationen durchlaufen kann. Die Entwicklung fort vom Egozentrismus und hin zur Reversibilität kann also als eine Entwicklung zur Objektivität aufgefaßt werden, weg von einer Auffassung der Welt, wie sie auf mich einwirkt, hin zu einem Begreifen derselben, wie sie »an sich« ist. Die Welt objektiv sehen heißt also, sie als ein kohärentes System von Transformationen auffassen – als etwas, das im Idealfall in kohärenter Weise manipulierbar wäre.

Dies sind also einige der Vorstellungen, von denen Piagets spezielle Formeln für die intellektuelle Entwicklung und Leistung auf gegebenen Altersstufen ausgehen. Doch dies ist nicht die einzige Auffassung, die mit seinen umfangreichen Forschungsergebnissen oder mit manchen seiner allgemeinen, von niemandem bestrittenen Ideen vereinbar wäre.

Man möchte meinen, daß dieses Bild der Entwicklung sich vollkommen in die oben entwickelte Sprachtheorie einfügt. Sprache als die Fähigkeit des entlasteten Bewußtseins führt uns mit Sicherheit auf einen Weg, auf dem wir den Egozentrismus überwinden und größere Objektivität erreichen. Doch sobald wir den Sachverhalt eingehender untersuchen, werden wir feststellen, daß dies nicht notwendig der Fall ist.

Schauspielerei oder Verstellung sind bedeutsame Aktivitäten, mit denen Kinder etwa zu dem Zeitpunkt beginnen, wo sie zu sprechen anfangen. Wie wir sahen, weist Piaget dem eine Rolle in der Entwicklung der symbolischen Funktionen zu. Das Schauspielern repräsentiert den Vorrang der Assimilation vor der Akkommodation; es ist *la pensée égocentrique à l'état pur* (Piaget, 1968, S. 175). Diese Verhaltensweise entsteht, weil das Subjekt noch zu keiner ausgeglichenen Anpassung an die Realität fähig ist, bei der Akkommodation und Assimilation im Gleichgewicht wären und sein Verständnis der Dinge daher ein objektives wäre. In dem Maß, wie das Kind heranreift, wird dieses Verhalten zunehmend mit konstruktiver Aktivität einerseits und sozialisierten Konkurrenzspielen mit einzuhaltenden Regeln andererseits verschmelzen. Doch seine Bedeutung liegt darin, daß es die assimilative Komponente der schließlich gereiften Intelligenz einübt, nämlich jenes deduktive Denkvermögen, welches das Wirkliche in eine Matrix von

Möglichkeiten einordnen kann und welches eine wesentliche Ergänzung der empirischen Untersuchung der Dinge ist.

Es ist auch noch eine andere Auffassung von Natur und Funktion solchen symbolischen Spielverhaltens möglich. Piaget sieht es im Kontext einer Entwicklung zur Objektivität, welche selbst durch Reversibilität definiert ist. Doch wir können sie in einem anderen Licht betrachten. Das So-tun-als-ob läßt sich als eine zur Sprache komplementäre Funktion auffassen. Wenn die Sprache das Vehikel eines entlasteten Bewußtseins von der uns umgebenden Welt ist, dann ist das Vortäuschen oder das So-tun-als-ob eine Möglichkeit, sich in einem anderen Sinn aktual zu entlasten, indem man sich aus seiner Situation entfernt. Es ist eine Möglichkeit, ein Dilemma zu transzendieren, welche dieses Dilemma auch verändern kann; entweder weil wir es schließlich anders ansehen oder empfinden, oder weil das Schauspielern und seine Derivate im Erwachsenenverhalten es uns gestatten, uns mit dem Dilemma auseinanderzusetzen und eine Lösung zu finden.

Eindeutig hat das Schauspielern für Kinder häufig diese letztere Funktion. So mag ein kleines Mädchen mit ihrer Puppe eine dramatische Szene ausagieren, die sie soeben mit ihrer Mutter erlebte. In diesem Kontext läßt das Vortäuschen sich als notwendiges Begleitphänomen der Sprache auffassen. Denn indem die Sprache entlastetes Bewußtsein ermöglicht, liegt sie auch am Ursprung menschlichen Fühlens. Nicht nur gibt es eine weite Skala menschlicher Emotionen wie etwa Empörung oder Bewunderung, die insofern »vom Denken abhängig« sind, als sie nur Benutzern von Sprache zugeschrieben werden können; man kann offenbar auch plausibel behaupten, daß sogar der gemeinsame Kern von Empfindungen, die auch die Tiere haben, wie etwa Furcht und Wut, beim Menschen insofern qualitativ verschieden sind, als sie mit einem Bewußtsein ihrer Objekte verbunden sind, über das nur sprechende Lebewesen verfügen. Dies ist der Grund, warum es uns widerstrebt einzuräumen, daß Tiere Emotionen im menschlichen Sinn hätten – die Furcht oder Wut eines Tieres ist auf den Kontext der

Provokation beschränkt, wir benützen diese Ausdrücke nur, um über die Qualität seiner Reaktion in diesem Kontext zu sprechen –, und warum wir das menschliche Fühlen als Modus eines effektiven Bewußtseins von einem Objekt ansprechen (selbst wenn dieses Bewußtsein manchmal unterdrückt sein mag). (Diese Auffassung von Emotionen wird eingehender behandelt und verfochten oben S. 65 ff.)

Die Erfahrung eines starken Gefühls ist daher die Erfahrung einer Situation, die uns bewegt, die bei uns einen starken Affekt erregt – einen Affekt, der unerträglich sein kann. Es ist ungemein wichtig, daß man in der Lage ist, aus der Situation herauszutreten, nicht nur im Sinne eines Eskapismus (wenngleich auch dieser Entlastung bringen kann), sondern um sie aus einer anderen Perspektive erleben zu können; mit anderen Worten, um nicht unentrinnbar in der primären Erfahrung befangen zu bleiben. Und dieses Heraustreten aus unserer Situation kann uns helfen, mit ihr fertigzuwerden, sie mit anderen Augen zu sehen und daher anders auszuleben. So jedenfalls würde ich das Verhalten des Kindes interpretieren, welches die mit der Mutter erlebte emotionale Szene mit seiner Puppe wieder aufführt. Das starke Gefühl wird in der »Als-ob-Situation«, in der das kleine Mädchen sogar die Rolle des anderen einnimmt, bearbeitet, und auf diese Weise kann das Kind damit fertig werden.

Ganz allgemein vertrete ich hier die Auffassung, daß das Rollenspiel insofern eine Art Komplement zur Sprache ist, als es eine Form des Heraustretens aus unserer Situation darstellt, die es uns ermöglicht, sie in anderer Weise auszuleben. Es erlaubt uns, unser Dilemma aus anderer Perspektive zu sehen, und es begründet die Fähigkeit, auf mehreren Ebenen zu leben, über die der Erwachsene normalerweise verfügt. Der Erwachsene handelt tatsächlich in bezug auf eine Situation, die neben der Ebene seiner unmittelbaren räumlichen oder interpersonellen Situation noch weitere Dimensionen hat; er lebt auch in bezug auf soziale, politische, berufliche, religiöse oder ideologische Realitäten. Phantasie und Vorstellungskraft sind also als Aktivität des Erwachsenen Nachfolger des Rollenspiels beim Kind; sie erhalten diese Fähigkeit, die Situation, in der wir leben, zu überschreiten.

Nun kann aber diese Auffassung vom Rollenspiel richtig sein oder nicht. Gewiß fehlt es ihr nicht an Konkurrenten; eine Fülle von Spieltheorien wurden im Lauf unserer Geistesgeschichte vorgetragen; in Verbindung mit dem obigen Beispiel brauchen wir nur an Freuds Analyse des Kinderspiels »Fortda!« zu denken. Doch ich habe dieses Beispiel nicht mit der Absicht vorgetragen, nur eine weitere Theorie (wenn sie überhaupt neu ist) anzubieten, sondern um zu zeigen, wie eine andere und nicht minder vertretbare Auffassung vom Spiel unser Verständnis von Piagets Entwicklungs-Konzept verändern kann.

Demnach ist das Rollenspiel nicht ein früher, unzulänglicher Ersatz für Objektivität in Piagets Sinn; es ist nicht eine deformierende Assimilation, dazu bestimmt, durch eine richtig ausgewogene ersetzt zu werden. Im Gegenteil, es kann uns helfen, uns einem objektiven Verständnis unserer Gefühle und unserer Beziehungen zu anderen näherzubringen. Doch solche Objektivität ist nicht als Reversibilität aufzufassen. Unser Bewußtsein von dem, was uns bewegt, von unseren Gefühlen anderen gegenüber und von unseren Beziehungen zu anderen neigt stets dazu, von selbst-induzierten Illusionen überschattet zu sein. In diesem Sinn tendiert unser Bewußtsein dazu, »egozentrisch« zu sein, und eine der Errungenschaften der Reife besteht darin, daß es uns gelingt, dies zu überwinden. Tun-als-ob und symbolisches Spiel, verstanden als ein Heraustreten aus unserer Situation, kann diesen Prozeß allerdings fördern (dies aber nicht mit Notwendigkeit; es kann auch unsere egozentrischen Phantasien nähren). Es kann auch dem Kind helfen, ein artikuliertes Verständnis für verschiedene Ansichten über eine gemeinsame Außenwelt zu erreichen, d. h. den Egozentrismus, wie Piaget ihn versteht, zu überwinden.

Aber die Objektivität, die wir hier meinen, ist nicht dieselbe, von der Piaget spricht. Reversibilität impliziert ein Begreifen der Dinge als Systeme, welche kohärente Transformationen als im Ideal manipulierbare Entitäten durchmachen können; und im Zusammenhang damit impliziert sie, daß wir bei diesem Vorgang des Begreifens von deren Bedeutung für uns abstrahieren. Aber ein objektives Verständnis unserer Gefühle oder unserer Beziehungen zu anderen hat keines dieser Merkmale. Die eigene Motivation richtig verstehen heißt z. B. nicht, sich selbst als den *locus* einer Reihe von kohärenten Transformationen zu begreifen; es heißt, in der Lage zu sein, die eigenen Gefühle, Wünsche und die eigene Situation aus einer gewissen Perspektive zu betrachten. Unser Verständnis potentieller Transformationen ist vielleicht höchst ungewiß und fragmentarisch, vielleicht ist es weit entfernt von jener kohärenten, systematischen Interrelation, die das Wesen der Reversibilität ausmacht. Tatsächlich können die Befunde einer Wissenschaft, deren Ziel das objektive Verstehen des Menschen als eines Systems von reversiblen Transformationen ist, uns vielleicht sogar helfen, uns auf diese Weise zu begreifen; doch es handelt sich um verschiedene Unternehmungen.

Wenn schon das erste Merkmal der Reversibilität hier nicht zutrifft, so trifft das zweite ebensowenig zu. Es geht nicht darum, von der Bedeutung dessen für uns, was wir untersuchen, zu abstrahieren, wenn wir unsere eigenen Gefühle zu verstehen suchen. Vielmehr versuchen wir, eine ausgewogene Ansicht von dieser Bedeutung zu gewinnen. Dieselbe Feststellung läßt sich erst recht über das Verstehen unserer Beziehungen zu anderen treffen. Immerhin hängt es mit dem Verstehen unserer Gefühle eng zusammen. Sobald es uns z. B. gelingt, die verborgenen Ursachen von Spannungen in einer Beziehung zu erkennen, können wir diese ins rechte Licht rücken; und damit verändern wir die Beziehung in gewissem Maß, so daß ihre frühere Form in ihrer Gesamtheit nicht wiederherstellbar ist; ich will damit nicht nur sagen, daß wir tatsächlich nicht zu ihr zurückkehren können, sondern daß wir nicht einmal eine klare intellektuelle Vorstellung von einem Rückweg haben; mit anderen Worten, unser Denken ist hier »irreversibel«. Die Bedeutung dessen, was wir ins richtige Verhältnis zu setzen suchen, ist dabei natürlich eine gemeinsame Bedeutung. Der Versuch, es als ein Objekt zu behandeln, das unter Absehung von unserem eigenen Engagement untersucht werden könnte, bedeutet ein Zurücktreten von dieser Gemeinsamkeit und damit eine Veränderung der Beziehung.

Wir haben es hier mit Situationen des Engagements zu tun – um ihnen einen allgemeinen Namen zu geben –, bei denen die Strategie, in dem durch Reversibilität definierten Sinn Objektivität anzustreben, uns nicht möglich ist. Wir können nicht von ihrer Bedeutung für uns abstrahieren, ohne den Gegenstand unserer Untersuchung zu wechseln und damit sehr wahrscheinlich ein Verstehen des ursprünglichen Problems zu verfehlen; und jeder substantielle Zugewinn unseres Verständnisses für sie verändert sie in häufig faktisch wie intellektuell irreversibler Weise. Wir können uns nicht genügend aus ihnen herauslösen, um sie als manipulierbare Objekte zu beherrschen, und daher muß Objektivität hier etwas anderes bedeuten; sie kann nur bedeuten, daß wir diese Situationen ins richtige Verhältnis rücken.

Dagegen ist die in anderen Kontexten angemessene Form der Objektivität, etwa wenn wir ein physikalisches System untersuchen, jener Form, die Piaget anscheinend durch den Begriff »Reversibilität« bezeichnet – deren beide Aspekte eng zusammenhängen – sehr ähnlich. Wir erreichen Reversibilität, wenn wir unser Objekt als ein System von kohärenten potentiellen Transformationen begreifen, mithin also als ein im Ideal manipulierbares Objekt, dessen Operationen wir daher, wenn schon nicht in der Praxis, so doch intellektuell beherrschen. Und um diese Beherrschung zu erreichen, müssen wir von unserem Engagement für das Objekt abstrahieren, um es zu begreifen, »so wie es an sich ist«. Degagement ist daher eine Voraussetzung, um intellektuelle Beherrschung zu gewinnen.

Die hier vorgetragene Hypothese besagt, daß die reife Intelligenz das Erreichen von zwei verschiedenen, wenngleich zusammenhängenden Formen der Objektivität impliziert; die eine erfordert Degagement und führt zu Reversibilität und gesteigerter Manipulationsfähigkeit; die andere kann solches Degagement nicht erreichen und strebt daher nach einer ausgewogeneren Sicht der betreffenden Situation. Erstere läßt sich als eine Weiterentwicklung der fundamentalen Fähigkeit zu entlastetem Bewußtsein auffassen, wie sie der linguistischen Kompetenz implizit ist; wogegen letztere eher auf unserer Fähigkeit gründet, aus unserer Situation hinauszutreten und sie von einem anderen Ausgangspunkt her »zurückzuspiegeln«, was beim Kinde die Form des symbolischen Spiels annimmt. Mit anderen Worten: wo wir die affektive Bindung an unsere Situation nicht auflösen können, da können wir sie doch durch das Spiel in anderer Perspektive erleben.

Diese Hypothese mag gültig sein oder nicht. Ich führe sie lediglich ein, um den weiten Rahmen der möglichen Theorien vorzuführen, unter denen die Entscheidung noch nicht vorab festgelegt ist. Piagets Entwicklungsbegriff ist daher keineswegs der einzige, der mit seinen empirischen Daten vereinbar und mit seinen wichtigsten Grundgedanken übereinstimmend wäre – wie etwa, daß die Entwicklung weg vom Egozentrismus und hin zu irgendeiner Objektivität erfolge. Eher könnte man sagen, daß Piaget, im Gegensatz zu der hier aufgestellten Hypothese, eine Form der Objektivität bevorzugt und andere vernachlässigt. So betrachtet er das symbolische Spiel nur im Kontext der Entwicklung hin zu degagierter Objektivität und mithin als eine einseitige, nicht durch Akkommodation ausgeglichene Assimilation, nicht aber auch als ein Hinaustreten aus unserer Situation, welches unsere Fähigkeit fördert, unsere Perspektive zu ändern und damit die andere Form der Objektivität zu erreichen.

Selbstverständlich begünstigen das symbolische Spiel und seine Nachfolge-Aktivitäten Objektivität, ohne sie notwendig hervorzubringen; ebensogut können sie dazu dienen, egozentrische Phantasien zu verankern.

Wir haben es also mit einer Skala von Theorien zu tun, die gewogen und überprüft werden müßten. Eine jede legt die

Forschung auf eine Richtung fest, die in gewissen Punkten von den anderen abweicht. So würde die oben eingeführte Hypothese das kindliche Spiel aus einer anderen Perspektive untersuchen, sie würde versuchen, die Entwicklung, die das heranwachsende Kind durchmacht, in Strukturen eines imaginierten Heraustretens aus seiner Situation nachzuzeichnen; sie würde bestrebt sein, diese mit den sukzessiven Stufen der Dissoziation und Artikulation des Standpunktes des Kindes gegenüber derjenigen der anderen sowie der daraus folgenden Entwicklung seines Ich zu korrelieren. Eine solche Forschung würde auch zeigen, in welchem Grade verschiedene Theorien miteinander vereinbar wären. Zum Beispiel würde die spezifische Form der Validierung unserer obigen Hypothese sich weitgehend mit Piagets Theorie überschneiden. Divergenzen würden bei den jeweiligen Begriffen von Spiel, bei der Skala von Fähigkeiten, welche eine bestimmte Stufe ausmachen, sowie in anderen Punkten auftreten, aber es gäbe wohl auch einen erheblichen Bereich der Übereinstimmung.

Doch diese verschiedenen Theorien bestimmen jeweils eine bestimmte Auffassung von dem, was ich oben den *terminus ad quem* der menschlichen Entwicklung nannte – ein Konzept der geglückten Reifung. Daher kann die genetische Psychologie nicht umhin, sich auf einen von der akademischen Psychologie traditionell als »philosophisch« abqualifizierten Bereich einzulassen; sie kann nicht als eine »wertfreie« Wissenschaft im traditionellen Sinn aufgefaßt werden. Der jeweilige Begriff dessen, was geglückte Reife ist, bietet die Basis aller Erörterungen über die Art, wie wir leben sollten. So etwa hängen die Gegensätze zwischen den oben skizzierten Begriffen von Objektivität offenbar mit potentiellen Meinungsverschiedenheiten über den so oder so verstandenen Wert »objektiven« Verhaltens unter gewissen Umständen, über Objektivität als Ideal usw. zusammen.

Aber dies sollte uns nicht dazu verführen, die genetische Psychologie als »unwissenschaftlich« abzutun. Die Tatsache, daß sie in den Bereich unserer Vorstellungen von Reife und mithin unserer Werte eingreift, besagt nicht, daß sie deshalb mit den empirischen Fakten oder bei der Formulierung und Überprüfung von Theorien weniger sorgfältig verführe. Die genetische Psychologie ist allerdings der Boden, auf dem verschiedene Auffassungen von Reife miteinander konfrontiert werden können. Die große Bedeutung, die der Interpretation in dieser Wissenschaft zukommt, mag eine schließlich definitive und universell akzeptierte Auswahl schwierig, wenn nicht unmöglich machen, doch deshalb ist das ganze Unternehmen nicht weniger rational oder wissenschaftlichen Regeln unterworfen. Die Tatsache, daß eine Wissenschaft nicht wertfrei ist, bedeutet nicht, daß es keiner leidenschaftslosen und (weitgehend im Sinne Piagets) objektiven Forschung bedürfte.

IV. Schluß

Aus den in den Abschnitten II und III vorgetragenen Überlegungen dürfte sich also ergeben: Die genetische Psychologie arbeitet mit zwei Hauptgruppen von theoretischen Grundbegriffen, jenen, die sich auf das Wesen der Reife beziehen – der *terminus ad quem* von Entwicklung –, und jenen, welche die angeborenen Strukturen definieren – der *terminus a quo*. Die Wissenschaft ist sozusagen zwischen diese beiden Gruppen eingespannt, welche sowohl ihre Forschungsstrategie als auch die Interpretationen bestimmen, die sie aus den Transformationen ableitet, welche Intelligenz, Verhalten und Gefühle des Kindes durchlaufen, wozu selbstverständlich auch die Definition der Entwicklungsstufen gehört. Bei einem so hohen theoretischen Niveau mag es nun manch einem schwindeln; sollte dies zutreffen, dann ist es immer noch möglich, sich mit niedrigeren Gipfeln zu begnügen und Fakten bezüglich der Lösung oder Nicht-Lösung von Problemen und des erklärten Denkens des Subjekts zu sammeln. Dies aber nur um einen gewissen Preis: erstens, daß man sich dem Vorwurf des Parasitentums aussetzt, denn die Experimente, die mittlerweile in Mode gekommen sind, gingen selbst aus einem theoretischen Ansatz hervor, zu dessen weiterentwickelter Definition sie beigetragen haben – im Fall Piagets sogar einer sehr weitreichenden Definition, welche die Intelligenz in ihren biologischen Kontext einordnet. Zweitens wäre man damit unfähig, Verallgemeinerungen über die protokollierten Leistungen bei verschiedenen Arten von Problemen und das auf verschiedenen Stufen bekundete Denken hinaus aufzustellen; man wäre von der Suche nach den fundamentalen Strukturen ausgeschlossen. Und dies würde, drittens, bedeuten, daß man zu einer Sterilität verdammt wäre, die keine neuen Wege der experimentellen Forschung eröffnet, und daß die Wissenschaft selbst stagnieren würde.

Will die genetische Psychologie die Transformationen der Ontogenese effektiv nachzeichnen, dann muß sie mit Begriffen dieser beiden Gruppen arbeiten, sie muß Forschungsstrategien aus ihnen ableiten und sie im Licht der daraus resultierenden Befunde bestätigen, widerlegen oder verfeinern. Gerade diese reichhaltige theoretische Komponente, wie vielleicht auch ihre Zurückweisung von additionistischen und milieutheoretischen Auffassungen, läßt die genetische Psychologie vielen akademischen Psychologen in der angelsächsischen Welt immer noch fremd und wenig vertrauenswürdig erscheinen. Gar zu oft ist es so, daß Theorie anscheinend um so höher eingeschätzt wird, je bewußtloser sie ist. Doch dieses Moratorium für theoretische Grundlagen scheint nunmehr auszulaufen, und die genetische Psychologie wird künftig das Interesse erwecken, das sie verdient.

Literaturhinweise

N. Chomsky, Review of Skinner's »Verbal Behavior«, *Language*, 1959, 35 (1), 26–58.

N. Chomsky, *Aspects of the theory of syntax*, Cambridge: M.I.T. Press, 1965 (dt.: *Aspekte der Syntax-Theorie*, Frankfurt: Suhrkamp, 1969).

H. L. Dreyfus, *What computers can't do*, New York: Harper, 1971.

B. Inhelder und J. Piaget, *The growth of logical thinking from childhood to adolescence*, New York: Basic Books, 1958.

E. H. Lenneberg, *Biological foundations of language*, New York: Wiley, 1967 (dt.: *Biologische Grundlagen der Sprache*, Frankfurt: Suhrkamp, 1972).

J. Piaget, *The origins of intelligence in children*, New York: Intern. Univ. Press, 1952 (dt.: *Das Erwachen der Intelligenz beim Kinde*, Stuttgart: Klett, 1969).

J. Piaget, *The construction of reality in the child*, New York: Basic Books, 1954.

J. Piaget, *La formation du symbole chez l'enfant*, Neuchâtel: Delachaux et Nestlé, 1968 (dt.: *Nachahmung, Spiel und Traum*, Stuttgart: Klett, 1969).

M. Polanyi, *Personal knowledge*, Chicago, Ill.: Univ. of Chicago Press, 1958.

M. Polanyi, *The tacit dimension*, Garden City, N.Y.: Doubleday, 1966.

Friedliche Koexistenz in der Psychologie[1]

I.

Die Psychologie ist ein weitverzweigtes Gebiet, das viele Domänen enthält. Aber dies bewahrt sie nicht davor, intellektuell in verschiedene Lager gespalten zu sein. Besonders eine solche wesentliche Spaltung innerhalb der Psychologie möchte ich hier behandeln und damit einen Weg zur Versöhnung der beiden Seiten weisen. Aus einer solchen Versöhnung könnten sich neue Perspektiven für die Wissenschaft ergeben.

Die tiefe Spaltung, welche die Psychologie durchzieht, betrifft die Grundbegriffe von Wissenschaft und wissenschaftlicher Methodik. Zugrunde liegt ihr ein Unterschied der Epistemologie. Diese Frage fällt in den Bereich der Philosophie, und das rechtfertigt es wohl, daß ich darüber spreche – wenngleich schon manch einer zu seinem Kummer festgestellt haben mag, daß Philosophen keinerlei Rechtfertigung brauchen, um über irgend etwas zu sprechen.

Die heute unter Experimentalpsychologen in Amerika vorherrschende Epistemologie entwickelte sich aus der wissenschaftlichen Revolution des 17. Jahrhunderts. Es gibt viele Möglichkeiten, diese Auffassung von Wissenschaft zu charakterisieren, aber für die Zwecke unserer Diskussion können wir zwei Merkmale festmachen, weil sie die entscheidenden Angelpunkte jeder Konfrontation zwischen den beiden Epistemologien sind.

Das erste ist das Prinzip, welches besagt, daß Wissenschaft auf intersubjektiv eindeutige Fakten begründet sein müsse. Dies wird häufig durch die Feststellung ausgedrückt, daß Experimente von jedermann wiederholbar und daß die Befunde von anderen zu überprüfen sein müssen. Die Wissenschaft erreicht

1 Vortrag, gehalten bei einer Konferenz der Sektion 24 der American Psychological Association am 4. Sept. 1972 in Hawaii.

ihr eindrucksvolles Bild der Objektivität durch intersubjektive Übereinkunft. Dies bedingt nun aber eine Einschränkung hinsichtlich dessen, was als wissenschaftliche Fakten gelten darf. Im alltäglichen Leben gibt es viele Bereiche von Urteilen, die weit davon entfernt sind, dieses Kriterium der intersubjektiven Eindeutigkeit zu erfüllen. Das Urteil etwa, mit dem ich über ein Gemälde aussage, daß es eine eindrucksvolle Harmonie zwischen gewissen Elementen darstellt, oder die Urteile, die wir täglich über den Charakter und die Motive von Leuten treffen – solche und andere eignen sich bekanntlich nicht für intersubjektive Übereinkunft, und was noch wichtiger ist, sie eignen sich oft nicht einmal zu eindeutigem Konsensus über die Bedeutung der Schlüsselbegriffe, welche in sie eingehen. Urteile dieser Art können also nicht Tatsachenfeststellungen einer Wissenschaft sein, die dem hier skizzierten Modell entspricht. Die Phänomene, auf welche sie sich beziehen, müßten, um wissenschaftlich untersucht zu werden, in einem ganz anderen Vokabular identifiziert werden.

Dieses Kriterium gilt also für das, was man – um dafür einen Begriff zu prägen – als »*data bruta*« bezeichnen könnte, d. h. Daten, die ohne jegliche persönliche Einsicht oder Interpretation auf seiten des Beobachters verfügbar sind.[1a] Denn solange

1a Selbstverständlich bedarf diese Charakterisierung noch erheblicher Verfeinerung. Paradigmatisch als *data bruta* sind Sachverhalte, die anhand klarer Kriterien erkannt werden und bei denen über unendlich viele Stufen hinweg auf solche Kriterien zurückgegriffen werden kann. Gewisse physikalische Zustände erfüllen diese Bedingung; ein Objekt sei z. B. x Meter lang: es gibt keine Grenze für die Verfahren – Kontrolle der Messung, Kontrolle der Maßstäbe, Kontrolle des Apparats usw. –, die wir vornehmen können, um allen Zweifeln und Einwänden zu begegnen. Intuitive Urteile können stets kontrolliert werden.

Aber vielleicht sehen wir uns auch veranlaßt, als *data-bruta*-Aussagen gewisse Urteile zuzulassen, für die wir keine klaren Kriterien aufstellen können, über die es aber tatsächlich keine Meinungsverschiedenheit gibt – z. B. Urteile der Geschlechtsbestimmung von Hühnern oder die Daten gewisser Experimente der kognitiven Psychologie, bei denen die Versuchspersonen Klängen einen gewissen Dichtegrad zuschreiben. (Letzteres Beispiel verdanke ich Susan Carey.) Dies zeigt, welche Bedeutung diese intersubjektive Übereinkunft für unseren Begriff von wissenschaftlicher Objektivität hat. Zur eingehenderen Diskussion der *data bruta* siehe Charles Taylor, »Interpretation und die Wissenschaften vom Menschen« (in diesem Band S. 154 ff.).

ein solches Element der subjektiven Einsicht vorliegt, muß es unschlichtbare Differenzen des Urteils zwischen verschiedenen Beobachtern geben. Und dies ist, gemäß unserem Modell des wissenschaftlichen Vorgehens, auf keinen Fall zulässig. Unterschiedliche Theorien gibt es unvermeidlich in jeder Disziplin, wo die festgestellten Daten mehr als eine erlauben, und das Bekenntnis zu verschiedenen Theorien beruht auf jeweils verschiedenen Urteilen über ihre Plausibilität, die Bedeutung gewisser Faktoren usw. Doch dieses theoretische Babel, dem jede Wissenschaft zum Opfer fallen kann, muß durch die Eindeutigkeit ihrer Daten in gewissen Grenzen gehalten werden.

Mit dem Bedürfnis nach *data bruta* geht die Anforderung einher, daß die Operationen, welche an den Input-Daten vorgenommen werden, ähnlich frei von Interpretation sein müssen. Jegliche Wissenschaft, die mehr ist als ein Katalog von durch enumerative Induktion erhaltenen Korrelationen, muß eine Komponente enthalten, die nicht nur ein Protokoll der Daten ist, sondern die beansprucht, irgendwie jene Prozesse oder Transformationen zu verzeichnen, welche den an den beobachtbaren Daten festgestellten Regelmäßigkeiten zugrunde liegen. Die in diesem Bereich aufgestellten Hypothesen werden schließlich durch beobachtbare Daten verifiziert. Aber wenn dem so ist, dann müssen ihre Verknüpfungen mit diesen Daten ebenfalls eindeutig sein. Eine Behauptung über grundlegende Prozesse kann nur dann intersubjektiv verifiziert werden, wenn ihre Implikationen für die beobachtbaren Daten eindeutig sind. Können diese Implikationen nicht unzweideutig festgestellt werden, dann ist Übereinstimmung unmöglich.

Diese zweite Anforderung – nennen wir sie die der »eindeutigen Operationen« – begründete einst eine Reihe von schlecht lancierten Formulierungen aus der Blütezeit des Positivismus, wie etwa »operationale Definition«. Diese Anforderung ist jedoch nicht an den Konfusionen des extremen Positivismus beteiligt. Sie verlangt nicht irgendeine Reduktion »theoretischer Entitäten« auf »observierbare« Sachverhalte, sondern fordert lediglich, daß die zur Feststellung der grundlegenden

Prozesse an den Input-Daten vorgenommenen Kalkulationen und Transformationen eindeutig seien. So etwa werden in einem für dieses Wissenschaftsmodell beispielhaften Fall, der mathematischen Physik, die Operationen mathematisch ausgedrückt und sind daher, wie man glaubt, über jeden, aus persönlicher Einsicht oder Intuition sich ergebenden Zweifel erhaben.[2]

Nun meinen viele Psychologen, daß diese beiden Anforderungen notwendig eine dritte zur Folge haben – die des »Physikalismus«. Dies war nicht immer der Fall; frühere Versuche einer strengen wissenschaftlichen Psychologie im Sinne dieses Modells waren bereit, auch seelische Zustände und die Ausbeute der Introspektion in das Arsenal ihrer Daten aufzunehmen. Doch in der amerikanischen Psychologie wurde diese Auffassung vor einem halben Jahrhundert durch die behavioristische Revolution beseitigt. Man fragt sich allerdings, ob die Introspektion wirklich abgeschafft wurde, oder ob sie nicht immer noch in anderem Gewand herumgeistert – z. B. bei Experimenten der sensorischen Schwelle und anderen Experimenten der kognitiven Psychologie –, doch zweifellos bestand die Absicht, sie zu beseitigen.

Die Anziehungskraft, die der Physikalismus für diejenigen besitzt, welche die beiden ersten Anforderungen akzeptieren, ist durch mehr als die offenkundige Erwägung begründet, daß die introspektiven Daten eines Subjekts nur diesem selbst zugänglich sind. An sich ist dies nicht einmal ein sehr schwerwiegendes Hindernis, denn das Kriterium der Reproduktion läßt sich bei introspektiven Experimenten so interpretieren, als besage es, daß andere unter den gleichen Bedingungen ähnliche introspektive Daten erhalten, und so wurde es auch von den Vertretern der introspektiven Psychologie interpretiert. Wich-

2 Gewiß ist die Frage sehr umstritten, ob die Mathematik wirklich in diesem Sinne interpretationsfrei ist. Mir kommt es hier nur darauf an, daß es seit dem 17. Jahrhundert eine einflußreiche Tradition gibt, welche die Mathematik als eine für die intersubjektive Schlichtung von Kontroversen paradigmatische Disziplin und mithin als einen Hauptgaranten wissenschaftlicher Objektivität betrachtet.

tiger ist beim Physikalismus die Tatsache, daß physikalische Parameter zuverlässiger als *data bruta* identifiziert werden können. Eine Kontroverse über einen physikalischen Parameter läßt sich oft beilegen, indem man die Interaktionen des Objekts mit anderen Dingen beobachtet. Wir können also Apparate wie Waagen, Thermometer usw. konstruieren, um die Exaktheit/Sicherheit unserer Beobachtungen zu verbessern.

Die Hauptströmung der akademischen Psychologie in Amerika, welche die beiden Anforderungen des klassischen Wissenschaftsmodells übernahm, übernahm daher auch die des Physikalismus – zuerst in behavioristischer Form; aber als der Stern des Behaviorismus zu verblassen begann, traten andere Methoden mit ergiebigerer theoretischer Komponente die Gefolgschaft des Physikalismus an. Ein Beispiel ist die Gruppe der computer-inspirierten Theorien über die geistige Funktion. Diese fußen auf den beiden klassischen Anforderungen: *data bruta* als Ausgangspunkt, und eine Reihe von nachfolgenden Operationen, die eindeutig genug spezifiziert sind, um als Maschinenprogramm durchgeführt zu werden. Die Möglichkeit, sie als Maschinenprogramm auszudrücken, ist sogar das Kriterium ihrer Eindeutigkeit (wie Minsky[3] in seiner Definition eines »effektiven Verfahrens« klarstellt). Das Computer-Modell folgert also aus den beiden klassischen Anforderungen die Notwendigkeit des Physikalismus.

II.

Dieses Paket, bestehend aus den beiden klassischen Anforderungen plus Physikalismus, wird gegen einen einleuchtenden Einwand der Psychologie – oder sogar jeder Wissenschaft, die sich mit menschlichem Fühlen und Handeln befaßt – ins Feld geführt, nämlich daß die Phänomene dieser Disziplin, d. h. Handlungen und Gefühle, zum Teil durch die Gedanken, Vor-

3 Marvin Minsky, *Computation,* Englewood Cliffs, N. J.: Prentice-Hall, Inc., 1967, S. 105.

stellungen, Absichten und Anschauungen der betreffenden Menschen charakterisiert sind. Wie identifizieren wir eine Handlung als einem bestimmten Typus zugehörig? Doch durch den Zweck, den sie verfolgt. Gewiß können wir, gestützt auf unsere Kenntnis des Kontextes, diesen Zweck in vielen Fällen ohne weiteres aus dem offenkundigen Handeln ablesen. Wir erkennen, daß jemand »das Licht ausschaltet«, wenn wir sehen, wie er den Schalter betätigt, oder daß er »sich ein Bonbon nimmt«, wenn jemand die Tüte anbietet. Aber selbst in diesen relativ unproblematischen Fällen können wir schließlich zu einer anderen Meinung gelangen, wenn der Handelnde uns glaubwürdig versichert, daß er eine ganz andere Absicht hatte – daß er den Schalter in gleicher Linie mit den anderen in der Wand befindlichen Schaltern ausrichten wollte, weil dies besser aussehe, oder daß er die Hand ausstreckte, um zu verhindern, daß die Tüte hinunterfiele. Wenn wir diese Erklärungen des Zwecks glauben, dann werden wir die Handlungen neu beschreiben. Daher ist der Zweck in diesem Zusammenhang entscheidend. Und über solche relativ transparenten Fälle hinaus gibt es all jene, wo wir die Auffassung des Handelnden von den Dingen kennen müssen, um zu wissen, was er tut: versucht er sein Gesicht zu wahren, oder drückt er wirklich Empörung aus? Die Antwort hierauf führt uns weit an die Bedeutung heran, welche die Dinge für ihn haben, vielleicht sogar weiter, als er bewußt gehen oder zumindest zugeben kann.

Dasselbe kann über Gefühle ausgesagt werden. Was macht ein Gefühl zum Gefühl der Scham? – doch der Umstand, daß es durch die Empfindung ausgelöst wird, etwas, das ich bin, das ich getan habe oder das zu mir gehört, sei unehrenhaft, erniedrigend und dazu angetan, daß ich es gerne vor anderen verbergen möchte. Das Gefühl ist durch die Gedanken und Wahrnehmungen des einzelnen Subjekts definiert – durch die Bedeutungen, welche die Dinge für es haben.

Wenn dem aber so ist, dann wären die Daten der Psychologie von ganz besonderer Art: auf sie wäre die erste Bedingung des klassischen Wissenschaftsmodells nicht anwendbar. Diese erste Bedingung verlangt »*data bruta*«, d. h. Daten, die über Kontroversen aufgrund persönlicher Interpretation oder Einsicht erhaben sind. Wenn aber Handeln und Fühlen zum Teil Angemessenheit dieser Beschreibung mag eine weitgehende oder das Subjekt die Situation sieht, dann kann seine persönliche Interpretation in die Definition des untersuchten Phänomens eingehen. Diese Tatsache ist zwar keineswegs ein Hindernis für die Wissenschaft der Psychologie, doch sie ist wesentlich für die Bestimmung ihrer Ziele.

Kehren wir also zu dem obigen Beispiel der Scham zurück, so sehen wir, daß dieses Gefühl als solches durch den Umstand definiert ist, daß sein Objekt in den Augen des Subjekts entehrend ist. Doch was für einen Menschen entehrend ist, hängt weitgehend von seinen persönlichen Interpretationen ab. Gewiß verwendet er ein allgemein zugängliches Konzept, das der Schande, oder vielleicht eine speziellere Charakterisierung der schändlichen Handlung, wie etwa »feige«. Und hinsichtlich der Angemessenheit dieser Beschreibung mag eine weitgehende oder sogar allgemeine Übereinstimmung gegeben sein. Gleichwohl aber ähnelt ein solches Urteil insofern dem oben erwähnten Urteil über ein Gemälde, als es im Falle der Meinungsverschiedenheit keine Kriterien zur Beilegung der Kontroverse gibt, die selbst über kontroverse Interpretationen erhaben wären. Die Übereinstimmung über den Begriff der Schande, wie über die Harmonie bei Gemälden, beruht auf einer gemeinsamen Einsicht; sobald diese verlorengeht, kann Übereinstimmung nur wiedergewonnen werden, wenn die Gemeinsamkeit der Einsicht wiederhergestellt wird. Es ist uns unmöglich, Übereinstimmung zu erreichen, indem wir uns sozusagen spitzfindig auf *data bruta* als Kriterien der Einsicht berufen.

Dies besagt keineswegs, daß es auf diesem Felde keine Kriterien gäbe. Wenn wir bezüglich der Harmonie eines Gemäldes oder des schändlichen Charakters einer Handlung verschiedener Meinung sind, dann haben wir uns immer noch eine Menge mitzuteilen. Wir können auf das Gleichgewicht zwischen Kraft und Schwäche, zwischen Tiefe und Bewegung in dem Gemälde hinweisen; wir können von der Kleinmütigkeit, Feigheit oder Schäbigkeit der Handlung sprechen. Doch in beiden Fällen setzen die Begriffe selbst, auf die wir uns berufen – »Kraft« oder »Tiefe« des Gemäldes, »Kleinmütigkeit« oder »Schäbigkeit« der Handlung – bei ihrer Anwendung die gleiche Einsicht voraus. Nicht daß es keine Kriterien für Schande oder Harmonie gäbe; vielmehr verlangen diese Kriterien das gleiche Maß an Einsicht. Wir können aus dem Zirkel der Interpretationen nicht hinaustreten. Daher ist ein Streit über Harmonie oder Schande nicht durch den Hinweis auf unbestreitbare Daten zu gewinnen; vielmehr wird er erst dann beigelegt, wenn die eine Seite der anderen ihre Einsicht vermittelt und mithin beide die Begriffe in derselben Art gebrauchen, »dieselbe Sprache sprechen«. Aber wir begreifen die Sprache des anderen geradeso, wie wir unsere Muttersprache lernen, nicht aufgrund unzweideutiger Erklärungen, sondern indem wir sie hören. Erst das Hören der Sprache erhellt, wovon die Sprache spricht.

Handeln und Fühlen sind also zum Teil durch Urteile und Wahrnehmungen definiert, welche keine *data bruta* sind und nicht auf Urteile über *data bruta* zurückgeführt werden können. Hält man sich an diese Feststellung, so erweist sich das klassische Wissenschaftsmodell als nicht anwendbar auf die Wissenschaften vom Menschen. Vielmehr wird man für eine Form der Wissenschaft optieren müssen, die zum Teil auf der Interpretation gründet – auf dem, was wir als »hermeneutische« Methode bezeichnen. Dies bedeutet, daß wir, statt zu versuchen, eine Wissenschaft aufzubauen, die auf *data bruta* gründet, die als durch einige grundlegende Prozesse miteinander verbunden aufgefaßt werden können (oder bei der, wahlweise, von diesen grundlegenden Prozessen überhaupt abgesehen werden kann, wie im extremen, überzeichneten Behaviorismus eines Skinner), vielmehr bestrebt sind, die Interpretationen des Handelnden, selbst jene, derer er sich nicht bewußt ist, richtig zu definieren und diese mit Hilfe von grundlegenden Mechanismen ganz anderer Art in einen Zusammenhang zu bringen.

Für eine solche Wissenschaft lassen sich eine Reihe von Beispielen anführen. Tatsächlich bricht die Kontroverse zwischen den beiden Epistemologien, der klassisch-wissenschaftlichen und der hermeneutischen, offenbar in allen Disziplinen aus, welche menschliches Verhalten untersuchen. In der Politischen Wissenschaft z. B. steht dem »Behaviorismus« eine auf die politische Theorie begründete Methode gegenüber[4]; in der Soziologie steht eine Theorie wie die von Max Weber einem empiristischen Verfahren gegenüber (wenngleich es in der amerikanischen Soziologie nicht an Versuchen fehlt, Webers Denken um die Dimension des »Verstehens« zu beschneiden und ihn damit für die gegnerische Schule zu rekrutieren). In der Psychologie aber haben wir mit der Psychoanalyse und den verschiedenen aus ihr hervorgegangenen Schulen, z. B. der Psycho-Historie Eriksons, gewissen Persönlichkeitstheorien wie der von Rogers usw., das offenkundigste Beispiel einer hermeneutischen Wissenschaft.

Diese Tatsache wird nicht allgemein anerkannt, da Freud selbst stark im Bann der klassischen wissenschaftlichen Epistemologie stand. Tatsächlich aber ist die Psychoanalyse eine auf Interpretation begründete Wissenschaft. Sie liest aus den Symptomen, Fehlleistungen, Assoziationen usw. des Patienten den Sinn heraus, den seine Situation für ihn hat – einen Sinn, den er selbst nicht aufdecken kann, gegen dessen Aufdeckung er vielmehr heftig ankämpft. Diese Auffassung von Psychoanalyse hat Ricœur in seinem Werk *De l'Interprétation* sehr überzeugend dargelegt.[5]

Doch es ist leicht, in bezug auf die Psychoanalyse in einen anderen Fehler zu verfallen, der ihrer Ausrichtung am klassischen Modell diametral entgegengesetzt ist. Dies ist die Auffassung, die meint, sie sei eine reine Wissenschaft der Interpretation und befasse sich nur mit dem Verstehen, nicht aber

4 Weitere Ausführungen zu dieser Debatte sowie eine eingehendere Darstellung der Merkmale einer hermeneutischen Wissenschaft finden sich in Taylor: »Interpretation und die Wissenschaften vom Menschen« (oben, S. 154 ff.).
5 Paul Ricœur, *De l'Interprétation*, Paris: Seuil, 1965 (d.: *Die Interpretation*, Frankfurt: Suhrkamp, 1969).

mit den Kausalkräften, die Verhalten und Fühlen prägen. Und dies ist falsch: Die Metaphern für Kraft und Verzerrung, mit denen Freuds Wortschatz arbeitet – »Verdrängung«, »Verdichtung«, »Verschiebung« usw. –, sind wörtlich aufzufassen. Die Bedeutungen, die Freud herauslesen möchte, sind Bedeutungen, die, sozusagen unter Einwirkung starken Drucks, Verzerrungen erlitten haben. Psychoanalyse ist nicht einfach eine Hermeneutik, sondern, wie Ricœur zeigt, eine mit einer Kausaltheorie verknüpfte Hermeneutik.

Die Tatsache, daß sie eine Kausaltheorie ist, welche sich auf verursachende Kräfte beruft, bedeutet nicht, daß sie an das klassische Modell angepaßt werden könnte. Denn die Wirkung dieser Kräfte wird nicht durch *data bruta,* sondern durch Daten der Interpretation festgestellt. Die sprachliche Fehlleistung enthüllt Verdrängung und Verschiebung nicht als physikalischen Vorgang, sondern im Hinblick auf ihren Sinn. Es ist unmöglich, sich an dieser Ebene der Interpretation vorbeizudrücken und diese Kräfte außerhalb ihres Mediums zu beobachten. Dies ist der Grund, warum Freuds grundlegende Kraft-Begriffe nicht quantifizierbar sind.[6]

Epistemologisch bedeutet dies, daß die Psychoanalyse nicht die Bedingungen des klassischen Wissenschaftsmodells erfüllen kann, weil sie ihre Kontroversen nicht unter Bezug auf *data bruta* schlichten kann. Statt dessen steigern Kontroversen die Plausibilität konkurrierender Interpretationen, und die Plausibilität einer Interpretation kann nicht auf vorgefertigte Kriterien zurückgeführt werden. Im Gegenteil, sie verlangt von dem, der sie anerkennen will, eine gewisse Einsicht. Daher auch die tiefe Unzufriedenheit, um nicht zu sagen Frustration, welche die Psychoanalyse bei denen auslöst, die dem klassischen Modell verbunden sind – und in der akademischen Psychologie sind ihrer viele, denen die Psychoanalyse, wenn sie den Anspruch erhebt, Wissenschaft zu sein, fast als Skandal erscheinen will.

6 Vgl. die Abhandlung von Judith Winter über »Affektladung«, in »The Concept of Energy in Psychoanalytic Theory«, *Inquiry,* XIV, 12, S. 138 bis 147.

Da ist z. B. der dauernd wiederholte Vorwurf, daß Begriffe wie »Widerstand« es den Freudianern ermöglichten, so oder so zu gewinnen: wird eine Interpretation anerkannt, dann helfe dies, sie zu bestätigen; wird sie aber zurückgewiesen, so lasse sich dies ebenfalls als Bestätigung auffassen, denn der Patient leiste ja gerade der verdrängten Interpretation Widerstand, und unter diesen Umständen sei die empörte Zurückweisung vorhersehbar; je bestimmter die Zurückweisung, desto wahrscheinlicher die Hypothese. Dieses scheinbare Dilemma nach dem Motto »Bei Kopf gewinne ich, bei Zahl verlierst du« macht psychoanalytische Hypothesen, wie man meint, unwiderlegbar; und gemäß einem allbekannten klassischen Prinzip der Wissenschaft ist das Unbestreitbare zugleich auch, was die erklärende Aussage betrifft, inhaltslos.

Aber dieser Einwand erscheint nur denen stichhaltig, die sich von vornherein zur ausschließlichen Validität des klassischen Modells bekennen. Vor allem kann es nicht die Absicht der Vertreter dieses Einwands sein, zu behaupten, ein Phänomen wie der Widerstand sei unmöglich. Dies wäre ein völlig überflüssiger Akt von Gesetzgebung *a priori*. Wenn aber der Widerstand ein Merkmal der menschlichen Psychologie ist, dann wird es Fälle geben, wo die Zurückweisung einer Interpretation ihn nicht schwächt, sondern vielmehr hilft, ihn zu bestärken. Allerdings kann vom Analytiker legitimerweise verlangt werden, daß er fähig sei, den Fall, wo eine Interpretation zurückgewiesen wird, weil sie falsch ist, von demjenigen zu unterscheiden, wo sie zurückgewiesen wird, weil sie richtig ist und nicht zu Bewußtsein gelangen darf. Die Analytiker behaupten, sie könnten dies (manchmal – aber was will man mehr verlangen?) aufgrund anderer, während der Analyse angestellter Interpretationen und aufgrund der Form der Zurückweisung selbst erkennen. Der Analytiker fragt etwa: wird die Zurückweisung heftiger als nötig und/oder verbunden mit Angst vorgebracht? Sein Urteil entbehrt also nicht jeglicher Kriterien, noch ist seine Hypothese unbestreitbar. Gewiß erhebt sich nun die Frage, wie zu bestimmen sei, welcher Grad an Heftigkeit »mehr als notwendig« ist und ob Angst vorhanden ist. Und hier lautet die Antwort, daß diese Urteile, obgleich sie nicht ohne Kriterien gefällt werden, doch auf Einsicht beruhen und nicht auf *data bruta* zurückgeführt werden können. Hier kommen wir zum Kern des Problems. Weder kann der Psychoanalytiker auf Interpretation verzichten, noch kann er seine Interpretationen auf *data bruta* gründen. Er behauptet, die beiden Arten von Widerstand unterscheiden zu können, aber nicht anhand von klaren Kriterien. Akzeptiert man aber ausschließlich solche Unterscheidungen als wissenschaftlich valide, die sich auf *data bruta* stützen, dann muß dieser Anspruch trügerisch erscheinen. Mithin ist es anscheinend völlig willkürlich, wenn manche Zurückweisungen als Bestätigungen aufgefaßt werden, und der Analytiker scheint ein Spiel zu spielen, das er nicht verlieren kann. Doch all dies beruht auf der epistemologischen Prämisse, daß die Wissenschaft *data bruta* voraussetze, daß das klassische Wissenschaftsmodell das einzig zulässige sei. Ein solcher Versuch, die Unwissenschaft der Psychoanalyse zu beweisen, muß daher scheitern, weil er voraussetzt, was er erst beweisen will.

Ich habe diesen Einwand nicht mit der Absicht zitiert, mich auf diese Polemik einzulassen, sondern wollte nur zeigen, daß es auch hier um den Konflikt zwischen zwei Epistemologien geht – zwei Wissenschaftsmodellen, deren eines mit *data bruta* arbeitet, während das andere Interpretation zuläßt. Die gleiche Kernfrage taucht auch bei anderen Kontroversen im Zusammenhang mit der Psychoanalyse auf, etwa bei Versuchen, die Heilungsrate der psychoanalytischen Behandlung festzustellen. Daraus ergibt sich die Notwendigkeit, festzustellen, was als Heilung zu gelten habe, und es gibt keine interpretationsfreien Kriterien für eine psychologische »Heilung«.

III.

Wie in den anderen Wissenschaften vom Menschen treten also auch in der Psychologie zwei konkurrierende Epistemologien, sozusagen in einem Dialog zwischen Taubstummen, einander gegenüber. Die Vertreter der einen Auffassung – nennen wir sie einmal Korrelationisten – behaupten, daß einzig das klassische Wissenschaftsmodell jene Form der intersubjektiven Gewißheit biete, welche den Namen Wissenschaft verdiene. Es stütze sich nicht auf irgendeine Intuition, die zu unschlichtbaren Kontroversen führen könne, und alle Resultate seien völlig reproduzierbar. Worauf ihre Gegner – nennen wir sie Interpretationisten – entgegnen: macht uns keinen Vorwurf, wir haben die Welt nicht erschaffen, wir können nichts dafür, daß sie Phänomene enthält, die strittig sind und daher der Interpretation bedürfen. Wissenschaft sollte bestrebt sein, jenes Maß an Gewißheit zu erreichen, dessen der untersuchte Gegenstand fähig ist, nicht aber ein unangemessenes Modell nur deshalb anzuwenden, weil ein solches Modell befriedigendere Ergebnisse bringen würde, *falls* es anwendbar wäre. (An diesem Punkt werden die Interpretierer uns die Anekdote von dem Betrunkenen erzählen, der unter dem Laternenpfahl seinen Schlüsselbund sucht – die zu bekannt ist, um hier wiederholt zu werden.)

Aber die Korrelierer geben sich damit nicht zufrieden. Sie halten an ihrer Auffassung fest, daß nur Wissenschaften, die sich nach dem klassischen Modell richten, diesen Namen verdienen. Sie glauben für gewöhnlich, daß menschliches Verhalten, sofern als Handeln und Fühlen charakterisiert, nicht nach diesem Modell behandelt werden kann, und ihre Antwort lautet, man müsse nach anderen Dimensionen der Beschreibung suchen, in denen menschliches Verhalten zu behandeln wäre. Die gewählten Dimensionen waren stets auf die eine oder andere Weise physikalistisch. Der bekannteste unter diesen Versuchen war der klassische Behaviorismus, der das Verhalten durch die Korrelation von eingegebenem Stimulus und Bewegung zu erklären trachtete. Seit der Glaube an den Behaviorismus schwankt, wurden verschiedene Theorien entwickelt, die sich auf zentrale, »Input« und »Output« verbindende Prozesse berufen, wozu auch Theorien nach dem Vorbild von Computerprogrammen gehören. Aber »Input« und »Output« werden immer noch physikalistisch identifiziert, und jene zentralen Prozesse werden als letzten Endes mit Operationen im Gehirn und im zentralen Nervensystem identisch wahrgenommen. Diese »zentralistischen« Theorien konvergieren schließlich mit einer dritten Methode, die eine durch und durch neurophysiologische Erklärung des Verhaltens zu entwickeln sucht.

All diese Theorien geraten allerdings zwangsläufig in Schwierigkeiten. Der molare Behaviorismus wurde nicht einmal dem zweckgerichteten, intelligenten Verhalten von Ratten, geschweige denn von Menschen, gerecht. Wenn ich sage »wurde nicht gerecht«, so meine ich damit, daß er den Regelmäßigkeiten des Verhaltens, charakterisiert durch Zweck und Erkenntnis, keine Beschreibungen von Umwelt und Verhalten, charakterisiert als Stimulus und Reaktion, gegenüberstellen konnte. Angesichts gewisser einsichtiger und erfinderischer Verhaltensweisen mancher Säugetiere in Lernsituationen griffen die Behavioristen daher immer mehr zu *ad hoc*-Hypothesen (wie etwa Hulls »fractional anticipatory goal responses« oder die verschiedenen »Sekundärtriebe«), denen eine klare empirische Bedeutung zu geben immer schwieriger wurde, und diese Unbestimmtheit der empirischen Bedeutung griff auch über die Schlüsselbegriffe der Theorie über. Ritchie trifft diese Feststellung im Zusammenhang mit der »Verstärkung« bei der S-R-Behandlung latenten Lernens. Chomsky erhebt einen ähnlichen Vorwurf in seiner Kritik an Skinners *Verbal Behavior*[7], wenn er auf Skinners unscharfe Verwendung des Begriffs »Reaktion« hinweist.

Die Schlüsselbegriffe des Behaviorismus wurden also bei dem Versuch, die widerspenstigen Phänomene zu bewältigen, so sehr gestreckt und erweitert, daß sie nahezu inhaltslos wurden. Und unvermeidlich gingen in diese Begriffe allmählich und heimlich jene Dimensionen von Zweck und Erkenntnis ein, die durch sie ausgeschlossen werden sollten. So wurde der Begriff

---

7 Noam Chomsky, Besprechung von *Verbal Behavior* in *Language,* XXXV (1959), S. 26-58.

»Reaktion«, der ursprünglich mit »neutraler Bewegung« gleichgesetzt wurde – und wäre dies nicht der Fall, dann wäre das ganze behavioristische Unternehmen sinnlos –, in Wirklichkeit fast immer im Hinblick auf das Endziel der betreffenden Handlung klassifiziert. Die untersuchte Einheit war z. B. »den Hebel betätigen«, wobei dies mit der linken Pfote, der rechten Pfote oder den Zähnen geschehen konnte. Wenn diese Diskrepanz überhaupt bemerkt wurde, dann wurde sie mit der forschen Versicherung abgetan, daß jede Korrelation, die solche Kategorien des Handelns verbindet, weiter auf Korrelationen zurückgeführt werden könne, welche die Klassen von Bewegungselementen verbinden – eine nicht besonders plausible Annahme, und einigermaßen überraschend, daß dies als *Annahme* stehenblieb, wo doch die ganze Auseinandersetzung zwischen dem Behaviorismus und seinen Gegnern um die Frage ging, ob man ohne die Dimensionen von Zweck und Erkenntnis auskommen könne oder nicht. Ähnlich wurden auf der Input-Seite alle möglichen, phantastischen Bindestrich-Begriffe eingeführt, wie etwa »relative Stimuli« und »komparative Stimuli«, die in Wirklichkeit die Vorstellung von Beziehung und Bedeutung wieder einführten, die ausgeschlossen werden sollte.[8]

Genau dies stand aber zu erwarten, falls der Behaviorismus das falsche Ziel verfolgte. In der Wissenschaft ein falsches Ziel verfolgen – nicht nur in dem Sinn, daß man von einer falschen Hypothese ausgeht, sondern im fundamentaleren Sinn, daß man nach einer falschen Methode vorgeht – heißt, unfähig sein, erklärende Korrelationen auf der gewählten Ebene der Beschreibung zu finden. Nach fünfzig Jahren seiner Existenz ist der Behaviorismus offenbar an diese Schranke gestoßen. Wenn Plausibilität nur erreicht werden kann, indem die Kategorien fast bis zur Inhaltslosigkeit gestreckt werden und indem heimlich gewisse Schlüsselkategorien der konkurrierenden Auffassung übernommen werden, dann ist dies ein klares Anzei-

8 Vgl. Charles Taylor, *Explanation of Behavior*, London: Routledge and Kegan Paul, 1964.

chen für den Bankrott einer Theorie. Der äußere Schein läßt sich nur wahren, indem der Unterschied zwischen einer inhaltslosen allgemeinen Beschreibungsform und einer Reihe von Kategorien mit einigem ontologischen Witz ignoriert wird. Wenn »Behaviorismus« lediglich bedeutet, daß Verhalten sich mit der Erfahrung ändert, und dies auf eine Weise, die irgendwie Bezug zur positiven oder negativen Valenz dieser Erfahrungen hat, dann wird wohl schwerlich jemand widersprechen. Wenn hingegen der Anspruch erhoben wird, daß wir diese Veränderung des Verhaltens nachzeichnen können, indem wir sowohl die Umwelt als auch das Verhalten durch Begriffe charakterisieren, die keinen Bezug zu Sinn oder Zweck haben und außerdem mit einem ähnlich physikalistischen, interpretationsfreien Begriff von Verstärkung arbeiten, dann hat der Behaviorismus zwar einen realen Inhalt, läßt sich jedoch offenbar nicht aufrecht erhalten. Die Theorie überlebt nur mit Hilfe von logischen Trugschlüssen, bei denen der Sinn, den die Theorie erhält, je nach einer lockeren oder strengen Interpretation wechselt. B. F. Skinner ist hierfür ein Paradebeispiel. Gleich alten Soldaten sterben alte Theorien nie, sie verlieren sich bloß in einer selbstbezogenen Leere.

Die Unzulänglichkeiten des Behaviorismus sind heute den meisten praktizierenden Psychologen bekannt. Und dies ist zum Teil Ursache für die Hausse zentralistischer Theorien, besonders jener, die durch die Fortschritte des Digitalcomputers inspiriert sind und versuchen, die geistigen Funktionen des Menschen nach dem Modell der Turing-Maschine abzubilden. Aber diese Theorien stoßen im Grunde auf die gleiche Schwierigkeit wie der Behaviorismus. Ich sage »im Grunde«, weil oberflächlich betrachtet das Testen von künstlicher Intelligenz, als Modell der menschlichen Funktion aufgefaßt, und die Computer-Simulation auf ganz verschiedene Probleme stoßen. Vor allem ist jene Verfälschung und Erweiterung von Begriffen, die der Behaviorismus sich leistete, auf der Ebene eines Computer-Programms unmöglich. Es muß ja gerade völlig explizit gemacht werden, damit es von einer Maschine bearbeitet werden kann. Deshalb betonen viele Forscher auch immer wieder den Wert der Computer-Programmierung als Test für die Kohärenz einer Hypothese über innere Prozesse. Gleichzeitig setzten AI und CS gleich bei den menschlichen Funktionen ein, und zwar bei recht schwierigen, statt die Dinge dadurch zu vereinfachen, daß Ratten in die beschränkte Umwelt eines Labyrinths gesetzt werden, ganz zu schweigen von Tauben in einer Skinner-Box.

Die Folge ist, daß diese Theorie um so schneller in offenkundige Schwierigkeit geriet, und dies gereicht ihr immerhin zur Ehre. Die Schwierigkeit, Äquivalente zu Verhaltensweisen wie: nach einem Objekt im Raum greifen, Schachspielen, einfache Schlüsse ziehen, Wörter speichern und gebrauchen usw. zu finden, besteht darin, daß eine Annäherung an diese Aktivitäten nur in relativ schematischer und rigider Form möglich ist, und die Aufgabe, darüber hinaus noch exaktere Äquivalente zur flexiblen Adaptation menschlicher Verrichtungen zu finden, wird immer schwieriger. Sie verlangt eine exponentielle Zunahme der Informationsspeicherung und der Programmschablonen, die nicht nur die Kapazität der existierenden Maschinen überschreitet (was an sich keine prinzipielle Schwierigkeit wäre), sondern auch offenbar schwer zu bewältigende Probleme der Untersuchung und Selektion stellt.[9]

Gerade dies aber kann man erwarten, wenn man von der Annahme ausgeht, daß die vom Computer-Modell abgezogenen Theorien ein falsches Ziel verfolgen. Der Streit zwischen ihnen und der hermeneutischen Auffassung von Psychologie geht doch darum, ob menschliche Funktionen, die auf phänomenologischer Ebene flexible Kenntnisse und Wahrnehmungen von den Dingen zu implizieren scheinen, die nicht auf *data bruta* und ein exakt spezifiziertes Verfahren zurückführbar sind, von einer Maschine simuliert werden können, die partikulare Inputs nach ebensolchen exakten Verfahren bearbeitet. Wäre die Simulation unmöglich, dann sollte man annehmen,

9 Vgl. die Darstellung bei H. Dreyfus, *What Computers Can't Do*, New York, Harper & Row, 1972.

daß die Programme zu rigide wären und im Verhältnis zum wirklichen Leben einen zu engen Spielraum hätten, und daß die volle Flexibilität des letzteren nur durch eine Vermehrung spezieller Programme erreicht werden könnte. Und dies scheint tatsächlich der Fall zu sein. Ein exponentielles Wachstum der *ad hoc*-Methoden ist für gewöhnlich das Symptom einer falschen Theorie, wie wir an einem klassischen Beispiel erkennen: der Multiplikation von Epizyklen, zu der die ptolemäische Theorie gezwungen war, um die Phänomene zu retten.

Was die Entwicklung physiologischer Erklärungen des menschlichen Verhaltens betrifft, so stehen die Aussichten im Augenblick noch schlechter. Noch vor einigen Jahren, als unsere Vorstellungen von den Funktionen des Gehirns und des Zentralnervensystems von dem Modell des Reflexbogens – oder schlimmstenfalls des Telefonverkehrs – abgeleitet waren, schien Hoffnung möglich. Aber bereits mit Lashleys Arbeiten vor einem Vierteljahrhundert schwand diese Perspektive in mittlere Distanz, und alles, was wir seither über die neurophysiologischen Funktionen gelernt haben, komplizierte das Bild nur noch weiter. Mag auch Hoffnung bestehen, schließlich eine Verbindung zwischen der Erklärung des Verhaltens und der Neurophysiologie herzustellen, so können wir doch nicht von einer neurophysiologischen Erklärung der geistigen Funktionen und des Handelns ausgehen, solange wir erstere nicht besser verstehen als letzteres. Doch das Gegenteil ist der Fall. Eine solche Reduktion könnte, wenn sie überhaupt möglich ist, erst gelingen, nachdem wir auf psychologischem Gebiet weitere Fortschritte gemacht hätten. Sollte ein solches Bindeglied je gefunden werden, dann ist es sogar wahrscheinlich, daß dies eine erhebliche Erweiterung unserer neurophysiologischen Vorstellungen voraussetzen würde, um die reiche Vielfalt der Selbstinterpretationen zu erfassen, derer der Mensch fähig ist und die sich bislang wahrscheinlich nur zum Teil in der menschlichen Kulturgeschichte manifestiert hat.[10]

10 Vgl. meinen Aufsatz »Wie ist Mechanismus vorstellbar?«, in diesem Band S. 118.

IV.

Der Versuch der »Korrelierer«, sich um die Dimension der Interpretation herumzumogeln, blieb erfolglos. Eher sprechen die Anzeichen dafür, daß sie den falschen Baum verbellt haben. Statt aber hieraus den entgegengesetzten Schluß zu ziehen – daß nämlich die »Interpretierer« global Recht hätten und die »Korrelierer« global Unrecht –, möchte ich eine andere Möglichkeit untersuchen: daß es auf dem sehr vielseitigen Gebiet der Psychologie für beide Modelle Raum gibt; daß die Schwierigkeiten weitgehend aus dem schrankenlosen Imperialismus der Korrelierer herrühren. Sobald sie ihre Schranken akzeptierten, könnten sie mit der anderen Schule koexistieren – daher der Titel dieses Aufsatzes. Aber diese Koexistenz kann mehr sein als bloße Toleranz aus der Ferne; sie könnte für die Psychologie sehr fruchtbar sein, und dies macht einen solchen Vorschlag interessant.

Sprechen wir von der Psychologie als einem vielseitigen Gebiet, so ist dies eine Untertreibung. Eine Disziplin, welche die verschiedenen Interessen von experimenteller Psychologie, von Lern-, Motivations- und Unterscheidungs-Experimenten kognitiver Psychologie, Persönlichkeitstheorie, Sozialpsychologie, klinischer Psychologie, Entwicklungspsychologie, Psychoanalyse, Psycholinguistik und vielen anderen beherbergt, läßt sich offenbar nicht auf eine einzige Formel reduzieren. Um aber die Dinge zu vereinfachen, möchte ich drei Formen der wissenschaftlichen Forschung herausgreifen – eine Typologie, die wahrscheinlich alles andere als erschöpfend ist, die es mir aber gestatten wird, gewisse grobe Trennlinien zwischen den beiden Wissenschaftsmodellen zu ziehen.

Wenn wir von Psychologie im allgemeinen sprechen, so denken wir manchmal an jene Wissenschaft, die zu erklären versucht, warum Menschen so handeln, wie sie es tun – d. h. die Erklärungen für das motivierte Verhalten und die Ausübung unserer Fähigkeiten geben will. Doch ein ungemein wichtiger Teil der experimentellen Psychologie entfällt auf die Untersuchung der notwendigen, infrastrukturellen Bedingungen für die Ausübung dieser Fähigkeiten. Es sind dies Untersuchungen der Grenze zwischen Psyche und Physis – z. B. Studien der physiologischen Psychologie – oder Untersuchungen über die Erkenntnis der Bedingungen für ein zu einem gewissen Grad an Unterscheidung oder einer gewissen Wahrnehmung notwendiges Aufgebot an Stimuli.

Das Entscheidende an einer solchen psycho-physischen Disziplin ist nun aber, daß das klassische Wissenschaftsmodell hier nicht anwendbar ist. Das Ziel dieser Studien ist es, Beziehungen zwischen physisch definierten Dimensionen und gewissen psychischen Zuständen oder Fähigkeiten festzustellen, die eindeutig vorhanden oder abwesend sind – z. B. Beziehungen zwischen einem gewissen physiochemischen Zustand und dem Hungergefühl, einem gewissen Reiz-Angebot und der Unterscheidung von Entfernungen. Natürlich kann man sagen, daß wir bei einem der Glieder dieser Korrelationen auf »Introspektion« angewiesen sind, aber wie wir oben sahen, ist dies nicht das eigentliche Problem. Sollten wir Skrupel bezüglich der Introspektion haben, so dürfen wir sagen, daß das zweite Glied der Anspruch des Subjekts, ein offener Sprechakt ist.

Außerdem können wir, abgesehen von der Infrastruktur unserer Fähigkeiten, die Struktur dieser Fähigkeiten – unsere Kompetenzen – untersuchen. Das heute meistzitierte Beispiel ist die von Chomsky begründete transformationale Grammatik, aber wir sollten auch Piagets Untersuchung der Stufen der kindlichen Entwicklung erwähnen. Auch dort ist es das Ziel, die Struktur der Kompetenz, die Arten von Operationen, deren Kinder in verschiedenem Alter fähig sind, zu entdecken. In beiden Fällen haben wir es mit recht abstrakten Theorien zu tun, die sich auf entwickelte formale Strukturen berufen, doch das Studium der Kompetenz läßt sich auch in einer empirischeren Dimension durchführen, etwa durch Korrelationen, wie sie bei Intelligenztests üblich sind.

Sowohl Studien der Infrastruktur als auch Studien der Kompetenz sind von dem zu unterscheiden, was zuweilen als Leistung bezeichnet wird, d. h. vom aktuellen motivierten Verhalten, von den speziellen Ausübungen von Kompetenz zu einem bestimmten Zweck. Hierbei geht es um die Erklärung von Handeln und Fühlen, um die Erklärung dessen, was wir tun, und der Gefühle, die wir erleben, und dies erfordert mehr als Verstehen der Struktur der beteiligten Kompetenz und Feststellung der physikalischen Bedingungen der Infrastruktur.

Gerade in diesem dritten Bereich ist das hermeneutische Wissenschaftsmodell angemessen, während das klassische Modell dieses Gebiet zum eigenen Schaden betritt. So waren die Versuche, die Lerntheorie weiterzuentwickeln – bei denen es nicht um die Identifikation der physikalischen Bedingungen, sondern um die Erklärung ging, wie Ratten lernen, sich in einer Umwelt zu bewegen, oder wie Menschen eine Sprache sprechen –, die nach dem klassischen Modell durchgeführt wurden, deprimierend steril. Der Behaviorismus erlebte auf diesem Gebiet nichts anderes als eine ungemilderte Katastrophe, vor allem weil er keinen Begriff von der Struktur einer Fähigkeit – der räumlichen »Landkarte« der Ratte oder der linguistischen Kompetenz des Sprechers – hatte. Er war auf eine eindimensionale Erklärung festgelegt, bei der es unmöglich war, zwischen einer Kompetenz und ihren vielfältigen Anwendungsformen zu unterscheiden.

Außerdem wurden die Behavioristen durch ihr Versäumnis, zwischen Kompetenz und Leistung zu unterscheiden, nicht nur um strukturelle Begriffe beraubt; dies bedeutete auch, daß sie nicht weniger erklären mußten als das voll motivierte Verhalten – also das, was nach der Lernphase die Ratte tut oder der Mensch sagt. Und ihre theoretischen Mittel waren für dieses Vorhaben zu spärlich, denn wie wir oben sahen, bedingt die Erklärung dessen, was wir tun, einen Rekurs auf das, was wir wünschen und fühlen, sowie die Art, wie wir unsere Situation sehen, und all dies läßt sich nicht innerhalb der engen Grenzen jener klassischen Bedingungen feststellen, besonders wenn diese so gedeutet werden, als folge aus ihnen die Maxime des Physikalismus.

Betrachten wir das zweite der obigen Beispiele, nämlich das verbale Verhalten. Bei einigem Nachdenken muß es als sehr wenig plausibel erscheinen, daß das, was ich zu bestimmter Gelegenheit in einer wirklichen Lebenslage tatsächlich sage, durch eine wirksame Konditionierung erklärt werden könnte, wie Skinners Theorie es will, nämlich daß die Geräusche, die ich hervorbringe, an gewisse stimulierende Bedingungen geknüpft seien. Denn wie Chomsky und andere zeigten, lassen die Elemente unserer Sprechakte sich nicht Stimulus-Bedingungen der entsprechenden physikalistischen Art gegenüberstellen. Ich kann »Hund« in Gegenwart eines Hundes sagen (das überzeugendste Beispiel für »Stimulus-Bedingung«), aber ich kann dieses Wort auch, wie hier, im Rahmen einer philosophischen Abhandlung, oder auf der Bühne, oder wenn ich an ein Geburtstagsgeschenk für jemanden denke, oder in einer ganzen Menge anderer Fälle aussprechen. Das ganze Konditionierungsmodell abstrahiert von der Tatsache, daß wir beim Sprechen eine ganze Reihe verschiedener Aktivitäten verrichten und daß unsere Wörter dementsprechend unterschiedlichen Bezug zur Realität haben. Der Behaviorismus kann nicht zwischen der Fähigkeit und ihren vielen Anwendungsformen unterscheiden, und darum kann er nicht die Struktur der ersteren untersuchen. Selbst wenn wir das verbale Verhalten im Hinblick auf die Bedeutungen einzelner Wörter und Ausdrücke analysieren könnten, würden diese nicht immer mit echten Stimulus-Kategorien verbunden sein – was könnte wohl die »Stimulus«-Bedeutung (um Quines Ausdruck zu gebrauchen) für »charismatisch«, »romantisch« oder »heiter« sein? Daher überrascht es nicht, daß die nach dem Modell der verbalen Konditionierung durchgeführten Experimente es vermeiden, irgend etwas zu untersuchen, das wirklichen Sprechakten gleichkäme, sondern sich vielmehr auf marginale Sprechakte beschränken, die artifiziell so eingeschränkt werden können, daß sie den Anforderungen dieser Methode gehorchen – z. B. sinnlose Silben lernen, einzelne, unverbundene Wörter sagen oder in einem durch das Experiment erzeugten, »abgekoppelten«, spielähnlichen Kontext sprechen. Wo eine Annäherung an die Bedingungen einer normalen Gesprächssituation gelingt, werden die Ergebnisse zufälliger und widersprüchlich.[11]

Als ein Schritt zur Erklärung des menschlichen Sprachverhaltens sind die Experimente der verbalen Konditionierung zum Scheitern verurteilt. Dies besagt jedoch nicht, daß sie uns keinen Aufschluß über etwas anderes geben könnten. Zum Beispiel förderte die Untersuchung des Lernens von sinnlosen Silben, wie ich glaube, gewisse Entdeckungen über die kurzfristige Erinnerung. Experimente, die auf diese Weise unsere Kenntnis der psycho-physikalischen Infrastruktur mancher unserer gewohnten Fähigkeiten erweitern, sind von unbestreitbarem Wert. Aber Experimente, deren einzige *raison d'être* es ist, Bausteine einer schemenhaften künftigen Globalerklärung des verbalen Verhaltens zu liefern, geben keinerlei Aufschluß. Ähnlich erwies sich auch die behavioristische Behandlung der Motivation als »Trieb« als recht wenig erhellend, wobei man von einer einfachen Basis in Gestalt weniger organischer Triebe zu einer komplizierten Superstruktur von Sekundärtrieben gelangte, die bald alle Untugenden der Inhaltslosigkeit zeigte, ohne auch nur annäherungsweise der Vielfalt von Phänomenen der Motivation gerecht zu werden.

So ist der Schluß, der sich ganz natürlich aus den Erfolgen und Niederlagen des klassischen Modells ergibt, eine Aufteilung der Sphären zwischen den beiden Epistemologien: die klassische an ihrem natürlichen Platz im ersten Bereich, dem der psycho-physikalischen oder infrastrukturellen Untersuchungen; das hermeneutische Modell als eine der Erklärung voll motivierter Leistungen ganz natürlich angemessene Methode. Der dritte Bereich, der der Kompetenz, liegt zwischen den beiden anderen. Er erlaubt ein hohes Maß an Formalisierung (z. B. Chomsky

11 Vgl. Kenneth Heller and G. A. Marlatt, »Verbal Conditioning, Behavior Therapy, and Behavior Change«, in C. M. Franks, ed., *Behavior Therapy, Appraisal and Status*, New York: McGraw-Hill, 1969, S. 576-579.

und Piaget), aber die Anwendung dieser strukturellen Komponenten kann eine Interpretation erfordern, die nicht auf klare Kriterien reduzierbar ist.

Mit dieser Typologie von Bereichen will ich nicht die Einflußsphären der beiden Epistemologien gegeneinander abgrenzen, sondern vielmehr sowohl die starke Anziehungskraft des klassischen Modells als auch die verhängnisvollen Folgen erklären, die eintreten, wenn es als universaler Schlüssel zur Psychologie benutzt wird. Die Korrelationisten wollen nicht glauben, daß das klassische Modell gänzlich falsch sei, denn sie kennen seine Erfolge im ersten Bereich. Ihr Irrtum liegt aber in der Annahme, daß das Gesamt der Psychologie sich mit diesem ersten Bereich decke, daß es lediglich darum gehe, fortzufahren und weitere Korrelationen der gleichen Art zusammenzutragen, um voll motiviertes Verhalten zu erklären – daß das, was man auf diese Weise über die Erinnerung einer Liste von sinnlosen Silben herausfindet, ein Schritt auf dem Weg zur Erkenntnis des Spracherwerbs sei. Sieht man den Unterschied zwischen Infrastruktur und voll motiviertem Verhalten, dann sieht man auch, warum der Erfolg des Modells auf der einen Ebene keine Rechtfertigung für seine Anwendung auf der anderen ist. Sobald diese Tatsache einmal anerkannt ist, wird eine Koexistenz in der Psychologie möglich.

V.

Aber welchen Zweck hätte solche Koexistenz, außer dem offensichtlichen Gewinn an Toleranz und harmonischen Beziehungen? Die Antwort lautet, daß eine solche Anerkennung der Grenzen des klassischen Modells nicht nur notwendig ist, um ein Klima der Toleranz zu schaffen, in dem Theorien der interpretierenden Richtung sich entwickeln können; sie ist auch notwendig, um unsere Phantasie zu befreien, ohne die diese Theorien steril wären. Denn der Mythos von der Omnipotenz des klassischen Modells hindert uns nicht nur daran, jene Fragen zu stellen, die nur die interpretierenden Psychologien beantworten können; er beschränkt auch gefährlich die Antworten, die wir finden können, wenn wir solche Fragen stellen.

Um dies zu erkennen, wollen wir uns nun einer Reihe von Fragen zuwenden, die heute großes Gewicht haben – Fragen, deren Dringlichkeit dem Problem, nach dessen Lösung ich hier suche, mehr als nur akademisches Interesse verleiht. Niemandem, am allerwenigsten Akademikern kann es entgehen, daß in unserer Zivilisation eine gewaltige kulturelle Mutation stattfindet, und einer der wichtigsten Träger dieser Veränderung ist die Jugend, vor allem die Studenten. Dieser Wandel läßt sich schwer charakterisieren, und der Versuch, es zu tun, ist eine jener kreativen theoretischen Aufgaben, denen die Psychologie sich widmen sollte. Wenn ich nun provisorisch gewisse psychologische Termini verwende, um das Phänomen zu identifizieren, so möchte ich doch feststellen, daß einige der fundamentalen Bezugspunkte für die Identitätsbildung in unserer Zivilisation in Gefahr sind.

Das Modell der Reife, das nunmehr gefährdet ist, ist ein sich selbst definierendes Subjekt, das seine Strebungen, Werte und Loyalitäten aus sich selbst heraus, und nicht unter Bezug auf etwas Äußeres definiert. Diese Vorstellung war in der amerikanischen Gesellschaft so tief verwurzelt, daß sogar der Patriotismus als Bestandteil eines »way of life« galt, welcher durch individuelle Freiheit definiert war. Diesem Modell des Subjekts entspricht eine Sicht der es umgebenden Welt nicht als *locus* von Bezugspunkten für seine Identität, wie frühere Kulturen sie aufgefaßt hatten, sondern eher als Rohmaterial für seine produktiven Zwecke. Und drittens gehört zu dieser zweckgerichteten Transformation der Dinge eine Orientierung an der Zukunft, ein negatives Verhältnis zur Vergangenheit als etwas, das ständig überwunden werden muß, dessen Gegenstück ein Verhältnis zur Welt als etwas ist, das ständig bearbeitet werden muß, um noch besser menschliche Zwecke zu erfüllen.

Eine schwere Krise erschüttert nun die Loyalität der heranwachsenden Generationen gegenüber diesem Modell. Teilweise ist dies durch die katastrophalen – ökologischen wie sozialen – Konsequenzen bedingt, die ihm plausibel zur Last gelegt werden können. Aber der Umschwung ist nicht nur durch diese konkreten Konsequenzen inspiriert. Es verbreitet sich auch das Gefühl, daß das herrschende Reife-Modell inhuman ist, daß es uns von den Wurzeln von Gemeinschaft, Kreativität und menschlichem Gefühl trennt. In dieser Hinsicht gleicht die gegenwärtige Identitätskrise der romantischen Revolte gegen die Aufklärung – doch sie weist völlig neue Elemente auf und ist unvergleichlich weiter verbreitet. Es sollte den Wissenschaften vom Menschen möglich sein, einen Begriff für diese Mutation zu finden. Es sollte nicht nur, es *muß* möglich sein, wenn wir unsere besten Kräfte der Intelligenz und Vernunft aufbieten, um uns diesem Wandel zu stellen. Gelingt es uns nicht, diese Krise zu verstehen, dann ist ihr glücklicher Ausgang keineswegs sicher. In der Reaktion gegen die Modelle ihrer eigenen Zivilisation greifen viele junge Leute rückwärts nach denjenigen früherer, unwiederbringlich vergangener Kulturen oder pflegen sentimentale Vorstellungen aus östlichen Kulturen. All dies bietet keine lebensfähigen Alternativen. Was wir vor allem benötigen, ist ein einsichtiges Verständnis dessen, was uns widerfährt.

Die Psychologie sollte, ja sie muß sich mit diesen Dingen befassen. Es ist klar, daß gerade jene Disziplinen, die sich von Hause aus mit dem kulturellen Wandel und mit dem Entstehen der modernen Identität befassen, z. B. Anthropologie und Geschichte, sehr wichtige Aufschlüsse liefern können. Aber Phänomene wie diejenigen, mit denen wir uns hier beschäftigen, können nicht begriffen werden, solange wir die bestehenden Demarkationslinien zwischen den Wissenschaften respektieren. Vielmehr müssen wir alle relevanten theoretischen Mittel, ungeachtet ihrer Provenienz, gemeinsam auf die Probleme ansetzen. In dieser Hinsicht stellt das Werk Erik Eriksons, wie ich glaube, einen sehr wertvollen Beitrag dar. Unseligerweise hält der Glaube an die Allmacht des klassischen Wissenschaftsmodells die Psychologie davon ab, auf diesem Gebiet Fortschritte zu erzielen. Und dies nicht nur, weil er die interpretierende Psychologie im allgemeinen entmutigt – dies ist schlimm genug, denn jede Wissenschaft, welche die Probleme des kulturellen Wandels erfassen will, muß interpretierend verfahren, wobei sie es, wenn sie dies tut, mit Unterschieden der Selbst-Interpretation zu tun hat –, aber auch deshalb, weil dieser Glaube ein integraler Bestandteil der Kultur ist, gegen die der Angriff sich richtet, und daher keine Perspektive bietet, aus der dieser Angriff verstanden werden könnte. In allen Disziplinen, wo das klassische Modell dominierte, z. B. Psychologie, Politikwissenschaft, Soziologie, richtete sich die Rebellion der Studenten gegen das »System« auch gegen dieses Paradigma von Wissenschaft. Oft war die Rebellion konfus und bisweilen sehr destruktiv – ein versuchter Mord an der Vernunft. (Dies zeigt wiederum, wie wenig wir mit einem glücklichen Ausgang der gegenwärtigen Krise rechnen dürfen.) Doch dieser Herausforderung der herrschenden »Methodologie« liegt eine richtige Erkenntnis zugrunde.

In den Augen der Vertreter des klassischen Modells, der »Korrelierer«, ist dieses ein neutrales Verfahren, durch das jegliche Realität »wissenschaftlich« erfaßt werden könne. Es kommt ihnen nie der Gedanke, daß dieses Verfahren die Würfel zugunsten gewisser Lösungen, zum Vorteil gewisser Theorien gegenüber anderen beeinflussen könnte. Doch dies tut es unvermeidlich. Denn ein normatives Wissenschaftsmodell muß zwangsläufig einen Begriff des Subjekts enthalten, und dies in zweierlei Hinsicht: Zum einen sagt die These, jegliche Realität könne mit Hilfe von *data bruta* und eindeutigen Operationen verstanden werden, insofern implizit etwas über den Menschen als Objekt der Wissenschaft aus, als er dabei nicht als ein sich selbst interpretierendes Wesen verstanden wird. Doch außerdem muß ein Modell des wissenschaftlichen Verfahrens etwas über das Subjekt dieser Wissenschaft aussagen. Und dies ist der entscheidende Sachverhalt.

Das klassische Modell schreibt dem Subjekt gegenüber der Welt, die es verstehen soll, eine bestimmte Haltung vor. Es soll diese Welt nicht als den *locus* von Bedeutungen ansehen, in bezug auf welche es sich selbst und seine Welt verstehen kann, sondern als einen neutralen Bereich von Fakten, von bedingt zusammenhängenden Elementen, wobei das Aufspüren dieser Zusammenhänge die immer bessere Manipulation und Kontrolle der Welt ermöglicht. Diese Haltung, wir wollen sie die Objektivierung der Welt nennen, ist das Ergebnis der wissenschaftlichen Revolution des 17. Jahrhunderts, der Revolution von Bacon, Descartes, Newton, die sich in einer epochalen Polemik gegen die Weltsicht des Mittelalters und der Hochrenaissance, mit ihrem Rückgriff auf finale Ursachen und ihre Vision des Universums als einer Hierarchie von Sinnbedeutung, durchsetzte. Diese Vision gehörte zu den »Idolen des Geistes«, die Bacon geißelte. Und gegenüber dieser illusorischen, interpretierenden Sicht der Dinge brachte wahres Wissen Macht.

Dies etwa ist die Haltung, die das klassische Wissenschaftsmodell vorschreibt, und heute würde kaum jemand ihre Gültigkeit für die Naturwissenschaft in Frage stellen. Aber die Ideologie des Scientismus, der Glaube an die Allmacht dieses Modells und die Überzeugung, der Mensch erreiche durch diese scientifische Haltung seine größte Vervollkommnung und seine angemessenste Beziehung zu den Dingen, erhebt einen weit höheren Anspruch. Er behauptet, daß auch die menschliche Realität, unsere sozialen Institutionen, die Menschen, mit denen wir zusammenleben, sogar unser eigenes Leben objektiviert werden müßten, um verstanden zu werden. Er behauptet, daß der Mensch seine höchste Entfaltung erreiche, indem er alles und jedes objektiviere. Der Scientismus leitet sich aus der grundlegenden westlichen Tradition her, nach welcher Vernunft die Berufung des Menschen ist, aber die Vernunft wird inzwischen drastisch von der Vision zur Objektivierung reduziert.

Scientismus, also der Glaube an die Omnipotenz des klassischen Wissenschaftsmodells, ist eng mit jener Norm von Reife verbunden, gegen die viele junge Menschen heute rebellieren. Er ist sowohl Ausdruck als auch Stütze dieser Norm. Denn auch der Scientismus vertritt die Norm eines sich selbst definierenden Subjekts, das sich gegenüber seiner Welt nicht als dem *locus* von Sinn, sondern als neutraler Materie verhält, die gemäß seinen Zwecken zu formen sei. Und da diese Objektivierung sich sowohl auf die menschliche Welt als auch auf die Natur bezieht, wird dieses Subjekt sich als Individuum definieren. Das ideale Subjekt des Scientismus ist tatsächlich eine extreme Version der modernen Norm eines bewußten, autonomen Individuums: denn es erlebt keines seiner möglichen Objekte von Bewußtsein – weder die menschliche Welt noch gar seinen eigenen Körper – als notwendige Bezugspunkte zur Definition seiner selbst oder als unverzichtbare Gesprächspartner, sondern nur als Phänomene einer neutralen Naturwissenschaft, deren einige dem Verfolg seiner Zwecke nützlich sein können.

Mit anderen Worten, der Scientismus ist schließlich Teil jener atomistischen, utilitaristischen Tendenz unserer Zivilisation, deren Haltung gegenüber der Natur durch Manipulation gekennzeichnet ist und die, wo sie nicht auch Menschen manipuliert, nicht über das Ideal einer Koexistenz auf Armeslänge zwischen unabhängigen Individuen hinaus zu einer Vision von Gemeinschaft gelangen kann. Kein Wunder also, daß ein extremer Vertreter des Scientismus, wie B. F. Skinner, das *non plus ultra* an manipulativen Alpträumen hervorbringt – wenngleich wir diese Verbindung in weniger spektakulärer Form auch in den Arbeiten etwa von D. C. McClelland über die Leistungsmotivation finden. Hier wird die individualistische, produktive Orientierung unserer Zivilisation nicht nur bejaht, sondern sie wird auch unterentwickelten Nationen und Gruppen als spezifischer Weg zum Fortschritt empfohlen.

Denn trotz der Tatsache, daß McClellands Inhaltsanalysen von Legenden, Märchen und Erzählungen eine starke Leistungsmotivation bei allen Kulturen, auf allen Stufen und in allen Entwicklungsphasen nachweisen, wird das »Leistungsbedürfnis« selbst in einer Weise definiert, die der modernen Identität spezifisch ist. Menschen mit hohem Leistungsbedürfnis »verhalten sich wie erfolgreiche, rationalisierende Unternehmer«.[12] Wie der Ausdruck »rationalisieren« impliziert, setzen solche Menschen sich nicht nur Ziele, die eine gewisse Herausforderung bieten, sondern sind auch fähig und bereit, die umgebende Welt als einen Aufgabenbereich, als ein System von Hindernissen und potentiellen Mitteln für diese persönlich gewählten Zwecke anzusehen. Das Ich ist die Quelle autonom gewählter Ziele, die Welt muß erforscht werden, um die Mittel zu deren Erfüllung zu entdecken. Steigert man die Leistungsmotivation des Menschen, so bedeutet dies, wie McClellands »Missionsarbeit« in Indien zeigt, daß wir »sein Gefühl persönlicher Effizienz (steigern) – sein Selbstvertrauen, seine Bereitschaft zur Initiative, seine Orientierung an Aktivität statt bloß an ›Zielvorstellungen‹, seine Bereitschaft, Probleme zu lösen, statt sie zu umgehen«.[13]

Es ist klar, daß McClelland stark an den Wert dieser Identität glaubt. Er hält ihn für einen Schlüsselfaktor des wirtschaftlichen Wachstums, und seine Forschungsprojekte in anderen Ländern (etwa in Indien) sind nebenbei auch noch Missionierung für diese Idee. Die Auszubildenden werden zu einem neuen Evangelium bekehrt, das Techniken vom »Prestige-Appell« der modernen Welt[14] bis hin zu traditionelleren, von Ignatius von Loyola ersonnenen Methoden miteinander kombiniert, wie etwa klösterliche Isolation und Begründung einer neuen Bezugsgruppe. All dies wird seine Befürworter finden, die der Meinung sind, die Dritte Welt bedürfe lediglich einer rapiden Modernisierung nach unserem Vorbild. Doch es bietet weder Einsicht in den Identitätswandel selbst, noch Ausblick auf mögliche Alternativen. Überdies wird das »Leistungsbedürfnis« manchmal höchst allgemein aufgefaßt, etwa bei der »Bewertung« von Material aus der Literatur der griechischen Antike, wo das Bestreben, sich in irgendeiner kompetitiven Aktivität auszuzeichnen, als ausreichendes Kriterium angesehen wird; während dieser Begriff, wo es um das Studium zeitge-

12 D. C. McClelland and D. G. Winter, *Motivating Economic Achievement*, New York: Free Press, 1969, S. 11.
13 Ibid., S. 334.
14 Ibid., S. 66 ff.

nössischer Phänomene und um »Missionsarbeit« geht, auch ganz
entscheidende moderne Elemente enthält, z. B. die Selbst-Definition (die Bewertung der eigenen Leistung an einer *gewählten
Norm)*, ein modernes Zeitgefühl und den Glauben an die
Macht der Wissenschaft, unser Schicksal zu bestimmen.[15]
Außerdem bietet solches Schwanken zwischen einer allgemeinen
und einer spezifischen Kategorie keinen neuen Aufschluß über
die wichtige historische Frage nach der Entstehung der modernen Identität. Hier bietet McClelland nur einen vereinfachen-
den Aufguß von Max Weber: »Man kann also die von Weber
behauptete Verbindung zwischen dem Protestantismus und
dem Aufstieg des Kapitalismus so interpretieren, daß eine Revolution der Familie stattfand, die dazu führte, daß mehr
Söhne mit einem starken, verinnerlichten Leistungsstreben
aufwuchsen.«[16] Webers spezifisch historische Deutung des Cal-
vinismus, der besonderen Ziele und Sehnsüchte, die den Menschen anspornten, sich in ein lebendiges Bild rationalisierender
Leistung zu verwandeln – all dies wird unterschlagen. Was
bleibt, ist lediglich das Streben nach Leistung um ihrer selbst
willen, dürftig verallgemeinert für alle Zeitalter und Gesellschaften. Mit so stumpfem Werkzeug lassen sich kaum Erklärungen auftun.
Und schließlich werden weder der Preis all dessen, noch Alternativen berücksichtigt. Aufgrund sehr oberflächlicher Beweise
(Fragebogen-Antworten auf Fragen nach Meinungen und
Bräuchen) ist McClelland offenbar davon überzeugt, daß die
traditionellen Hindu-Überzeugungen und -Bräuche durch die
moderne Identität nicht in Frage gestellt sind. Aber abgesehen
von allen anderen Erwägungen haben wir guten Grund, zwischen den Auswirkungen einer neuen Identität auf einige wenige Individuen in einer weitgehend unveränderten Gesellschaft und ihren Auswirkungen, sobald die ganze Gesellschaft
davon erfaßt ist, zu unterscheiden. Letztere beginnen sich in

15 Ibid., S. 378.
16 Vgl. D. C. McClelland, *The Achieving Society,* New York: Free Press,
1967, S. 49.

den fortgeschrittenen Gesellschaften zu zeigen, was auch der Grund ist, warum aufmerksame Beobachter in den Entwicklungsländern sich fragen, ob es möglich sei, Produktion und Erträge zu steigern, ohne eine global manipulative Haltung gegenüber der Natur und schließlich gegenüber dem Menschen einzunehmen. Vielleicht werden Tansania oder China der Menschheit diese Frage beantworten. Ganz gewiß warten sie nicht auf einen Dr. McClelland mit seiner Begeisterung für Leistung um ihrer selbst willen. Statt dessen werden sie nach einer Identität suchen, bei der das Bedürfnis nach Leistung menschlich belangvollen Zwecken untergeordnet ist.

Gerade weil der Glaube an die Allmacht des klassischen Wissenschaftsmodells so stark auf einer einzigen, zeitlich und kulturell gebundenen Selbst-Interpretation des Menschen fußt, deren Ursprung in der Vergangenheit liegt und deren Untergang vielleicht bevorsteht, kann er uns nicht helfen, diesen Wandel zu verstehen. Er kann uns lediglich eng auf eine seiner Ausdrucksformen festlegen – genau auf diejenige, deren Unzulänglichkeit Ursache der Krise ist. An diesem Standpunkt festzuhalten wäre nur dann berechtigt, wenn er tatsächlich das wäre, was er zu sein beansprucht, das einzig praktikable Wissenschaftsmodell. Aber wie wir sahen, ist dies zu bezweifeln. Daß er *ein* valides Modell ist, steht außer Frage; daß er für die Psychologie eine wichtige Rolle spielt, ist ebenfalls nicht zu bezweifeln. Aber nur wenn wir seinem imperialistischen Anspruch, sich die Gesamtdisziplin einzuverleiben, Widerstand leisten, kann die Psychologie dazu beitragen, die Krise unserer Zivilisation zu verstehen. Ein solcher Beitrag wäre also nicht nur die Tat von einigen wenigen schöpferischen Außenseitern, die die Verbindung zum Hauptstrom der empirischen Forschung verloren haben und von den Häuptern der akademischen Psychologie scheel angesehen werden. Vielmehr sollte es ein Beitrag sein, an dem die vielen Forschungszweige dieser vielfältigen Disziplin gemeinsam mitwirken.

Quellennachweis

Neutrality in Political Science - in: *Philosophy, Politics and Society.*
Third series. A collection edited by Peter Laslett and W. G. Runci-
man. Basil Blackwell, Oxford 1967. S. 25–57.

Explaining Action - in: *Inquiry. An Interdisciplinary Journal of
Philosophy and the Social Sciences.* Volume 13, 1970, S. 54–89.
Universitetsforlaget, Oslo.

How is Mechanism Conceivable? - in: *Interpretations of Life and
Mind.* Essays around the Problem of Reduction. Edited by Marjorie Grene. Routledge & Kegan Paul, London. S. 38–64.

Interpretation and the Sciences of Man - in: *The Review of Meta-
physics.* Volume XXV, No. 1 (September 1971), S. 3–51.

What is Involved in a Genetic Psychology? - in: *Cognitive Develop-
ment and Epistemology.* Academic Press, Inc., New York and
London, 1971. S. 393–416.

Peaceful Coexistence in Psychology - in: *Social Research.* Vol. 40,
No. 1 (Spring 1973). S. 55–82.

Theorie

Herausgegeben von
Jürgen Habermas, Dieter Henrich und Jacob Taubes
Redaktion Karl Markus Michel

III. Theorie der Wissenschaften

Im Zusammenhang mit moderner Logik und Bedeutungstheorie hat die Analyse wissenschaftlicher Erkenntnisverfahren zu theoretischen Konzeptionen größter Allgemeinheit geführt, unter anderem bei Peirce, Carnap, Popper und Morris. Im Anschluß an sie ist unter dem Namen ›Wissenschaftstheorie‹ (philosophy of science) eine neue Disziplin entstanden, die das Verständnis einzelwissenschaftlicher Methoden schnell differenziert hat. Aufgrund einer Orientierung durch Methodologie konnte auch die Wissenschaftsgeschichte die Epochen und Wandlungen der Wissenschaft angemessener analysieren.
Die »Theorie« publiziert grundlegende Texte und wichtige neue Arbeiten aus diesen Gebieten. Bände mit Aufsätzen aus Kontroversen und über Probleme allgemeineren Interesses sollen folgen, – etwa über ›theoretische Begriffsbildung‹, den Strukturbegriff, operationale Semantik.

Danto, Arthur C.
Analytische Philosophie der Geschichte. Aus dem Englischen von Jürgen Behrens. 1974.

Dilthey, Wilhelm
Der Aufbau der geschichtlichen Welt in den Geisteswissenschaften. Einleitung von Manfred Riedel. 1970.

Foucault, Michel
Archäologie des Wissens. Aus dem Französischen von Ulrich Köppen. 1973.

Habermas, Jürgen / Niklas Luhmann
Theorie der Gesellschaft oder Sozialtechnologie – Was leistet die Systemforschung? 1971 (Theorie-Diskussion).

Theorie-Diskussion. Supplement 1–3
Theorie der Gesellschaft oder Sozialtechnologie. Beiträge zur Haber-
mas-Luhmann-Diskussion. 1973. 1974. 1975.

Hermeneutik und Ideologiekritik
Beiträge von K.-O. Apel, C. v. Bormann, R. Bubner, H.-G. Gadamer, H. J. Giegel, J. Habermas. 1971 (Theorie-Diskussion).

Kambartel, Friedrich
Erfahrung und Struktur. Bausteine zu einer Kritik des Empirismus
und Formalismus. 1968.

Lorenz, Kuno
Elemente der Sprachkritik. Eine Alternative zum Dogmatismus und
Skeptizismus in der Analytischen Philosophie. 1970.

Schnädelbach, Herbert
Erfahrung, Begründung und Reflexion. Versuch über den Positivismus. 1971.

Schütz, Alfred
Das Problem der Relevanz. Herausgegeben und erläutert von Ri-
chard M. Zaner. Einleitung von Thomas Luckmann. 1971.

Sebag, Lucien
Marxismus und Strukturalismus. Aus dem Französischen von Hans
Naumann. 1967.

VIII. Theorie der Gesellschaft

Die Fragestellungen, die »von Ionien bis Jena« unter dem Titel
»Philosophie« verhandelt wurden, sind seit Hegels Konstruktion
eines Endes der Philosophie in eine »Theorie der Gesellschaft« be-
schädigt eingegangen. Die Kontroverse zwischen Philosophie und
Sozialwissenschaften wird heute auf dem Felde der Theorie, sei es
als »Aufhebung der Philosophie«, sei es als Legitimation oder Kritik
der Soziologie ausgetragen. Diesen Diskussionszusammenhang will
»Theorie« in seinen je verschiedenen Strategien darstellen und för-
dern.

Adorno, Theodor W.
Aufsätze zur Gesellschaftstheorie und Methodologie. 1970.

Bourdieu, Pierre / Jean-Claude Passeron
Grundlagen einer Theorie der symbolischen Gewalt. Aus dem Französischen von Eva Moldenhauer. 1973.

Durkheim, Emile
Soziologie und Philosophie. Einleitung von Theodor W. Adorno. Aus dem Französischen von Eva Moldenhauer. 1967.

Goffman, Erving
Das Individuum im öffentlichen Austausch. Mikrostudien zur öffentlichen Ordnung. Aus dem Englischen von R. und R. Wiggershaus. 1974.
Interaktionsrituale. Über Verhalten in direkter Kommunikation. Aus dem Englischen von Renate Bergsträsser und Sabine Bosse. 1971.

Hart, H. L. A.
Der Begriff des Rechts. Aus dem Englischen von Alexander von Baeyer. 1973.

Kosík, Karel
Die Dialektik des Konkreten. Aus dem Tschechischen von Marianne Hoffmann. 1967.

Lefebvre, Henri
Das Alltagsleben in der modernen Welt. Aus dem Französischen von Annegret Dumasy. 1972.

Mead, George H.
Philosophie der Sozialität. Vorwort von Hansfried Kellner. Aus dem Amerikanischen von Henning Lübbe. 1969.

Miliband, Ralph
Der Staat in der kapitalistischen Gesellschaft. Eine Analyse des westlichen Machtsystems. Aus dem Englischen von Nele Einsele. 1972.

Scharpf, Fritz Wilhelm
Planung als politischer Prozeß. Aufsätze zur Theorie der planenden Demokratie. 1973.

Touraine, Alain
Die postindustrielle Gesellschaft. Aus dem Französischen von Eva Moldenhauer. 1972.

(U) Humanwissenschaft - Wertsphäre?
Sozialwissenschaft - Erklären
Sammelwerk (ein. Verf.) - Taylor.